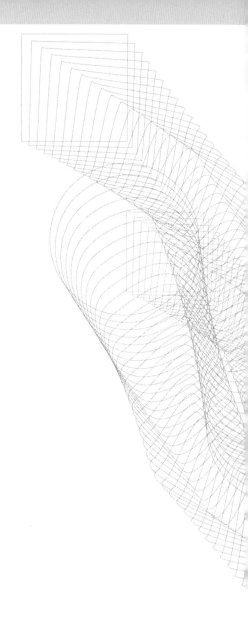

本书受贵阳学院科研资金资助
[GYU-KY- (2022)]

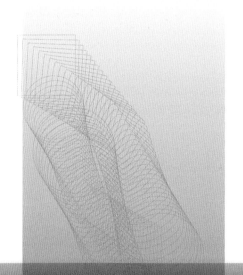

中外收入分配制度研究

RESEARCH ON CHINESE AND FOREIGN INCOME DISTRIBUTION SYSTEM

黄 臻 —— 著

社会科学文献出版社
SOCIAL SCIENCES ACADEMIC PRESS (CHINA)

目　录

第一章 收入分配理论

经济学理论告诉我们：收入分配是从收入的角度来看的，是对人们生产出来的产品或拥有的社会财富的分配。生产出来的产品或拥有的社会财富按照一定的规则或制度分配给人们就形成了人们的收入。收入分配是由生产决定的。生产的性质、规模和水平决定了收入分配的性质、规模和水平。收入分配会反作用于生产，当收入分配不合理、不公平，与生产不相适应时，就会阻碍或破坏生产。由于收入分配具有重要性，政治经济学一开始就把它作为一个非常重要的方面进行研究；古典经济学把它作为政治经济学的中心来研究；马克思主义政治经济学把收入分配作为整个生产关系体系中的一个重要方面来研究；现代经济学加强了对收入分配的研究，从微观和宏观角度研究决定收入分配的因素，收入分配的形式、内容，收入分配的公平情况，收入分配与效率的关系等更加丰富了经济学的收入分配理论。本书从另一个角度研究收入分配问题，即将收入分配制度的演变和社会阶层结构的变化结合起来研究收入分配问题。

收入分配制度和有关社会结构的理论，是本书研究的理论基础。收入分配制度涉及人们生产出来的产品或拥有的社会财富的分配或占有的原则、规章制度，是一定社会中人们在产品或财富的占有方面必须共同遵循的原则和规章制度。社会结构则是一个多元化的概念，拥有经济、政治、社会意识形态等多个方面的标准。马克思主义的阶级分析法将社会结构分为资产阶级、土地所有者和无产阶级（劳动者阶级）。社会学家韦伯主张用经济标准、政治标准和社会标准对社会结构进行分层。哈罗德-克尔伯主张用职业、权利、财富标准对社会结构进行分层。有的中国学者主张按照生产资料占有情况来划分社会结构，有的主张用职业分工来划分社会结构。笔者主张按照生产关系即人们的经济地位来划分社会结构。由于经济基础决定上层建筑，人们的经济地位决定了人们的社会地位，我们认为，社会结构是由人们生产出来的产品或拥有的社会财富所处的层次决定的。

收入分配决定社会结构。人们对产品或财富的拥有是由收入分配决定的。人类社会发展的历史就是这样。在原始社会，原始人共同占有生产资料，共同劳动，共同分配劳动产品——劳动产品平均分配（人人平等地占有劳动产品），人们没有贫穷和富裕之分，这是一个人人平等、富裕程度相同的社会。人类社会发展到奴隶社会，奴隶主贵族占有生产资料、劳动者和奴隶，大部分劳动产品被奴隶主占有，他们成为富裕的社会上层；劳动者和奴隶只得到基本的生活资料，成为贫穷的社会下层。在封建社会，封建地主阶级占有农业社会的基本生产资料——土地，农业劳动者租用封建地主阶级的土地，其生产出来的农产品大部分归封建地主阶级，封建地主阶级处于富裕的社会上层；广大农业劳动者只得到很少的一部分，处于贫穷的社会下层。在工业化的资本主义社会，资本家阶级和土地所有者阶级占有劳动者（工人）阶级生产的社会产品的绝大部分，处于富裕的社会上层；劳动者（工人）阶级只获得社会产品的很少部分，处于贫穷的社会下层。

第一节　收入分配的理论

从经济学成为一门独立的学科以来，收入分配就一直是经济学研究中十分重要的内容。随着经济学的发展，收入分配的理论也不断丰富起来。

一　古典经济学时期的收入分配理论

西方古典经济学形成于 18 世纪，其主要经济理论——收入分配理论蓬勃发展。亚当·斯密是西方古典经济学的主要代表人物。他于 1776 年出版的《国富论》中的收入分配理论是古典经济学时期收入分配理论的基础。大卫·李嘉图是古典经济学时期收入分配理论的集大成者。他在继承斯密的收入分配理论的基础上，把收入分配作为进行理论研究的核心问题。以萨伊为代表的一部分经济学家，在斯密的收入分配理论的基础上创立了相应的收入分配理论，丰富和发展了古典经济学的收入分配理论。

（一）亚当·斯密的收入分配理论回顾

18世纪末19世纪初，英国爆发了工业革命。瓦特发明的蒸汽机极大地提高了社会生产力水平，进一步加快了社会分工。得益于飞梭和珍妮纺纱机，英国制造业迅速从手工劳动生产阶段进入机器工业生产阶段。此后，工厂再也不会受到地理条件的制约，工厂主开始关注原材料市场，工厂逐渐向城市集中。圈地运动使大量自耕农民失去了土地，沦为工厂主的廉价劳动力。越来越多的农村人口流入城市，雇佣劳动力的数量以前所未有的速度增长。大量乡村迅速城镇化，城市工业中心逐渐形成。工业革命将英国由一个农业国迅速转变为一个工业国，西方社会进入商业和工业空前发展的时期。代表新兴资产阶级利益的斯密正是在工业革命开始的时候写出了代表性巨著《国富论》，主张英国实行与经济发展阶段相适应的经济贸易政策，其关于生产、分配、交换等方面的理论对英国乃至世界经济产生了重大影响。

斯密认为：在某些特定的社会条件下，货物可购买和支配的劳动量取决于一般劳动量，也就是说，用于生产这种货物的一般劳动量并且基于劳动所得的全部劳动产品都归劳动者所有。这一特定的社会条件就是尚未发生资本积累和土地私有。在资本不断积累和土地私有的社会条件下，基于劳动所得的劳动产品不完全为劳动者独有，劳动者劳动源于原材料增加的价值被分为三个部分：劳动者的工资、资本所有者的利润和地主的地租。所有收入和商品交换价值的根源是工资、利润和地租。这就形成了斯密的三种收入分配理论。

1. 工资理论

斯密认为，一方面，工资来自劳动的产出，是劳动的报酬，是商品价值的构成部分和源泉；另一方面，工资是劳动者维持劳动所必需的生活资料的价值，是劳动力价值的体现。

在特定的社会条件下，即在资本还没开始积累、土地没有私有化的条件下，劳动者拥有全部劳动成果的所有权。这时，劳动者的工资就等于商品的价格。随着土地私有化和资本积累，由于缺乏最基本的生产资料，普通劳动者不得不依赖地主和资本家的资本生活，土地所有者和资本所有者要求从劳动者的劳动成果中分得一部分价值。

劳动者的工资水平、劳动者的劳动产品价值取决于以下三个因素。

第一，工人的工资取决于工人与资本家订立契约的能力。因为工人对工资的期望与资本家恰恰相反，工资水平便取决于工人与资本家协商的结果。在对工资的争议中，资本家比工人更团结，工人所处的地位很不利，如果他们失去工作机会，就无法维持基本生存。

第二，工人的工资有最低标准限制——至少能维持基本生存以及延续后代。在短期内，工人的工资低于最低工资标准可以维持基本生活，但在长期内工人如果无法依靠工资来维持基本生活，那么工人的供给量就将减少。

第三，工人的工资随工人的供需状况变化。在资本家对工人的需求不断增加的时候，工人的供给量有限，资本家竞相出高价雇用工人，工人的工资水平便大幅提高。

2. 利润理论

斯密认为，在资本私有化的社会，资本家进行资本积累后，将其以生产资料和生活资料的形式提供给工人，工人对原材料进行加工。资本家将劳动成果中的一部分作为垫付原材料和工资的全部资本（报酬）而占为己有，这就是利润。斯密认为，因为利润与资本家的劳动数量、强度和技巧不成比例，而与资本的大小成比例，所以利润不是资本家的劳动所得，也就与工资有着本质的区别。

那么利润的大小究竟如何确定呢？斯密认为利润大小很难确定，它时时刻刻都在变动。但是，资本利润的变化可以通过货币的利息变动来反映。如果使用货币所获得的利息较多，那么使用者就要支付较多的报酬来获得货币。因此，资本的一般利润一定会随着利息率的上升而上升。

3. 地租理论

斯密认为地租是土地私有化的产物，地主在拥有土地的所有权后，就会要求土地使用者缴纳地租。地主会不劳而获，凭借土地获得利润。而劳动者想要通过土地进行生产，就必须为获得耕种的权利付出代价。大多数商品的价格也就有了第三个组成部分——地租。劳动者的劳动成果分成三个部分——工资、利润和地租，分别由劳动者、资本家和地主占有。

斯密的地租理论可以通过以下四个方面来理解。第一，地租属于工人劳动产品的一部分，却被土地所有者所占有，这是对劳动产品的第一个扣除（利润是第二个扣除）。第二，地租是劳动者获得土地使用权所必须付出的代价或者必须支付的报酬。第三，地租是土地生产物中超过补偿农业不变资本（需垫付）、农业劳动工资和农业一般利润后的剩余。第四，地租是"自然劳动"的产物。斯密认为，自然和人一起劳动都能产生价值，所以，这部分自然劳动创造的价值就是地租。

（二）大卫·李嘉图的收入分配理论回顾

李嘉图是英国古典经济学的杰出代表和集大成者。19 世纪初，英国产业革命蓬勃发展，这是一场用机器工业替代手工业的技术革命。随着机器工业的发展，资本主义工业化生产在工业中逐渐替代了旧式的手工业小生产，这种趋势也扩展到农业领域。工业革命使英国发展成最具代表性的资本主义国家，工业资产阶级逐渐壮大起来，要求获得更多利益。但是地主阶级依然拥有主导权，这严重损害了资产阶级的利益。在这一时期，资产阶级与地主阶级的尖锐矛盾主要体现在以下两个方面：政治上，以新兴资本家为代表的资产阶级要求通过改革来获得政权；经济上，争论主要集中在《谷物法》的存废和货币制度的改革方面。在这种时代背景下，英国急需一种与资本主义生产相适应的经济理论以为资本主义的发展扫清障碍，李嘉图的经济理论就是在这种背景下形成的。

李嘉图的经济理论的核心是收入分配理论。他在著作中写道："土地产品——即将劳动、机器和资本联合运用在地面上所取得的一切产品——要在土地所有者、耕种所需的资本的所有者以及以进行耕种工作的劳动者这三个社会阶级之间进行分配。"[①] 李嘉图的收入分配理论是建立在劳动价值论的基础上的，从各个阶级的角度研究了收入分配的情况，为资本主义生产提供了理论支持。李嘉图的收入分配理论分为地租理论、工资理论和利润理论。

1. 地租理论

李嘉图的地租理论在其收入分配理论中占据一席之地。他认为："地租

---

① 〔英〕彼罗·斯拉法主编《李嘉图著作和通信集》（第一卷），郭大力、王亚南译，商务印书馆，1981，第 76 页。

是为使用土地的原有和不可摧毁的生产力而付给地主的那一部分土地产品"①。"只是由于土地在数量上并非无限,在质量上并不相同,又因为随着人口的增长,质量较坏或位置比较不利的土地投入耕种,使用土地才支付地租。"② 由此,他认为有限的土地资源与土地位置和肥沃程度的差异是地租产生的条件。同时,李嘉图把地租分为两部分:"一部分是纯地租,是使用土地原有不可摧毁的生产力所付出的代价,另一部分是为改良土地垫付的资本所产生的利息。"③

李嘉图的级差地租理论同样闻名于世,由于土地肥沃程度和所处位置不同而产生的地租属于级差地租的第一种形态,这是耕种土地有优等和劣等之分的结果。他认为,"同一土地上连续投入资本所得的产量不同而产生的地租属于级差地租的第二种形态,是在追加相同的等量资本使劳动生产率下降而产生的结果"④。

2. 工资理论

首先,李嘉图认为工资是劳动的价格,他把劳动当作商品。劳动的价格包括市场价格和自然价格。劳动者为维持自身及其家人生存所需要的物质资料的价值就是劳动的自然价格。劳动的市场价格是指"根据供求比例的自然作用实际支付的价格。劳动稀少时就昂贵,丰裕时就便宜"⑤。其次,李嘉图解释了劳动的市场价格变动的规律和趋势。他说:"劳动的市场价格不论能和其自然价格有多大的背离,他也还是和其他商品一样,具有符合自然价格的倾向。"⑥ 李嘉图认为劳动就是商品,其价格的变动是符合价值规律的。李嘉图还分析了货币工资上涨而实际工资有可能下降的原因。货币工资上涨的原因是:"规定其自然价格的一种主要商品由于生产困难加大

---

① 〔英〕彼罗·斯拉法主编《李嘉图著作和通信集》(第一卷),郭大力、王亚南译,商务印书馆,1981,第 3 页。

② 《马克思恩格斯全集》(第三十四卷),人民出版社,2008,第 343 页。

③ 张世贤主编《西方经济思想史》,经济管理出版社,2009,第 73 页。

④ 张世贤主编《西方经济思想史》,经济管理出版社,2009,第 73 页。

⑤ 〔英〕彼罗·斯拉法主编《李嘉图著作和通信集》(第一卷),郭大力、王亚南译,商务印书馆,1981,第 77 页。

⑥ 〔英〕彼罗·斯拉法主编《李嘉图著作和通信集》(第一卷),郭大力、王亚南译,商务印书馆,1981,第 78 页。

而有涨价的趋势。"① 实际工资下降的主要原因如下。第一，劳动供给的增长率大于劳动需求的增长率。"在社会的自然发展中，劳动工资就其受供求关系调节的范围而言，将有下降的趋势。因为劳动者的供给继续按照相同的比率增加，而需求的增加率则较慢。"② 这可以理解为，劳动的需求并不会随着资本的增加而成比例地增加，由于大规模的机器生产，劳动力的需求以递减的态势增加，劳动力的供给增长大于劳动力的需求增长。第二，必需品价格的上涨速度远远大于货币工资的增长速度。"工资还要由工资所购买的各种商品的价格调节。""当人口增加时，这些必需品的价格就会不断上涨，因为其生产所必需的劳动量将增加。因此，如果劳动的货币工资下降，而用劳动工资所购买的各种商品都涨价，那么劳动者会受到双重影响。"③

3. 利润理论

李嘉图的经济理论发展了斯密学说中的科学因素，始终坚持把利润看作劳动创造价值的一部分。他认为："商品的全部价值只分为两部分：一部分构成资本利润，另一部分构成劳动工资。"④ 由于李嘉图一贯坚持劳动价值论，他实际上把利润看作劳动者的剩余劳动创造的价值。

李嘉图指出："利润的自然趋势是下降的，因为在社会和财富的发展中，必要的食品增加量是通过牺牲越来越多的劳动获得的。"⑤ "如果一个制造业者售货所得价款始终相等，利润就要取决于制造这些商品所必需的劳动的价格……因此，工资上升，利润就会成比例的降低。"⑥ 我们可以用图1-1来详细说明利润下降的情况。

---

① 〔英〕彼罗·斯拉法主编《李嘉图著作和通信集》（第一卷），郭大力、王亚南译，商务印书馆，1981，第 77 页。
② 〔英〕彼罗·斯拉法主编《李嘉图著作和通信集》（第一卷），郭大力、王亚南译，商务印书馆，1981，第 84 页。
③ 〔英〕彼罗·斯拉法主编《李嘉图著作和通信集》（第一卷），郭大力、王亚南译，商务印书馆，1981，第 85 页。
④ 〔英〕彼罗·斯拉法主编《李嘉图著作和通信集》（第一卷），郭大力、王亚南译，商务印书馆，1981，第 92 页。
⑤ 〔英〕大卫·李嘉图：《政治经济学及赋税的原理》（第 1 版），周洁译，华夏出版社，2005，第 68 页。
⑥ 〔英〕大卫·李嘉图：《政治经济学及赋税的原理》（第 1 版），周洁译，华夏出版社，2005，第 100 页。

假设我们投入耕种的土地是 Q_1 个单位，并假定资本积累产生的高工资率是 W'。所以，在 Q_1 点上，利润就是总产出扣除地租部分（三角形 *ghi* 的面积）和工资部分（长方形 *obde* 的面积），也就是长方形 *edig* 的面积。随着人口增长，耕种的土地增加到 Q_2 点，在 Q_2 点上，利润由总产出扣除地租部分（三角形 *hjf* 的面积）和工资部分（长方形 *onle* 的面积），即长方形 *elif* 的面积。当工资率保持不变时，总利润会大幅减少，利润率会大幅下降。一旦耕种的土地扩张到 Q_3 点，工资就只能维持基本生存水平，并且不存在利润。

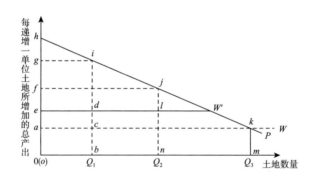

图 1-1 利润下降示意

注：P 表示斜率；W 表示每单位土地维持基本生存水平的工资。

资料来源：〔美〕E.K. 亨特《经济思想史：一种批判性的视角》，颜鹏飞总译校，上海财经大学出版社，2007，第 78 页。

这说明李嘉图不仅发现了工资与利润的关系，还发现了利润的变化趋势。首先，工人的工资和资本家的利润呈反向变动的关系，当工资增加时，利润减少；其次，随着社会发展和技术进步，工人的工资可以维持基本生存，这就是工人的实际工资，利润则呈现下降趋势。

（三）让·巴蒂斯特·萨伊的收入分配理论回顾

1789 年，法国大革命爆发，这沉重地打击了封建阶级，为法国资本主义的发展创造了条件。但是，法国的资产阶级害怕大革命带来的负面影响，开始反对无产阶级和小资产阶级。正是在这种历史背景下，以让·巴蒂斯特·萨伊为代表的法国古典政治经济学家在继承了斯密学说中的庸俗成分的基础上，形成了一系列的收入分配理论，以更好地为法国资产阶级进行辩护。

萨伊的收入分配理论的核心就是"三位一体"的分配公式，分配的基础是生产三要素。由于生产三要素——劳动、资本和土地在生产过程中都发挥了作用，创造了相应的价值和效用，这三种生产要素的所有者必须得到三种收入，即工资、利润和地租，这也是资本主义分配关系的基本公式。萨伊还认为，劳动者的劳动收入是劳动者提供劳动所得到的合理报酬，其不应该要求得到更多的收入，也不应该受到剥削。萨伊完全否认了李嘉图的利润和工资对立的观点，认为工资的下降不会引起利润的对立，只会造成物品价值的下降。对于利润，萨伊认为利润分为利息和资本家收入，利息是"对于资本的效用或使用所付出的租金"①，是资本在生产过程中提供服务所得到的报酬。资本家收入是资本家本人的工资，是资本家提供高级熟练劳动和进行管理获得的报酬。在地租方面，萨伊认为地租是借用地主的土地所应付出的代价，是地主应得的报酬。

萨伊的"三位一体"分配公式掩盖了利息和地租的真正来源，其目的是为资产阶级服务，这被之后的资产阶级经济学家所继承和发展。

二　新古典经济学时期的收入分配理论

19世纪末期，第一次综合折中体系——约翰·穆勒经济学体系受到其他经济学派的冲击，因此，穆勒体系逐渐失去说服力和影响力。这时，英国著名经济学家阿尔弗雷德·马歇尔将亚当·斯密和大卫·李嘉图的古典经济学和边际学派的经济理论结合起来，并且利用已有的经济学理论研究成果，建立了一个综合的、折中的经济学体系。这个全新的经济学综合体系被称为新古典经济学，阿尔弗雷德·马歇尔被称为新古典经济学派的创始人。

（一）卡尔·门格尔的收入分配理论回顾

卡尔·门格尔认为地租和利润或者利息收入都是合情合理的，并且是必然存在的，因此，无须对地租或者利润进行论证。他认为要做的事就是承认并接受和谐的状态，不用对必然发生的事进行责难。门格尔在《国民经济学原理》中指出："曾成为科学争论主题的最奇特的一个问题就是，地

---

① 〔法〕萨伊：《政治经济学概论》，陈福生、陈振骅译，商务印书馆，1963，第394页。

租和利息是否需要从道德的角度为之辩护，或者它们是否是不道德的……土地和资本的服务具有价格，总归是由价值决定的，而且他们的价值不是任意判断产生的，而是必然的经济结果。这些物品的价格因而具有必然性，它们在一定的经济条件下产生，并且其确定性与一个民族的法律体系的完善性和民众的公正性成正比。"①

（二）欧根·冯·庞巴维克的收入分配理论回顾

欧根·冯·庞巴维克的主要贡献就是提出了时差利息论。他认为，资本主义社会利息产生的根源就是现在的财货比未来的财货具有更高的主观价值。造成这种现象有三个方面的原因。第一，需要与供应之间存在差别。现阶段，人们普遍处于迫切需要收入的状态，希望未来会更美好，所以对现货的评价水平必然高于未来。第二，由于未来具有不确定性，人们会低估未来物品的效用。第三，根据迂回生产法的特点，资本家为了取得更多收入，利用现有的财货生产对未来财货与现在财货之间的差额进行补偿，这就是利息，也就是所谓的"贴水"。庞巴维克把利息分为三种形式："借贷利息，企业利润和租金（即耐久物品的利息）。"②

（三）阿尔弗雷德·马歇尔的收入分配理论回顾

19 世纪 80 年代至 20 世纪初，英国一直是处于世界前列的、发达的资本主义国家。19 世纪 70 年代后，英国经济进入长期萧条时期，再加上北美和西欧其他国家的工农业迅速发展，英国工农业发展受到严重影响。

英国为了保持国际垄断地位，加大对工人阶级的剥削力度，导致工人阶级的贫困状况进一步加剧，工人阶级与资产阶级的矛盾不断升级。随着马克思主义在英国工人阶级中广泛传播，工人运动在全国范围内重新开始活跃起来。因此，传统的资产阶级经济学已经不能为资产阶级辩护了，英国的资产阶级迫切需要一种新的经济学说来为资本主义经济的发展提供进一步的理论支持。

---

① 〔美〕E. K. 亨特：《经济思想史：一种批判性的视角》，颜鹏飞总译校，上海财经大学出版社，2007，第 251 页。
② 张世贤主编《西方经济思想史》，经济管理出版社，2009，第 201 页。

正是在这种历史背景下，马歇尔目睹了国家的衰退、人民生活的困苦以及贫富差距扩大等，从而提出了一些改良资本主义发展的方法，并吸收了古典经济学、边际学派等经济理论思想，形成了具有折中特点的综合经济学体系。

马歇尔的收入分配理论具有以均衡价格理论为中心建立起来的折中主义体系，在分配领域被延续和具体运用。工资、利息、地租和利润是劳动力、资本、土地、管理者才能四种生产要素供给和需求的均衡结果，使均衡价格在收入分配中得以体现。

1. 马歇尔的收入分配原理

马歇尔认为，收入分配问题是各生产要素的份额大小在国民收入中如何决定的问题。他在著作《经济学原理》中提到，"国民收益是一国所有生产要素的纯产品总量，同时又是支付这些要素的唯一源泉：它分为劳动工资、资本利息和土地及生产上具有级差优势的生产者剩余或地租。工资、利息和地租或生产者的剩余构成全部国民收益，在其他条件不变的情况下，国民收益愈大，则他们各自的份额也愈大"。① 其中所论述的国民收益其实就是国民收入。国民收入一方面是分配份额，即工资、利息、利润和地租的来源；另一方面是一切生产要素——劳动、资本、企业和土地共同协作的结果。

马歇尔研究收入分配问题时从要素的价格开始，在研究生产要素的价格时创造性地运用了均衡价格的概念。马歇尔认为所有生产要素的价格取决于生产要素的供给和需求。由供给和需求决定的价格被称为正常价格，正常价格是工资、利润、利息和地租的基础。企业为了追求经济效益的最大化，必然用较低廉的生产要素代替昂贵的生产要素，这种行为导致各种要素在整个经济中出现边际需要。各种要素的分配比例也明显地显现出来。根据马歇尔的替代原理，要素的边际需要是由要素的边际生产力和边际成本共同决定的。要素边际生产力决定了资本家对要素的需求价格，而要素的成本取决于要素的供给。那么，要素的份额大小终究由要素的均衡价格来决定。要素的需求取决于要素的边际生产力，要素的供给取决于其现有量和投入生产的倾向。所以，要素的收入份额问题归根到底为要素的供给

---

① 〔英〕马歇尔：《经济学原理》（下卷），朱志泰译，商务印书馆，1964，第208页。

问题。于是，在马歇尔看来，分配的决定与价值的决定类似，都取决于供求的均衡情况。

2. 马歇尔的工资理论

马歇尔认为，工资反映了劳动力的价格，劳动的需求价格和供给价格的均衡点就是劳动力的价格。劳动的需求价格是由劳动的边际生产力决定的。由于增加劳动力而带来边际生产力，资本家就会为劳动者支付相应的工资。在机器化大生产的背景下，技术进步和社会分工使劳动者的生产力水平大幅提高，相应的边际生产力水平也会同步提高。伴随着劳动者的需求价格的提高，工资自然会上涨。但是劳动者的需求价格和工资的长期发展趋势都是下降的，这是由于在资本固定的情况下，工人数量不断增加，按照生产力的边际递减规律，劳动的边际生产力是呈递减趋势的。劳动的供给价格由培训和维持有效率的劳动者的生产成本决定。马歇尔提出，劳动的供给价格是劳动者在出卖自己劳动时所愿意接受的最低价格。工资应该等于工人的全部生活费用，所以，工人劳动报酬不应该被剥削。

3. 马歇尔的利息理论

马歇尔认为利息由资本的需求价格和供给价格的均衡点决定，资本的需求价格是资本家借入资本时所愿意支付的价格，是由资本的边际生产力决定的。资本的供给价格由资本家的节欲和等待决定。马歇尔除了论述利息的决定因素外，还将利息分为毛利息和纯利息。"资本等待的报酬就是纯利息，而毛利息包括风险金、纯利息和管理报酬。"[1] 马歇尔认为资本家牺牲了资本能为自己带来收益，作为资本收益的获得者的资本借入者应该把资本所得的一部分分给资本家。

4. 马歇尔的利润理论

首先，马歇尔认为利润是资本家的报酬，这是必需的，也是合理的。这是因为资本家经营企业的能力是经过专门教育培养出来的，比如，组织生产的能力、使用资本的能力和启发工人的创造能力等。这些能力对于企业的发展是至关重要的，并且只有资本家才能拥有，所以，资本家获得利润是合理的。其次，在马歇尔看来，资本家的供给价格和需求价格决定了企业的利润。资本家的需求价格是由边际生产力决定的，资本家的供给价

---

[1] 张世贤主编《西方经济思想史》，经济管理出版社，2009，第220页。

格由资本家的生活、教育、训练费用决定。最终决定企业利润的是资本家对经营和组织能力的需求。这是因为当资本家的经营和组织能力很高时，企业的经济效益很高。

5. 马歇尔的地租和准地租理论

马歇尔认为地租就是土地的收入，土地的收入既包括土地的纯收入，又包括土地经改良后获得的收入。马歇尔研究的地租是自然界现存的无须人工改造就可以得到的报酬，也就是土地的纯收入。地租由土地的需求和供给决定。由于土地的供给数量基本不变，因此地租仅由需求价格决定。需求价格取决于土地的边际生产力。

马歇尔提出的准地租是指由在长期中数量可变、在短期内供给较为固定的生产要素的需求增加所引起的报酬增加的部分。这些要素包括生产设备、个人技能、管理才能等。

三 现代经济学时期的收入分配理论

1936 年，约翰·梅纳德·凯恩斯出版了现代宏观经济学巨著《就业、利息与货币通论》，在西方经济学界引起了巨大反响。资本主义国家政府纷纷把凯恩斯的经济理论作为制定各项经济政策的指导理论和思想。部分经济学家甚至把凯恩斯理论的提出称为"凯恩斯革命"。随后，凯恩斯的追随者通过对凯恩斯理论的发展和完善，使凯恩斯理论在西方宏观经济学理论中长期占据统治地位。

（一）约翰·梅纳德·凯恩斯的收入分配理论回顾

1. 凯恩斯的收入分配理论产生的历史背景

凯恩斯生活的时代正好是英国由自由放任的私有制向垄断私有制过渡的时期。第一次世界大战爆发后，英国受到战争的影响，大量工业产业被破坏。同时，政府错误的经济政策导致国内发生严重的通货膨胀。从此之后，英国逐渐走向衰落，这是英国由盛而衰的转折点。

在这种背景下，作为英国著名的经济学家凯恩斯越来越相信英国的经济不会自发调节而回归正常。他反对实施放任自流的市场政策，认为市场存在失灵的情况，即"看不见的手"会失灵。凯恩斯发表了一系列强调国家权力和整体经济趋势效果的文章，主张政府通过实施宏观政策来干预经济。这样，凯恩斯理论就应运而生。

2. 凯恩斯的收入分配理论

凯恩斯认为财政投资可以实现收入重新分配，这主要是通过以下过程来实现的。政府进行的一部分投资用来购买生产资料，生产原材料的部门获得了收入；生产原材料的部门会把一部分收入用于再生产，把一部分收入作为工资发放给工人，工人把获得的收入用于消费，生产消费部门就获得了收入。生产消费部门同样也会把一部分收入发放给工人用于消费，一部分收入用于再生产。这样生产资料部门又可以得到一部分收入，生产消费部门同样可以再获得收入。这样循环进行下去，最后获得的实际收入比最初的财政投资多很多。这样就通过宏观手段实现了收入分配的目标。

凯恩斯认为，经济能否正常增长取决于国民收入能否公平分配。这是由于资本经济发展的主要特点是有效需求不足，而充分就业条件下的静态均衡只是经济中的特殊情况。资本主义社会存在有效需求不足是由分配不公导致的。存在分配不公就必然存在非充分就业。所以，凯恩斯坚决主张，英国应以国家干预的方式调节宏观经济，出台一些经济政策措施，建立控制收入分配差距的宏观经济制度，反对传统的以市场调节为主的收入分配理论。此外，凯恩斯还将工资分为货币工资和实际工资，提出了货币工资刚性理论。

（二）新剑桥学派和新古典综合派的收入分配理论回顾

在西方经济学经过"凯恩斯革命"后，凯恩斯经济理论在美国和西欧得到进一步发展。20世纪60年代后，整个经济学界对凯恩斯经济理论的研究分成两派：一派是以美国的保罗·萨缪尔森为代表的新古典综合学派（也称后凯恩斯主流经济学）；另一派是以英国的尼古拉斯·卡尔多和琼·罗宾逊夫人为代表的新剑桥学派。

1. 新剑桥学派的收入分配理论回顾

新剑桥学派的收入分配理论是从价值理论角度来研究收入分配问题的。其收入分配理论主要包括以下四个方面的内容。

首先，新剑桥学派认为从边际生产力角度研究收入分配是根本错误的。如果以边际生产力论，那么工资相当于劳动的边际产品，劳动的边际产品相当于工资，实际上，这使自己不可避免地陷入循环推理之中。

其次，新剑桥学派认为收入分配理论的基础必须是价值理论，价值必须有客观的物质基础，而不是主观的感受。其主张回到大卫·李嘉图的价值理论中进行研究，寻找不变的价值尺度，建立客观的价值理论。斯拉法在《用商品生产商品》一书中建立的"标准体系"，正好成为新剑桥学派以不变的价值尺度确立的收入分配理论的基础。斯拉法在这一"标准体系"中论述了各部门所生产的商品之间的比例等于所有部门所耗费的生产资料总量之间的比例，还论述了工资和利润的比例关系，可用下列公式表示：

$$r = R(1-w)①$$

其中，r 代表利润率；R 代表纯产品对生产资料的比率，或最高利润率；w 代表纯产品中支付工资的比例部分。

斯拉法利用这一公式是为了证明：工资越接近于零，利润率与工资的全部扣除越呈现正比例的关系趋势。

再次，国民收入分为工资和利润。在收入水平一定的情况下，利润率的高低决定了工资份额和利润的大小。利润率越高，利润就越大，相应的工资份额就越小。利润率水平的影响因素有经济增长速度、物质生产技术水平和投资水平。

最后，新剑桥学派特别注重所有权和历史因素在收入分配中的作用，认为基于一国的收入分配形成的格局不仅和劳动市场的历史条件有关，还与历史上已有的财产占有制度有关。比如，资本家凭借对财产的占有权而取得的非劳动收入就是利润。因此，新剑桥学派认为，资本主义社会中，国民收入在工资和利润之间的分配绝不是公平合理的。

2. 新古典综合学派的收入分配理论回顾

保罗·萨缪尔森的基本观点是：资本主义收入分配问题就是生产要素如何定价的问题。各种收入——工资、地租、利息等分配是根据生产要素对物质资料生产贡献大小确定的。萨缪尔森花了很大力气研究资本主义市场。他认为，所有厂商都处在两种市场之间：一是商品市场，在这个市场中，厂商以供给者的身份出现，按照顾客的需求曲线出售自己的商品；二

① 该公式引用了胡代光的有关论述［胡代光：《评斯拉法的"标准商品"和"标准体系"的建立》，《北京大学学报》（哲学社会科学版）1981 年第 5 期］。

是生产要素市场，在这个市场中，厂商以需求者的身份出现，购买生产要素，以便用最低的生产总成本来获得最多的利润。"正是在这种生产要素市场，社会的各种用于生产的投入物才具有价格，从而收入分配（工资、地租、利息等）得以确定。"生产要素价格决定的法则和一般商品一样，是供给和需求互相作用的结果。所不同的是，从供给方面来考察，生产要素的数量一般是固定不变的。但是如果价格太低，土地和资本的所有者就可以把土地和资本闲置起来，工人可以不干，从这个角度来说，也可以把生产要素的供给当作一个可变量，它们的供给价格同样是随着供给数量的变化而发生变化的。从需求方面来考察，对生产要素的需求是引致需求，是由生活消费品的需求决定的。也就是说，生产要素的需求价格最终取决于产品的价格。除此之外，对生产要素的价格的决定和其他商品没有什么区别，它们都是供给价格和需求价格相一致时的均衡价格。萨缪尔森就是用这种方法轻而易举地得出了工资是劳动的价格、租金是土地和自然资源的价格、利息是资本的价格的结论，解决了资本主义复杂的收入分配问题。[1]

新古典综合学派主要运用 IS—LM 模型来分析在货币市场和商品市场达到均衡时，国民收入和利息率是一种怎样的关系。这一模型很好地弥补了凯恩斯理论尚未考虑"货币供给与货币市场上的流动性偏好"这一缺陷。

如图 1-2[2] 所示，IS 与 LM 的交点 E 代表货币市场和商品市场处于均衡状态下的国民收入水平和利率水平，交点 E 会随着 IS 和 LM 的改变而变动。在 LM 固定的情况下，在政府开支水平下降时，IS 就会向左移动到 IS′，从而导致均衡利率下降，均衡收入减少。如果政府开支水平提高，在 IS 向右移动时，那么情况完全相反。在 IS 固定的情况下，货币数量的减少会导致 LM 向左移动到 LM′，这样均衡收入会减少，利率会提高。反之则相反。

新古典综合学派认为，充分就业的均衡是不可能依靠市场的自发调节作用达到的。所以，国家必须实行强制干预的经济政策来实现货币市场和商品市场的均衡，最终实现基于充分就业的国民收入的均衡。具体做法是

---

[1] 单怀沧：《评萨缪尔森的微观收入分配理论》，《华东石油学院学报》（社会科学版）1984 年第 1 期。

[2] 该图的制作引用了张世贤的有关论述（张世贤主编《西方经济思想史》，经济管理出版社，2009，第 288 页），本书在对其说明进行了相关修改后得到了该图。

按照 IS—LM 模型调节政府投资和利率，从而使货币供求和投资、储蓄保持一致。

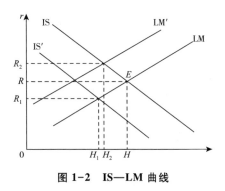

图 1-2　IS—LM 曲线

（三）福利经济学的收入分配理论回顾

1. 庇古福利经济学的收入分配理论

庇古的收入分配理论的基础是基数效用论。他在研究个人收入分配时，运用了边际效用递减的规律来分析分配的福利问题。庇古福利经济学的主要研究方向是社会经济福利，即收入分配合理是否直接影响社会的经济福利。庇古认为，某种分配制度合理的前提是这种分配和再分配都增加了社会经济福利，反之就不合理。由于富人的货币收入很多，货币收入对其来说边际效用很小，而穷人就不一样了，同样的货币收入会使穷人的满足感提升，因此，庇古提出："如果将富人的一部分货币收入转移给穷人，社会的总经济效用就会增加，社会福利也会增加，收入分配就会日趋合理。"①

2. 新福利经济学的收入分配理论

新福利经济学是由意大利经济学家维尔弗雷多·帕累托创立的。他反对庇古的关于效用可度量和效用可比较两个基本命题，反对庇古的收入平等化政策主张。他认为社会福利取决于每个人的效用，而每个人的效用是人的主观心理感受，具有不可比性，无法计算。他认为效用只能按照序数

① 张世贤主编《西方经济思想史》，经济管理出版社，2009，第 428 页。

进行相对比较，利用无差异曲线分析法建立序数效用论，消费者追求最大满足的途径不能如庇古所理解的那样，力求达到最大满足总量或最大效用总量，而是力求达到最高的满足水平，即最高的无差异曲线要求。[①] 新福利经济学对经济福利的分析是假定收入分配是既定的，企图将分配问题从福利经济学中剔除。新福利经济学家认为，最大的经济福利就是资源配置效率，提出收入分配理论的基础是"帕累托标准"。

帕累托标准分为严格的帕累托标准和弱帕累托标准。严格的帕累托标准是指，在社会状态发生变化的时候，一个人福利的增加并没有使其他任何人的福利减少，这样的状态就是最好的。如图 1-3 所示，依据严格的帕累托标准，状态 P_1 优于状态 P_2，状态 P_3 优于状态 P_2。而弱帕累托标准指这样一种状态：这是最优的和人们希望的时候，即所有人的福利都是增加的时候。如图 1-3 所示，在弱帕累托标准下，状态 P_1 优于状态 P_2，但是状态 P_3 并不优于状态 P_2。

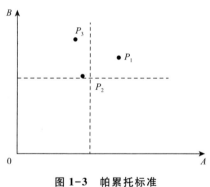

图 1-3　帕累托标准

帕累托标准只适用于社会增量财富的分配，这种增量财富要么使一部分人受益，要么使所有人受益。因此，卡尔多和希克斯等人提出了补偿原则理论，即当社会变革使一部分人受益而使另一部分人受损时，受益人可以对受损人进行补偿，只要收益大于补偿就说明社会福利增加了。补偿原则本身很好，说明在分配过程中一定要重视受益者对受损者的责任，从而体现社会利益的共享性。不过，新福利经济学家提出的补偿原则是虚拟的，他们认为，

---

① 马秀贞：《西方收入再分配理论评析与借鉴》，《国家行政学院学报》2009 年第 6 期。

只要社会整体发展了，就不需要受益者直接对受损者进行补偿，这些受损者终究可以通过"漏斗效应"从社会发展中得到补偿。但是，这种终究可以得到的补偿对受损者来说实在是太虚幻了，但这不是简单的虚拟。[①]

（四）瑞典学派的收入分配理论回顾

瑞典学派起源于 19 世纪末 20 世纪初，形成于 20 世纪二三十年代。当时，资本主义已逐渐由自由竞争阶段过渡到垄断统治阶段，国家垄断资本主义的统治机制逐渐建立，资本主义基本矛盾十分尖锐，于是爆发了给资本主义世界以毁灭性打击的 1929～1933 年的严重的经济危机。在此背景下，传统的新古典经济学宣扬的自动充分就业均衡理论和自由放任经济政策在现实面前渐趋破产。资产阶级经济学家为了维持资本主义的统治地位，不得不在理论上另辟蹊径。瑞典学派正是适应这种新的形势需要而逐渐形成的，特别是在第二次世界大战之后得到较快的发展。[②]

瑞典学派开创了以国家干预实现"充分就业"和"收入均等化"的瑞典社会福利模式，相关国家成为独特的"混合经济"的"福利国家"。瑞典学派又称北欧学派或斯德哥尔摩学派，是当代西方经济学的重要流派之一。它产生于 19 世纪末 20 世纪初的斯德哥尔摩大学，代表人物有大卫·达维逊、古斯塔夫·卡塞尔、克努特·维克塞尔、伊里克·林达尔、阿萨·林德伯克等瑞典经济学家。

瑞典学派的理论和政策有两个基本点。一是依靠政府的干预，通过宏观经济调节的方式平抑经济周期的波动，以实现"充分就业"。他们提出了货币均衡论，对经济周期进行解释，提出通过调节利息率克服周期波动。二是用收入再分配的方法实现收入均等化。他们认为，资本主义生产制度是优越的，通过竞争能够促进生产，促进资源合理配置。但资本主义收入分配制度有缺陷，必然带来贫富悬殊、阶级对立，因此应对其进行改革。利用收入再分配的方法，主要是利用累进所得税以及转移性支付，借助社会福利行为，使社会各阶级、集团之间的收入和消费水平通过再分配以趋于均等化，保障国民的最低生活标准，提高国民的生活质量，从而实现收

---

① 李红亮、贾后明：《论福利经济学的分配之困》，《经济问题》2010 年第 10 期。
② 赵兴罗、刘文荣：《略论北欧学派的财税思想》，《财政经济评论》2012 年第 2 期。

入平等。瑞典学派认为，实行"混合经济"具有优越性，因为私营经济追求的是利润最大化，公营经济注重的是社会公平，通过两者互补，既可以实现经济发展，又可以保持社会安定。"自由社会民主主义"经济制度理论是瑞典福利制度的理论基础，瑞典学派最新一代代表人物阿萨·林德伯克认为，瑞典在第二次世界大战后实施的经济制度既不属于传统的资本主义制度，也不属于社会主义制度，而是一种特殊的经济制度，即自由社会民主主义经济制度。这一制度的主要内容是：在政治上，保留西方的民主制度；在经济上，实行国有化、福利国家和市场经济三者结合的制度。这里的"福利国家"主要涉及收入再分配政策。同时，他主张由政府稳定经济，提供公共服务。克努特·维克塞尔的著作中就已提出收入再分配的主张。他认为，资本主义社会中各阶层的利益并不总是和谐一致的，是会发生抵触的，财产分配的不公平就能说明这一点。因此，他说，"我们一旦认真开始把经济现象看成一个整体，并为这个整体寻求增进福利的条件，就必然为无产阶级的利益进行考虑"。维克塞尔主张改革当时瑞典的经济制度，改善无产阶级的经济状况，提高全社会的福利水平。例如，他提出要增加公共经济成分，由国家执行收入再分配政策，以弥补根据生产要素边际生产力进行初次分配时造成的收入不平等。维克塞尔从边际效用递减规律出发论述收入再分配。庇古从收入的边际效用递减原理角度得出了国民收入平均分配的结论。维克塞尔同庇古一样，认为应当由社会规定适当的价格和最低工资，以提高穷人和富人的交换能力，从而增加社会总效用。瑞典学派强调收入和财富分配均等化，主张用累进税率解决分配问题。他们认为，一个理想的社会应当把福利普遍给予社会成员，使人人得到幸福。为此，国家应当担负起环境保护、公共产品和劳务的供应、经济稳定、收入和财富的分配等方面的责任。瑞典学派不仅在理论上为巩固福利制度奠定了基础，而且在实践上的政策主张得到了应用。由此，瑞典便成为世界上第一个走上积极稳定政策道路的国家。第二次世界大战后，瑞典学派的理论和政策主张同凯恩斯主义一样，日益受到许多资本主义国家政府和经济学界的重视。①

---

① 徐丙奎：《西方社会保障三大理论流派述评》，《理论参考》2007 年第 4 期。

四 马克思主义经济学的分配理论

马克思在批判英国古典政治经济学的基础上，吸取了古典政治经济学的科学成分，创立了科学的政治经济学。分配理论是马克思政治经济学理论的重要内容。

1. 分配是产品的分配，是生产关系体系中的一个重要环节

马克思在《〈政治经济学批判〉导言》中明确指出，作为政治经济学研究对象的生产关系是由生产、分配、交换和消费四个环节组成的，它们构成一个有机联系的整体。分配是连接生产和消费的中间环节。具体来看，分配有两种：一种是产品的分配，另一种是生产资料的分配。从一般意义上看，分配是指生产出来的产品的分配。这是因为生产资料的分配是生产的前提条件，是生产的一个要素。分配是由生产决定的，但是分配又反作用于生产，是相互联系的整体。

2. 基于资本主义制度的分配关系的理论

马克思的分配理论主要揭示了资本主义经济制度的分配规律。资本主义社会的收入分配制度涉及劳动者创造的物质产品，劳动者以劳动工资的形式获得收入，资本家以利润的形式获得资本收入，土地所有者以土地地租的形式获得收入，利润、地租是劳动者创造的剩余价值。资本主义的收入分配制度是资本家和土地所有者剥削劳动者的分配制度，是少数人富裕的制度。

在资本主义制度背景下，社会产品即财富是由劳动者生产的。社会产品在价值上由生产资料的旧价值和新价值即劳动力的价值和剩余价值组成。分配只能是新价值即劳动力的价值和剩余价值的分配。劳动力的价值在劳动者之间分配，剩余价值在资本家和土地所有者之间分配，包含劳动—工资，资本—利润、利息，土地—地租的形式。与资本主义的分配制度相适应就形成了资本主义社会三大阶级或三大社会阶级，即劳动者阶级、资本家阶级、土地所有者阶级。资本主义的分配关系是资本家阶级和土地所有者阶级剥削劳动者阶级的分配制度。

3. 有关社会主义社会以及共产主义社会的分配制度的理论

马克思在《资本论》《哥达纲领批判》《共产党宣言》中科学地论述了在消灭了资本主义制度以后社会主义社会和共产主义社会的分配制度。他指出，社会主义社会劳动者生产的物质产品在扣除了社会的公共需要即扣

除非物质生产部门的需要、社会保障的需要、社会扩大再生产的需要以后，实行按劳分配制度。在共产主义社会，生产力高度发达，物质财富充分涌现出来，社会将"各尽所能、按需分配"，这时社会可以消除收入分配中的不平等，实现人类社会共同富裕。

第二节　马克思经济学的分配理论

一　分配的两层含义：生产资料的分配和产品的分配

马克思认为，作为政治经济学研究对象的社会生产关系，是由生产、分配、交换和消费四个环节组成的，它们构成一个有机联系的整体。分配是连接生产和消费的中间环节。具体来说，分配有两种：一种是产品的分配，另一种是生产资料的分配。在产品的分配上，生产决定分配。没有产品的生产就不可能有分配，而且分配的性质、原则及其形式只能由占统治地位的生产方式来决定。就生产资料的分配来说，分配决定生产。因为在生产之前，首先要有生产资料的分配。生产资料的分配是生产资料归某个阶级、集团所有的问题；在生产之前，没有这种生产资料的分配，生产就无法进行。此外，其认为，还必须有社会成员在各类生产中的分配，以使他们在生产过程中处于不同的社会地位。马克思概括地总结道："在分配是产品的分配之前，它是（1）生产工具的分配，（2）社会成员在各类生产之间的分配……这种分配包含在生产过程本身中并且决定生产的结构，产品的分配显然只是这种分配的结果。"①

二　资本主义的分配关系

马克思在《资本论》中详细地考察了资本主义社会的分配关系。他指出，资本主义的分配关系从属于资本主义的生产关系，在一定程度上只是资本主义生产关系的一个方面，分配不过是表示生产关系的一个方面。考察资本主义的分配关系时，人们首先从产品分为工资、利润和地租这种所谓事实出发。但是，把事实说成这样是错误的。因为这样做脱离了一定的

---

① 《马克思恩格斯选集》（第二卷），人民出版社，1972，第99页。

生产关系，孤立地看待分配关系。其实，"产品一方面分为资本，另一方面分为收入。其中一种收入，工资，总是先要以资本形式同工人相对立，然后才取得收入的形式，即工人的收入的形式"①。生产出来的劳动条件和劳动产品总是作为资本同直接生产者相对立这个事实，从一开始就意味着：物质劳动条件和工人相对立而具有一定社会的性质，因而在生产本身中，工人和资本家处在一定的关系中。"如果产品的一部分不转化为资本，它的另一部分就不会采取工资、利润和地租的形式。"② 然而，资本以及土地所有权存在的本身就是以"劳动者被剥夺了劳动条件，这些条件集中在少数个人手中，另外一些个人独占土地所有权"③ 为前提的。这种生产条件的分配在生产关系本身范围内起着决定性作用。资本家占有生产条件，就能够作为资本的代表执行剥削雇佣劳动的职能，从而形成资本剥削雇佣劳动的关系。

就资本主义的分配关系本身来说，工资以雇佣劳动为前提，利润以资本为前提，地租以土地所有权为前提。总之，资本主义的分配形式是以资本主义生产关系为前提的。要揭开资本主义分配关系的秘密，就不能脱离资本主义生产关系。马克思正是从资本主义生产关系入手，用历史的解剖刀，剥去了罩在资本主义分配关系上的层层面纱，将它的剥削关系赤裸裸地暴露在人们面前。

三 资本主义分配的经济范畴

（一）工资理论

马克思的工资理论是剩余价值学说的重要组成部分。他明确指出，剩余价值来源于工人劳动创造的价值大于劳动力的价值。但是，在资本关系的掩盖下，人们普遍认为工资是劳动的价值或价格。如果不从理论上说明这是一种错误的看法，那么已经阐述的劳动价值理论和剩余价值理论就不能成立。因此，其在分析了剩余价值的生产之后，紧接着分析了工资的实质。这样，其就把剩余价值的生产理论置于更坚实的理论基础之上。必须

---

① 《资本论》（第三卷），人民出版社，1975，第993页。
② 《资本论》（第三卷），人民出版社，1975，第994页。
③ 《资本论》（第三卷），人民出版社，1975，第994页。

指出，马克思的这种安排本身同资产阶级经济学家把工资的研究放在分配领域而不放在生产领域的做法是截然不同的。

马克思首先阐述了工资的实质。他指出："资本主义生产的整个体系，是建立在工人把自己的劳动当作商品出卖的基础上的。"① 但是，在资本主义的现实生活中，资本家按工人劳动时间的多少付给工人工资，工人劳动一天得一天工资，劳动一个月得一个月工资。因此，从表面现象来看，工资似乎是工人"劳动的价值"或"劳动的价格"，是工人全部劳动的报酬。马克思明确指出，这是一种假象。因为劳动不是商品，不能买卖，"劳动要作为商品在市场上出卖，无论如何必须在出卖以前就已存在。但是，工人如果能使他的劳动独立存在，他出卖的就是商品，而不是劳动"②。雇佣工人在市场上和资本家发生交换关系时，他的活劳动是不存在的。如果他想使自己的劳动取得独立存在的形态，就必须把活劳动变成物化劳动，即变成商品。可是，如果工人有商品出卖，那么他本人就成为商品生产者，而不是雇佣工人。因此，工人出卖给资本家的并不是劳动。

如果说工人出卖的是劳动，那么劳动就是商品，它的价值怎样决定呢？商品的价值是耗费在商品生产上的社会劳动的物化形式，商品的价值量是用生产商品所必需的劳动量来计量的，由此必然得出劳动商品的价值由劳动来决定的结论。"这是无谓的同义反复。"③

如果说劳动就是商品，具有价值，而工资是劳动的价格，那么工资同劳动相交换是等价的还是不等价的呢？如果是等价的交换，工资就应该等于工人劳动所创造的全部价值，这样，资本家就得不到剩余价值；如果是不等价交换，就违背了价值规律。可见，劳动绝不是商品，因而它没有价值和价格。工人出卖给资本家的不是劳动，而是劳动力，工资是劳动力价值或价格的隐蔽形式。

在阐明了工资的实质之后，马克思又剖析了工资的基本形式。他认为，资本主义的基本工资形式不外乎两种——计时工资和计件工资。计时工资是按照工人的劳动时间支付的工资，如日工资、月工资等。既然工资是劳

---

① 《资本论》（第一卷），人民出版社，1975，第471页。
② 《资本论》（第一卷），人民出版社，1975，第586页。
③ 《资本论》（第一卷），人民出版社，1975，第585页。

动力价值或价格的转化形式，那么日工资、月工资不过是劳动力日价值、月价值的转化形式。

马克思在考察计时工资的现实运动时，把工资额的大小、工作日的长短和劳动强度的高低三个因素联系起来。他借用"劳动价格"这个概念，并以此表示工人劳动力每日的价格。公式为：劳动价格＝劳动力日价值（日工资总额）。劳动价格是计时工资工作日的小时数和劳动日长度之间的关系指标。在计时工资不变甚至有所增加的情况下，资本家可以通过延长劳动日的办法来加强对工人的剥削。

计件工资是依据工人所完成的产品数量或作业量来支付的工资。从现象上看，工人的劳动越多，产品的数量或完成的作业量就越多，工资水平就越高，似乎工人按照产品数量得到了全部劳动创造的价值。所以计件工资比计时工资更能掩盖工人有酬劳动和无酬劳动的区别，具有更大的隐蔽性。马克思指出，计件工资和计时工资没有本质上的区别，因为计件工资的确是以计时工资为基础的，计件工资的单价就是用产品数量去除月工资所得的商数。所以，"计件工资成了延长劳动时间和降低工资的手段"[1]。

马克思不仅从质的方面对工资进行了研究，而且从量的方面对工资进行了考察。他认为，既然资本主义制度下的工资，是工人劳动力价值的转化形式，那么，工资数量的变动只能以劳动力价值的变动为基础。"劳动力的价值，是由生产、发展、维持和延续劳动力所必需的生活资料的价值来决定的。"[2] 但是，与其他商品的价值不同，劳动力的价值是由两种要素构成的："一种是纯生理的要素，另一种是历史的或社会的要素……工人阶级为要保持和再生产自己，为要延续自己肉体的生存，就必须获得自己生活和繁殖所绝对必需的生活资料。所以这些必需的生活资料的价值，就构成劳动的价值的最低界限。"[3] 另外，由于各国的历史传统、社会风俗以及经济状况的变化，工人的生活需要有所不同。工资水平的变动虽然以劳动力的价值变动为基础，但在这个基础上，工资的数量仍然有很大的伸缩性。因为"包含于劳动价值中的这一历史的或社会的要素可能扩大，也可能缩

---

① 《资本论》（第一卷），人民出版社，1975，第 609 页。
② 《马克思恩格斯选集》（第二卷），人民出版社，1972，第 181 页。
③ 《马克思恩格斯选集》（第二卷），人民出版社，1972，第 199 页。

小，甚至可能完全消失，以至除了生理上的界限以外什么也不会剩下"。①

马克思指出，在研究工资数量的变化趋势时，还必须区分名义工资和实际工资。名义工资是表现为货币的劳动力的等价物，实际工资是供工人支配的生活资料。二者有着密切的联系，在其他条件不变的情况下，货币工资水平越高，其所能购买到的生活必需品就越多；反之，就越少。但是，实际工资不仅取决于货币工资的数量，还取决于劳动力的供求状况、物价水平、捐税负担等多种因素。所以，货币工资和实际工资往往是不一致的，即使在货币工资不变或者稍有增加的情况下，实际工资也有可能在通货膨胀、物价上涨以及赋税加重等因素的作用下趋于减少。马克思认为："资本主义生产的总趋势不是引起工资平均水平的提高，而是引起这个水平的降低。"②

马克思强调，考察工资变动趋势还必须注意相对工资。所谓相对工资，是指工人的工资同资本家的利润相比较的工资，也叫比较工资。由于工资和利润是工人所创造的新价值中的两个构成部分，如果总额一定，"则这个数中一部分所增加的，总是另一部分所减少的。假如工资变动，利润就要朝相反的方向变动"。③ 如果工资下降，利润就上升；工资上升，利润就下降。在资本主义制度下，由于分工的不断扩大和机器的广泛使用，工人的劳动生产率和劳动强度会不断提高。这样，在工人所创造的新价值中，用来支付工资的数额相对日益缩小，而资本家获得的剩余价值部分就相应地扩大。这里，马克思揭示出相对工资的下降趋势乃是资本主义发展的必然。

（二）利润理论

马克思在批判地继承前人研究成果的基础上，创立了完整的、科学的剩余价值理论体系，其中利润理论是这个总体系中的有机组成部分。他指出，剩余价值是资本主义生产方式中内在的抽象的范畴，利润则是外部具体形式中最一般的形式。当剩余价值不被看作可变资本的产物，而被看作全部预付资本的产物时，它就转化为利润。

---

① 《马克思恩格斯选集》（第二卷），人民出版社，1972，第199页。
② 《马克思恩格斯选集》（第二卷），人民出版社，1972，第204页。
③ 《马克思恩格斯选集》（第二卷），人民出版社，1972，第190页。

为了说明从剩余价值到利润的转化，马克思首先区分了两种不同性质的生产费用：一种是按资本的支出来计量的费用，即生产商品所需要的全部劳动耗费；另一种是对资本家来说的生产费用，即生产商品所耗费的资本。在资本主义制度下，按资本的支出来计量的生产费用转化为商品的成本价格。这样，商品价值就成为成本价格加上剩余价值。本来剩余价值是由可变资本带来的，是可变资本的增加额，但在资本主义社会的表面上，却表现为所费资本的增加额，仿佛剩余价值是由生产过程中耗费的资本生产出来的。不仅如此，它还表现为全部所用的资本的增加额。马克思指出："总资本虽然只有一部分进入价值增殖过程，但在物质上总是全部进入现实的劳动过程。或许正是由于这个原因，它虽然只是部分地参加成本价格的形成，但会全部参加剩余价值的形成。不管怎样，结论总是：剩余价值是同时由所使用的资本的一切部分产生的。"[①] 这样，当人们把剩余价值看成全部预付资本的产物时，剩余价值就转化为利润。利润和剩余价值在质上是相同的，在量上也是相等的。所不同的只是剩余价值是对可变资本而言的，利润是对全部预付资本而言的。所以，剩余价值是利润的本质，利润是剩余价值的表现形式。

"利润是总资本的产物"这种观念是通过剩余价值与总资本的相比关系，即通过利润率得出来的。马克思认为："应当从剩余价值率到利润率的转化引出剩余价值到利润的转化，而不是相反。实际上，利润率从历史上说也是出发点。剩余价值和剩余价值率相对地说是看不见的东西，是要通过研究加以揭示的本质的东西。利润率，从而剩余价值的形式即利润，却会在现象的表面上显示出来。"[②] 所以，剩余价值率转化为利润率是剩余价值转化为利润的前提。马克思指出，从所费资本到成本价格、从剩余价值率到利润率、从剩余价值到利润一系列转化，都是从本质到现象形态的转化。这些转化掩盖了资本主义的本质关系。因为在成本价格这个范畴上，只有固定资本和流动资本的区别，看不见可变资本和不变资本的划分。这样，价值增殖的秘密就被掩盖了。剩余价值转化为利润以后，利润的来源也看不清了，仿佛它是资本自行增殖的结果。至于利润率和剩余价值率，

① 《资本论》（第三卷），人民出版社，1975，第43~44页。
② 《资本论》（第三卷），人民出版社，1975，第51页。

不仅在数量上有明显的区别，利润率大大小于剩余价值率，而且所表现的关系截然不同。剩余价值率反映了资本家对工人的剥削程度，而利润率则反映资本增殖的程度。

在阐述了剩余价值到利润的转化以后，马克思又进一步揭示了利润转化为平均利润的过程。他指出，在资本主义现实社会中，许多资本在空间上并存。在剩余价值率相同的条件下，这些不同生产部门的各个资本的利润率是各不相同的。影响利润率的主要因素有两个：一是资本的有机构成，由于不同生产部门的同量资本的有机构成部分不同，可变资本的数量各不相同，因而它所推动的物化劳动的数量不相同，占有的剩余劳动也就不同；二是资本周转速度，在其他条件相同的情况下，由于资本周转速度不同，因此在相同的时间内（通常指一年），可变资本实际推动的活劳动的量也不相同，年剩余价值量不同，利润率也就不同。可是，在现实社会中，不管剩余价值率的大小、资本有机构成的高低、资本周转速度的快慢，各部门的资本家都要求按平均利润率获得平均利润。那么平均利润是怎样形成的呢？

马克思首先区分了两种不同的竞争：部门内部的竞争和部门之间的竞争。部门内部的竞争是为了争夺有利的生产销售条件和获得超额利润而展开的竞争，竞争的结果是使存在差异的个别价值形成一个相同的市场价值。部门之间的竞争是为了争夺有利的投资场所而展开的。这种竞争以价格信号为诱导，以追求更多的利润为目的，资本便从利润率低的部门向利润率高的部门转移。正是这种部门之间的竞争和资本的自由转移，使各部门不同的利润率逐渐趋于平均，形成平均利润率。各部门的资本家按照平均利润率获得的利润叫平均利润。

随着平均利润率的形成，利润转化为平均利润，商品的价值也就转化为生产价值。生产价值就是商品的成本价格加平均利润，是价值的转化形式。

利润转化为平均利润以后，资本主义的剥削关系被进一步掩盖起来了。当剩余价值转化为利润的时候，人们还能从数量的一致上看出它们之间的联系。现今，这种数量上的一致也不存在了。一个部门中活劳动所创造的剩余价值的量，同该部门所获得的平均利润的量，经常是不相同的。各部门所得到的利润量都同总资本成一定比例，而不是与剩余价值量成比例。因而，利润不仅在性质上，而且在数量上都是总资本的产物，利润的起源和本质完全被掩盖了。

马克思还强调，在资本主义生产方式下，存在一个特有的规律，即利润率下降规律。因为随着资本积累的发展，同预付的总资本相比，可变资本所占的比重日益相对地减少。这就意味着资本所推动的活劳动的量，同它所推动的物化劳动的量相比不断减少。这样，作为活劳动一部分的剩余劳动所形成剩余价值量，同所使用的资本价值的量相比，也必然不断减少。因此，在利润不变甚至增加的情况下，利润率就表现为一种下降的趋势。

与此同时，马克思明确指出，利润率下降规律的存在，并不排斥利润量的绝对增加。因为随着资本的增加，资本所使用的工人数量也会增加，于是资本所推动的物化劳动的绝对量也增加，这样，剩余劳动的量也必然增加，从而，利润量也在绝对地增加。利润率的下降和利润量的增加恰恰是同一资本积累过程中的两个方面的表现形式，是同一原因的两种结果。马克思称之为"二重性的规律"①。

在资本主义社会中，平均利润率下降的趋势是很缓慢的。因为在它下降的同时，必然存在一些起反作用的因素。这些因素包括：提高对工人的剥削程度；利用大量相对过剩人口的存在压低劳动力的价格，或采用手工劳动；劳动生产率的提高使不变资本的价值降低，放慢了资本有机构成部分提高的速度、对外贸易的发展速度。"一方面使不变资本的要素变得便宜，一方面使可变资本转化成的必要生活资料变得便宜，它具有提高利润的作用，因为它使剩余价值率提高，使不变资本价值降低。"② 这些因素的存在，使平均利润率下降的趋势经过相当长的时间才显示出来。

马克思的利润理论不仅考察了从剩余价值到利润的转化，还考察了从一般形式的利润到各自独立的特殊形式的转化。在此背景下，其建立了一套完整的利润理论。

马克思认为，资本主义生产迅速增长和市场不断扩大后，商业资本随之出现。商业资本是从产业资本中分离出来的独立部门，执行产业资本循环中商品资本的职能。它虽然不创造价值和剩余价值，但是在社会资本再生产过程的流通阶段发挥职能。所以，商业资本参与利润的平均化，所得到的平均利润就是商业利润。商业利润是从哪里来的？马克思指出，由于

① 《资本论》（第三卷），人民出版社，1975，第245页。
② 《资本论》（第三卷），人民出版社，1975，第264页。

商业资本家投资商业，为产业资本家销售商品，产生剩余价值，产业资本家就不能单独占有全部剩余价值，必须把其中的一部分以商业利润的形式转让给商业资本家。这种转让是通过价格差额来实现的。产业资本家以低于生产价格的价格把商品出售给商业资本家，商业资本家再按生产价格把商品卖给消费者，这两种价格之间的差额就形成商业利润。所以，商业利润是总生产资本创造的剩余价值的一部分，是对直接从事剥削活动的产业资本家所得到的剩余价值的一种扣除。这样，统一的利润便分割为产业利润和商业利润两个部分，二者都是剩余价值转化的具体表现形式。

（三）利息理论

马克思在阐述资本主义利息问题时，首先揭示了利息的本质。他认为，货币在资本主义生产的基础上，由一个一定的价值变成一个自行增殖的价值。"这样，货币除了作为货币具有的使用价值以外，又取得了一种追加的使用价值，即作为资本来执行职能的使用价值。在这里，它的使用价值正在于它转化为资本而生产的利润。就它作为可能的资本，作为生产利润的手段的这种属性来说，它变成了商品，不过是一种特别的商品。或者换一种说法，资本作为资本，变成了商品。"① 但这种资本商品的流通不是买卖，而是借贷。假定年平均利润率为20%，拥有100元的货币资本家，就能够生产20元利润。其把100元让渡给职能资本家使用，也就是把生产的平均利润的能力让渡给了后者，于是，职能资本家利用资本商品的使用价值生产利润，又把利润中的一部分以利息的形式交给借贷资本家。因此，"利息不外是一部分利润的特别名称"②。

马克思指出，在生息资本的场合，一切都在展示表面的东西。资本的预付表现为资本由贷出者转到借入者；已经实现的资本流回表现为借入者把资本连同利息偿还给贷出者。这样，资本主义的剥削关系就看不见了。

马克思在阐述了利息的本质之后，又进一步说明了决定利息和利息率的因素。他认为，利润本身就成为利息的最高界限，达到这个最高界限是无法规定的。借贷资本家获取利息的大小：一是取决于利润量的大小，二

---

① 《资本论》（第三卷），人民出版社，1975，第378页。
② 《资本论》（第三卷），人民出版社，1975，第379页。

是取决于利润在借贷资本家和职能资本家之间的分割比例。如果利息在总利润中占有固定比重，那么利息就会同利润一同涨落。假定利息为利润的1/5，在利润率为20%、25%、30%时，利息率则分别为4%、5%、6%，两者之间的差别分别是16个百分点、20个百分点、24个百分点。可见，"如果利息等于平均利润的一个不变的部分，结果就是：一般利润率越高，总利润和利息之间的绝对差额就越大，因而总利润中归执行职能的资本家的部分就越大；反过来，情况也就相反"①。如果借贷资本家和职能资本家分割一个已定的利润量，那么首先要看这个由平均利润率决定的有待分割的利润量有多少；其次要看分割的比例。资本主义生产周期的实际情况证实，在产业繁荣时期，职能资本家获得较多的利润，但此时的利息率较低，因此借贷资本家分得的利息相对就少；相反，在萧条和危机时期，由于银根吃紧，生息资本供不应求，因此利息率就高，借贷资本家可获取较多的利息，而由于产业不景气，职能资本家获得的利润相对减少。

马克思还指出，由于存在这样两个原因：一是食利者阶级的人数随着资本主义的发展在增加，从而资本贷放者队伍不断壮大；二是信用制度的发展使职能资本家通过银行能够越来越多地支配社会上各阶层的闲散货币。于是，生息资本的供给量增加，必然会起到压低利息率的作用。也就是说，利息率可以不以利润率的变动为转移，而具有下降的趋势。

（四）地租理论

马克思对资本主义地租问题的研究，首先从资本主义土地所有权的形式入手。他指出，资本主义的土地所有权"是土地所有权的一个独特的历史形式，是封建的土地所有权或小农维持生计的农业……受资本和资本主义生产方式的影响而转化成的形式"②。它具有两个特征。一是所有权和土地经营权完全分离。土地所有者把土地租给农业资本家经营，凭借着土地所有权，从租佃农业资本家那里收取地租。二是其取得了一种纯粹的经济形式，再没有封建土地所有权那种人身依附和超经济的强制。因此，资本主义地租是资本主义土地所有权借以实现的经济形式，反映了土地所有者

---

① 《资本论》（第三卷），人民出版社，1975，第402页。
② 《资本论》（第三卷），人民出版社，1975，第694页。

和农业资本家共同剥削雇佣工人的社会生产关系。土地所有者同农业资本家之间虽然存在利益上的矛盾，但这是共同瓜分剩余价值中的矛盾。

为了认识资本主义地租的本质，必须把习惯上所说的地租，即租金，同真正的地租加以区别。租金是指租佃农业资本家在一定期限内向地主缴纳的全部货币额。它除了包括真正的地租外，往往还包括不是由于单纯使用土地而引起的支付额，为土地上固定资本的折旧费和利息等。

在揭示资本主义地租的实质之后，马克思又详细地分析了地租的两种形态：级差地租和绝对地租。首先阐述了级差地租及其形成的原因和条件。他认为，在农业中，优等地是很有限的。在这些优等地和中等地被某些资本家经营以后，别人就不能再来经营，于是便形成了一种经营上的垄断权，限制了资本的自由竞争。而这些耕地又不能完全满足社会对农产品的需要，劣等地也必须投入生产。劣等地生产条件较差，劳动生产率低，产量少，产品的个别生产价格便较高；而投资生产条件较好的土地，劳动生产率高，产量多，产品的个别生产价格就低。农产品的社会生产价格是由劣等地产品的个别生产价格决定的。因此，在投资生产条件较好的农业资本家看来，就因其产品的个别生产价格低于社会生产价格而取得了超额利润，超额利润就转化为级差地租。可见，级差地租产生的原因是对土地经营权的垄断。土地的肥沃程度和与市场的距离仅仅是形成级差地租的条件和基础。

马克思还区分了级差地租 I 和级差地租 II 两种形态。级差地租 I 是由于土地的自然肥力和位置不同而具有不同生产率的结果，由此，形成的超额利润全部直接转化为级差地租 I，归土地所有者。级差地租 II 是由于连续在同一块土地上投资而具有不同的生产率的结果。由此产生的超额利润的地租的转化是有条件的，在租约内，这种超额利润直接归农业资本家所有，不转化为地租；在租约期满并重新订立契约时，其才转归土地所有者。

级差地租 I 和级差地租 II 也是有联系的。一方面，级差地租 I 是级差地租 II 的出发点和基础。从历史上看，在资本主义发展的初期，由于资本不够充足，加上可开垦的荒地比较多，农业资本家往往采取扩大耕地面积的办法，进行粗放式经营。这个时期主要表现为级差地租 I 的形式。随着资本主义的发展，可开垦的土地日益减少，于是资本便集中到较少的土地上，并连续追加，进行集约化经营，这时主要表现为级差地租 II 的形式。

另一方面，就一定时期的变动来说，土地的肥沃程度和地理位置依然是级差地租 Ⅱ 的主要表现形式。在这个范围内，在同一块土地上进行连续投资，会有不同的生产率，但还是要以劣等地的产品的个别生产价格决定的社会生产价格为基础，将它的劳动生产率进行比较，得到的超额利润就转化为级差地租 Ⅱ。

马克思还在批判李嘉图等人错误观点的基础上，创立了绝对地租理论。他认为，资本主义制度下，由于存在土地私有权的垄断，无论租种哪种土地，哪怕是最劣等的土地，都必须支付地租，否则，土地所有者宁肯让它荒芜。他说："一定的人们对土地、矿山和水域等的私有权，使他们能够攫取、拦截和扣留在这个特殊生产领域即这个特殊投资领域的商品中包含的剩余价值超过利润（平均利润，由一般利润率决定的利润）的余额，并且阻止这个余额进入形成一般利润率的总过程。"① 可见，土地私有权的垄断是绝对地租存在的原因。

接着，马克思说明了绝对地租及其形成的条件。他首先针对李嘉图把商品的价值和生产价格混为一谈的错误，明确指出，由于各部门资本有机构成的不同，商品价值与生产价格存在三种不同的情况：当资本的有机构成高于社会资本的平均有机构成时，商品的价值小于商品的生产价格；当资本的有机构成低于社会资本的平均有机构成时，商品的价值大于商品的生产价格；只有当资本的有机构成等于社会资本的平均有机构成时，商品的价值才同商品的生产价格相等。在资本主义制度下，农业生产技术的发展长期落后于工业，农业资本的有机构成低于社会资本的平均有机构成。这样，同量资本就可以推动较多的活劳动，在剩余价值率相等的情况下，所创造的剩余价值量越大，农产品的价值就越高于社会生产价格。二者之间的差额，就是绝对地租形成的基础和条件。由于农业中存在土地私有权的垄断，因此由商品价值与社会生产价格的差额而形成的超额利润不参加利润的平均化，这部分超额利润转化为归土地所有者的绝对地租。

既然绝对地租由农产品的价值和社会生产价格的差额构成，那么它的数量是怎样确定的呢？马克思认为，这完全取决于供求状况和所耕种的土地面积。如果农产品供不应求，市场价格就会高于它的价值，这时绝对地

① 《马克思恩格斯全集》（第二十六卷）（第二册），人民出版社，1973，第30页。

租就等于农产品价值与生产价格的全部差额。如果农产品供过于求，市场价格就会低于它的价值，只要市场价格仍然在生产价格以上，绝对地租就依然存在。这时绝对地租的量就是农产品价值与生产价格差额的一部分，其余部分参加利润率的平均化。

马克思还就绝对地租的历史性质做了说明。他认为，农业部门的资本有机构成低于社会资本的平均有机构成的现象仅仅在一定历史时期内存在。随着社会生产的发展，农业落后于工业的现象将消失。可是，只要土地私有权依然存在，土地就不会自由地被使用。在这种情况下，绝对地租"只能来自市场价格超过价值和生产价格的余额，简单地说，只能来自产品的垄断价格"。①

四　资本主义社会的国民收入及其分配

马克思通常所说的分配是指国民收入的分配。他第一次提出了关于国民收入的科学概念。他说："总收入是总产品扣除了补偿预付的、并在生产中消费掉的不变资本的价值部分和由这个价值部分计量的产品部分以后，所余下的价值部分和由这个价值部分计量的产品部分。"② 因而，"国民收入是工资加上利润加上地租，也就是总收入"。③

在资本主义社会里，为资本家直接生产出包含剩余价值的商品的是被迫出卖劳动力的雇佣劳动者。所以，国民收入主要是由物质生产部门的雇佣劳动者创造的。这些部门包括工业、农业、建筑业、公共饮食业以及为生产服务的一部分交通运输业和邮电业，此外，还包括作为生产过程在流通领域继续发展的那一部分商业。资本家、土地所有者、资产阶级国家机关的服务人员和其他非物质生产部门中的职工都不创造国民收入。

资本主义社会国民收入的分配，是通过初次分配和再分配两个过程进行的。国民收入的初次分配是指各个物质生产部门的产业资本家，在售出商品实现了全部社会总产品的价值后，首先扣除以补偿已消耗的不变资本的价值，然后便把国民收入中补偿可变资本价值的部分作为工资支付给工

①　《资本论》（第三卷），人民出版社，1975，第863页。
②　《资本论》（第三卷），人民出版社，1975，第950页。
③　《资本论》（第三卷），人民出版社，1975，第951页。

人。国民收入中的剩余价值部分归产业资本家。通过部门之间竞争和利润率的平均化，剩余价值还要在社会各剥削集团之间进行如下分配：产业资本家获得的剩余价值表现为产业利润；产业资本家让渡给商业资本家的但因使用贷款而分割给借贷资本家的一部分剩余价值，形成利息；农业资本家缴纳给土地所有者的超过平均利润以上的那部分剩余价值，便形成地租。

国民收入再分配是在初次分配的基础上进行的。其之所以要进行再分配是因为在资本主义国家里，还存在大量的从事其他非物质生产活动的社会成员以及国家官吏、警察、士兵等。他们的收入只能通过国民收入再分配来获得。这些收入是用生产工人所得的工资、资本家所得的利润、土地所有者所得的地租来支付的，因此表现为一种派生收入。

资本主义社会国民收入再分配，主要通过国家财政预算和收取服务费的形式来进行。国家财政预算的主要来源是税收。国家通过征税，把社会各阶级已经获得的收入扣除一部分，纳入财政收入范围。然后以财政支出的方式再分配给士兵、警察和国家官吏等，以维持国家机器的运转。

收取服务费也是资本主义社会国民收入再分配的一种形式。资本家和劳动者对服务费的开支是多种多样的，如广告费、诉讼费、医疗费、文化娱乐费等。这样，资本家、土地所有者、工人初次分配的一部分收入便被再分配给提供上述服务的部门。

资本主义社会国民收入的分配和再分配的结果表明，创造国民收入的雇佣工人得到的是仅仅相当于可变资本的工资，剩余价值被资本家集团和土地所有者瓜分，形成利润和地租。马克思通过对资本主义分配关系的剖析，深刻揭示了资本主义的剥削关系。

五　社会主义社会以及共产主义社会的分配制度的理论

马克思在《资本论》《哥达纲领批判》《共产党宣言》等中科学地论述了消灭了资本主义制度以后社会主义社会和共产主义社会的分配制度。他指出，在社会主义社会，劳动者生产的物质产品，在扣除了社会的公共需要即扣除非物质生产部门的需要、社会保障的需要、社会扩大再生产的需要以后，实行按劳分配制度。在共产主义社会，生产力高度发达，物质财富充分涌现出来，社会将实行"各尽所能、按需分配"，此时，社会将消除收入分配的不平等，实现人类社会的共同富裕。

第二章　美国收入分配制度和社会结构

第一节　美国收入分配制度的演变

现在美国的收入分配制度是随着资本主义生产关系的建立和发展而形成的。

一　1776~1900 年：美国社会与制度大整合

1. 土地分配制度的发展和改革

1776 年 7 月 4 日，美国 13 个殖民地宣布脱离英国而独立。美国独立后建立的邦联政府面对大量亟待处理的问题一筹莫展，主要原因是没有固定的收入。因此，邦联政府很自然地将西部的土地看作收益的来源，意欲尽快出售国有土地，以解除财政拮据的状态，尽快制定土地法，主要表现在以下几个方面。第一，国会在独立战争期间曾经许诺赠予为美国独立而战斗的普通士兵和军官以土地，国会掌握了大片国有土地，该兑现其诺言。第二，肯塔基和田纳西的移民同东部各州的关系十分松散，而同西班牙和英国的商务关系十分密切，任其发展可能危及这两个地区同东部独立州的关系。第三，国会面临确保美国政府对西部的有效控制的问题。因此，迅速制定国有土地分配政策，不仅对刚刚独立的美国的移民产生向西拓殖的压力以及国会必须尽快确定在西北部国有土地上建立地方政府，以确保经济发展具有十分重大的意义，而且对于早期美国的政治稳定具有巨大的作用。但是，对如何解决土地问题，即土地的分配要达到什么目标，美国国内存在不同的意见。

1780 年 10 月 10 日，国会通过一项法令，规定为了美国的利益，为了在国有土地上建立新的州，赋予政府出售和赠送西北部土地的权力。1783

年，200 多位军官再次向国会请愿，要求国会兑现在独立战争中许诺赠予他们的土地，并要求得到俄亥俄州地区的土地。国会为此于 1784 年春任命了由杰弗逊领导的委员会来研究解决这个问题。这个委员会于 1784 年 5 月 7 日向国会提交报告。这个报告提出的土地政策是新英格兰土地模式和南部土地模式的混合物。新英格兰土地模式中的土地在出售前必须首先进行测量和所有赠送的土地都必须详细记录在案的做法得到肯定。新英格兰土地模式中的另一个惯例，即将国有土地以 7 英里（相当于 11.265408 千米）见方进行测量，而后以每英亩①不低于 1 美元的价格将整个城镇的土地一次性出售给合伙购买者的做法却没有被采纳。这个报告未提及保留教育和宗教用地，也没有规定每英亩土地的售价。这个报告虽然未被国会所接受，但成了 1785 年颁布的《土地法令》的基础。

　　1785 年颁布的《土地法令》，是美国土地制度史上的第一个里程碑，它旨在处理从俄亥俄州到密西西比河之间的西北部领土的问题，为后来出台的《土地法》设定了基本框架，初步建立了美国式的土地分配制度。在随后的 70 多年里，也就是说，直到 1862 年《宅地农场法》颁布以前，1785 年的《土地法令》一直是美国国有土地政策的基础。然而，在 1785 年《土地法令》制定后的最初几年里，国有土地的销售速度十分缓慢，原因如下。①土地出售的最低面积使一次购买土地需要的费用超出了大部分移民的承受能力。很明显，1785 年《土地法令》主要对富有者和投机者有利，因为一般的移民不必要也不可能一次购买 64 英亩的土地。②在 13 个最初独立的州之内，存在大量的廉价土地。在本州存在价格相当于或低于国有土地的空地时，移居者一般不会对遥远的其他地区的土地感兴趣。因此，国有土地的出售量很小，其收益对国家财政的影响也微不足道。③制止擅自占用土地的法律发挥的作用不大，从而减弱了购买土地的动力。在这种情况下，邦联政府曾经通过立法的形式以每英亩几美分的价格向土地投机公司出售大片土地，最著名的例子便是向俄亥俄州联合公司出售土地。

　　内战前，美国土地制度史上的一个重要步骤是 1854 年通过的《等级法案》。对于一些肥力较差、交通不便的土地实行等级定价的原则，一直是自由土地倡导者同主张将土地作为政府财政来源的东南部利益集团争论的焦

---

① 1 英亩相当于 0.405 公顷。

点之一。在经过多年的讨论之后，美国国会终于在 1854 年 8 月 4 日通过了《土地价格递减法》（亦称《等级法案》）。其规定：10 年之内未销售出去的土地价格从每英亩 1.25 美元降到每英亩 1 美元；5 年后卖不掉的土地每英亩再降 0.25 美元；20 年后仍未销售掉的土地的价格为每英亩 0.25 美元；30 年还未销售掉的土地的价格为每英亩 0.125 美元，这也就是最低的土地价格了。购买这类土地的人必须成为真正的拓殖者，必须宣誓购买这片土地是为自己使用，并且声明从未从政府手中购买过 320 英亩的土地，其中包括价格递减的土地。从 1854 年到内战前夕，分等级出售的土地量占了当时全国土地销售量的 50%。

1862 年美国国会通过的《宅地农场法》，成为美国历史上最重要的一项免费分配土地法案。但论述者很少注意到，美国自殖民地奠基时代起，就形成了深厚的免费分配土地的传统，免费分配土地的思想深深植根于美国大众的思想之中。19 世纪中叶，美国声势浩大的争取免费分配土地的运动与 1862 年《宅地农场法》的通过具有深远的历史背景。从英属北美第一个永久殖民地弗吉尼亚的建立到《宅地农场法》通过的 250 多年的时间里，美国土地处理制度大致经历了殖民地初期的免费分配土地、殖民地中后期和美国建国初期土地的论价出售和《宅地农场法》颁布后的再次免费分配土地三个阶段。免费分配和论价出售并非泾渭分明，这两种土地处理形式常常交替进行。总的来说，在美国建国前，免费分配土地的比例大于论价出售的土地。而在美国建国后至 1862 年《宅地农场法》颁布前这一时期，论价出售成为联邦政府主要的土地处理手段。尽管如此，免费获得土地的思想在人们的头脑中根深蒂固。大多数拓荒者及西部的政治家认为，未经开垦的联邦土地就是荒地，荒地是毫无价值的，只有拓荒者才能为这些荒地带来价值，才能为国家增添财富，因而不应该针对这些荒地向拓荒者索要任何代价。这一思想成为日后免费土地运动和免费土地立法的主要指导思想。①

2. 工资及劳资关系的发展和改革

1789 年，美国商人摩西·布朗（Moses Brown）与塞缪尔·斯莱特（Samuel Slater）在罗得岛开办新式机器织布厂，并雇用劳工，这被认为美

---

① 陈锡镖：《论美国国有土地的开发与影响》，复旦大学博士学位论文，1996。

国真正意义上的劳资关系正式产生。1800 年之前，工会在美国还不存在。1820 年，美国出现零星的劳工罢工，其中多是因为工资问题罢工，同时，美国出现少量的类似劳资谈判的情况。

在工业化时代以前，大约在 1840 年，美国劳工分为三类：奴隶、契约劳工和自由劳工。自由劳工几乎都是熟练劳工，并且熟练的工匠在国家发展过程中具有极其重要的地位。随着企业的发展壮大，劳工越来越以实际行动维护自身的权益，劳资问题凸显。1827 年，美国费城成立了第一个劳工组织——技工联合工会。这使费城地区的劳工不再是单一的力量，而是统一的组织力量，这极大地鼓舞劳工争取自身权益。

19 世纪中后期，美国凭借两次工业革命，逐渐成为资本主义经济强国，国内工业及制造业迅猛发展，就业工人大幅增加，同时，劳资纠纷不断增加。这一时期，由于国内立法的不完善以及美国历来采取自由放任的政策，对于企业与工人之间产生的劳动争议，虽然部分工人通过成立工会来与企业进行谈判，但基本上还是工人与企业主直接对话居多，政府几乎不介入这一类纠纷，完全由劳资双方自行协调。在这种形势下，企业主占据明显优势地位，工人的利益在很多时候得不到有效的保障。因此，在这一阶段，美国国内经常爆发大规模工人罢工运动，特别是像芝加哥、底特律这样的大型工业城市。

随着工业革命迅猛发展，美国社会尤其是北方急需大量的自由劳工以适应资本主义经济的快速发展。美国内战时期（1861～1865 年）恰好解决了阻碍美国资本主义发展的问题，有色人种劳工尤其是南方黑人劳工得到解放，并带来了社会的巨大变化，"改善了大量生产技术，在工厂的庇护下集中了大量的半熟练和非熟练的劳工"。这一时期，因新工业经济雇佣机会的巨大吸引，劳工开始从乡村向城市迁徙。为了得到合适的工作，劳工之间展开竞争，使劳工获得低工资和最少利润。钟点工几乎没有法律权利，雇佣的利润完全依靠雇主自愿提供。为了竞争市场份额和利润，雇主不愿意在能够以最低要求吸引和雇用足够的劳工之外提高工资水平或改善工作条件。

美国具有自愿仲裁的优良传统，但是随着劳资矛盾激化，国会通过《1888 年 10 月 1 日法》（Act of October 1，1888）来规范相关产业的劳资关系。该法主要为铁路行业纠纷仲裁提供法律平台，总统可以通过任命调查委员会成员来处理纠纷，规定"涉及铁路公司之间纠纷、铁路劳资纠纷问题，若纠纷双方中的任何一方接受该法规定仲裁，那么纠纷另一方也需要遵从这一条款"，仲裁委员会"由纠纷双方代表和第三方代表 3 人组成"[1]。

最低工资制度在发达资本主义国家有着较长的历史。1894 年，新西兰颁布了《产业调解仲裁法》，最早设立了最低工资制度。但是当今最为发达的美国（后来崛起为资本主义国家）的最低工资制度和相关立法更具代表性[2]。

3. 保险的发展和改革

在建国后的第一个世纪，美国当时的社会和经济条件很自然地决定了家庭是为老年人在停止工作之后提供一切赡养要素的核心。如果从萌芽阶段算起，那么美国的养老保障体系可以追溯到美国内战时期的士兵养老金规定。该规定于 1862 年实施，其中规定向在内战中致残的士兵提供养老金支持，后来又将支付范围扩展到阵亡士兵的家属。19 世纪末期，美国社会各个方面都开始发生巨大的变化，其中包括老年人的经济和社会状况等。美国经济的迅速工业化以及人口从农村往城市大迁徙，给美国社会带来包括养老在内的一系列新问题。美国快递公司在 1875 年建立了第一个正式的雇主养老金计划，该计划是对 19 世纪末和 20 世纪初美国发生的从农村转向城市、从以农业为主的经济过渡到以工业为主的经济，以及从以几世同堂、自力更生为主的家庭转向以现金交换为主、每一代人建立以自己为核心的单独家庭的种种社会变化的众多反映之一。美国的企业雇主对通过以资助雇员退休金计划来满足雇员退休之后的经济需求的重要性的认识，经历了一个长期的、缓慢的过程。因此，到 1900 年为止，美国只有一些少数的、分散的雇主养老金计划，并且只有一些州对养老做出了相关规定，还没有在联邦内构建统一的养老保障体系。

二 1900~1945 年：工业化与社会公平、和谐建设

美国是世界上经济最发达的资本主义国家。作为当代市场经济模式的代表，私人经济在美国经济中占据绝对支配地位，各经济主体主要根据市

---

[1] 周余祥：《卡尔文·柯立芝政府时期美国劳资关系研究》，华东师范大学博士学位论文，2013，第 26 页。

[2] 张瀚元：《当代美国最低工资制度及对我国启示研究》，武汉科技大学硕士学位论文，2010，第 14 页。

场的变动而决策，市场机制成为经济的主导调节机制。只有当市场调节失灵时，政府才通过财政、货币、收入等政策对经济实施短期调节。20 世纪30 年代，美国实行罗斯福新政，实施国家干预政策，并运用财政政策、货币政策刺激总需求，实现了自由放任制度向凯恩斯主义制度的变迁。而在经济萧条时期，美国政府则通过减税和增加政府支出以及转移支付等举措，刺激投资和消费，不仅使社会总需求与总供给达到一致，也实现了充分就业。

1. 工资制度的发展和改革

在世界最低工资立法的历史上，美国的联邦最低工资立法具有极其重要的地位。美国既是自由市场经济最发达的国家，又是最低工资制度实施得最成功的国家之一。1938 年的《公平劳动标准法》，是美国政府颁布的第一个联邦最低工资法律。相关条款包括：最低工资率或工资额、加班工资津贴、禁止使用童工等。立法的目的是保证每一个工人得到合理的报酬，减少贫困。在这以后，美国国会不断对该法进行调整和修正，使其更加完善。该法最初通过时，规定的最低工资为每小时 25 美分，这相当于制造业生产工人平均每小时工资的 40% 左右，覆盖面大概只有生产工人的 50%，大部分低工资部门（如农业、零售业、服务业）被排除在最低工资立法范围之外。从那以后，名义最低工资就不断增加，后来大概相当于私人部门平均每小时工资的 50% 左右，在 20 世纪 50 年代和 60 年代接近 55%，但在20 世纪 90 年代只相当于 40% 左右。

美国的最低工资制度立法的最早体现是 1938 年的《公平劳动标准法》。此后，最低工资得到广泛应用。各州则是在联邦最低工资的基础上，确定各自的最低工资标准。在 1938 年通过《公平劳动标准法》时，制定者考虑到这个法案无法应用于美国所有地区及其附属领地，如波多黎各及维尔京群岛。因而，在 1940 年 6 月 26 日，修正法案规定建立特别工业委员会，来执行适用于波多黎各及维尔京群岛的最低工资标准。

二战后，美国的收入分配政策主要有最低工资制度、社会保障制度、劳资谈判制度、税收政策、职工持股计划（ESOP）等。无论是从收入的功能性分配来看，还是从收入分配的规模来看，美国的主要收入分配政策都是沿着这两个方面进行调节的。

美国典型的自由竞争市场经济决定了收入分配不均的存在。最低工资制度作为一种政府干预政策，是否能够切实起到调节收入的作用是一个值得深入商榷的问题。通过设计一套完美的再分配政策来解决社会分配不公平问题，也许是一种理论上的误区。二战后，美国经济出现了繁荣发展，即使是最低工资标准也在逐渐提高。ESOP、税收政策和社会保障等收入分配制度的实施虽然有利于缩小收入差距，但是不能从根源上切实解决社会分配不公平问题。究其根本原因，资本主义生产的基本矛盾是生产社会化同资本主义私有制之间的矛盾，私有制的根源决定了社会贫富差距逐渐扩大。但是，不能完全否定最低工资制度、社会保障制度等在美国运用的效果。这些制度的实施，在一定程度上，缓解了资本主义所固有的基本矛盾，促进了社会发展。通过分析美国二战后的发展进程可知，无论是在经济繁荣时期还是经济萧条时期，美国政府都在运用不同的社会政策促进经济社会稳定发展。这一点至少是值得中国借鉴的。

虽然工资已被广泛地认定为从事劳动所获得的报酬，但哪些属于工资所包含的项目，取决于是否被纳入强制性谈判的内容范围。在美国的判例法中，工资谈判的内容包含工资、分配制度、分配形式、支付办法、标准等事项。工资的形式是多元化的，有计件工资、计时工资、加班费、激励计划等。美国联邦最高法院在 NLRBv·Katz（U. S. 1962）一案中，认定激励或绩效报酬，以及病假工资和病假累计是强制性主题，其中还包括解雇费。对于圣诞节或年底发放的奖金是否属于谈判内容引起争议，因为雇主可能声称这不是"工资"，而是其发放的"礼物"。但是之后的法院裁决对此做出声明，在决定奖金是否属于"工资"这一强制性主题的过程中，应该考虑发放奖金情况的连贯性和规则性、奖金数量的统一性、奖金和雇主发放的常规报酬的关系、奖金作为收入的可征税性以及雇主的财务状况和支付能力等。的确，奖金具有不确定性和非普遍性的特性，其发放情况更多取决于公司的财务状况，雇主有权单方面改变或停发。若其与报酬联系密切且在事实上成为报酬的一部分，就将被认定为强制性主题。

至于工资的支付形式，美国法律的规定是国际通行的做法，即以货币形式支付。1938 年，《公平劳动标准法》规定，临时凭证、代价券、存款卡、内部支票、信息票以及类似的媒介物都是非法的工资支付形式。

2. 劳资关系的发展和改革

国会在 1914 年 10 月正式通过《克莱顿反托拉斯法》。该法确认了禁止颁布临时性的法院禁令。《克莱顿反托拉斯法》的颁布和实施还使劳工组织在美国得到法律上的认可。这有利于美国劳工运动的发展，更得到了美国劳工的热烈拥护和支持，以至于美国劳工联合会的主席塞谬尔·袭帕斯称其为"劳工大宪章"。伍德罗·威尔逊政府为了防止可能发生的罢工影响外运的军用物资，极力协调劳资关系。1917年1月，伍德罗·威尔逊批准成立战争工业委员会来监督所有与战争有关的工业生产。1917年11月，俄国发生"十月革命"，极大地刺激了各国资产阶级政府。伍德罗·威尔逊政府也不例外。这促使伍德罗·威尔逊政府正式重视劳工问题，与劳工就有关工时、工资、工作条件和工会问题展开广泛对话。美国劳工联合会成为第一个获得认可的劳工工会组织①。

1918年，劳工进行了3353次罢工。1919年，劳工罢工次数增加到3630次。然而，1914年，仅有1204次罢工。1919年，超过4亿的劳工代表（相当于22%的劳工力量）参加了全国的罢工斗争。美国黑人劳工在弗吉尼亚彼得斯堡宣布成立自己的工会组织，吸引了诺福克、大西洋沿岸和锡伯德航空铁路的大批黑人运输劳工。这一新的运输劳工工会寻求获得以下几个方面的权益："承认该工会的地位；每天8小时工作制；'公平对待所有雇工'。"大约36.7万名钢铁公司劳工从70个主要城市离开工作岗位。1920年1月8日，在大多数劳工已经返回工作岗位之后，美国劳工联合会钢铁组织委员会结束了在钢铁公司持续了3.5个月的罢工。这是对劳工运动的重大打击。当时的教派联合委员会得出的结论是："美国钢铁公司是如此强大，以至于30万劳工不会打败它……这种观点迅速地被传播，并且彻底占据了舆论中心。"② 这种观点极大地腐蚀了美国劳工昂扬的斗志，影响美国劳工运动进一步发展。

在第一次世界大战的影响之下，这一时期的劳资关系具有以下几个方面的特征。第一，劳资关系经历了从缓和到冲突和动荡的转变期。第二，现代劳资纠纷调解机制得到初步尝试，虽然起初是为了适应战时需要，一战期间，政府积极介入，调解劳资纠纷，国会积极进行大量相关立法，不过，一战之后，这一劳资纠纷调解机制明显弱化，甚至一些专门的调解机

---

① 周余祥：《卡尔文·柯立芝政府时期美国劳资关系研究》，华东师范大学博士学位论文，2013，第29页。
② 周余祥：《卡尔文·柯立芝政府时期美国劳资关系研究》，华东师范大学博士学位论文，2013，第32页。

构被撤销，法院依然坚持保守主义的传统。这也说明建立劳方、资方和国家三方协调机制的道路依然任重而道远。第三，劳方在一战的影响之下情绪高涨，尤其是工会会员数量骤增，其一直为提高工资水平、缩短工作时间和改善工作条件而不懈斗争。政府和国会也在一战期间向劳方倾斜，努力平衡劳资双方的利益。虽然其在一战期间取得了一些成果，但一战之后这些成果基本丧失。第四，资方在一战期间迫于各方压力，暂时与劳方妥协，并达成一系列缓和劳资关系的协议，提高了劳方各方面的待遇并改善了工作条件等。这极大地提高了生产效率，减少了劳工罢工的情况。但是一战之后，资方相继取消了已经实施的相关劳资协议，劳资冲突再起，劳工罢工不断，劳资关系再次激化。

美国的集体谈判制度有着悠久的历史。早在 1917 年，费城、纽约等地的印刷工人、制鞋工人、木工就分别成立了行业组织，以反抗雇主的剥削。集体谈判，这一资本主义制度下工人维护自身利益的特有手段，就是在这个时期形成的。集体谈判是雇主与雇员组织通过相互的调试，寻求缓和冲突的过程。谈判的动力来自要求和退让，目标则是达成集体合同。因此，与单纯的咨询不同的是，集体谈判是放下固有的态度，愿意听取和考虑对方的请求，最终达成一致的意见。工资制度则是集体谈判制度中的一个重要部分或者说是其具体化。该制度是对工人基本利益的保障，有效地平衡了劳资双方的关系。

进入 20 世纪 30 年代，美国经济迎来了大萧条时期。许多企业在经济危机的冲击下纷纷破产，许多工厂倒闭，国家的经济环境逐渐恶化，大批工人失去工作。劳动者与企业主之间长久以来积累的矛盾在经济危机的大背景下进一步激化。罢工活动以及工人运动以星火燎原之势愈演愈烈。为了避免这种情况继续向深层次恶化，也为了扭转国内经济衰败不堪的形势，1935 年，美国国会通过了《国家劳资关系法》，主要是通过调整企业主和工人之间、企业主和工会之间的利益关系，赋予工人自愿参加工会的权利，并且鼓励工人通过工会与企业主进行集体谈判来处理双方的争议。而且为了保障该法的实施，国会还专门设立了国家劳动关系委员会。这个机构由 6 名企业主与工人的代表组成，作为一个独立的机构，单独负责《国家劳资关系法》的执行和实施。同时，美国还在不同地区、行业以及企业建立劳动关系委员会，国家为这些委员会提供必要的运转经费。就这样，美国的劳动争议处理机制初具雏形。

美国《国家劳资关系法》第7条赋予雇员集体谈判的权利。"雇员有权自己组织起来，建立、参加或帮助劳工组织，有权通过自己挑选的代表进行集体谈判，并有权进行以集体谈判或互助或保护为目的的其他一致行动。"由此，美国的集体谈判权是作为雇员的一项基本权利加以规定的，并且是通过雇员所挑选出来的代表组成工会来实现的，因而参与集体谈判的双方主体分别为工会和雇主。

在《国家劳资关系法》正式赋予工会谈判权之前，在20世纪20年代，不同法院以不同的法律理由承认了工会是拥有一定权利的组织，工会享有某种法律上的权利，与雇主进行谈判。对于工资的概念，《公平劳动标准法》第3条第15款规定："所谓工资，包括由雇主供给受雇人之食宿或其他设备之合理费用。"正如美国学者米尔斯所说的，工资是劳资关系中最核心的内容，对雇主和雇员来说，它的数量、形式及其决定过程都是最基本的内容。美国《国家劳资关系法》规定了集体谈判的内容是"工资、工时、条款和其他雇佣条件等"，此处是对美国集体谈判之工资制度的具体体现。在实践中，美国的集体谈判包含强制性谈判、许可性谈判及不合法性谈判三种议题。当然，工资的集体谈判是作为一项强制性的主题加以规定的，即谈判双方不能依靠自己的经济力量就撤出谈判，并且一旦开始谈判，工资的确定就要通过妥协和彼此谈判的实力来决定。但是，其中任何一方可以坚持自己的立场直至谈判陷入僵局，并且可以运用经济力量支持自己的立场。此外，工资还往往与工会的形成具有一定的关系。因为工会会员的选举活动总是以工会会员许诺雇员的方式（如果他们被选上就将为大家争取工资大幅增长）进行的。

之后，美国的立法者进一步意识到，在企业主与工人或者工会进行谈判的过程中，应当再设立一个中立的组织，并将其置于谈判的双方之间，只有这样才能公正地向企业主与工人以及工会提供必要的帮助。于是，美国国会又成立了联邦调解调停局。该机构由调解人组成，作为中立的第三方向企业主以及工人提供必要的调解服务，帮助劳资双方解决各种各样的利益纠纷，以类似中介的方式帮助劳资双方在发生薪酬、劳动条件、工作时间、福利待遇等方面纠纷时可以及时、有效地达成一致意见。这也成为长久以来美国劳动争议处理的基本机制。美国由调解、调停主导的处理劳动争议的整体制度框架就此形成。

美国进入大萧条时期后，由于自由资本主义政策在经济危机下受到重创，美国许多企业主逐渐意识到，单靠企业的内部调节无法应对这一时期出现的各种各样的劳资矛盾。正是在这种共识的基础上，美国仲裁协会社团和美国仲裁基金会于 1926 年在纽约合并成立了美国仲裁协会。另外，美国的决策者们认识到，必须加强对市场经济的宏观调控，对劳动制度的调控也必须加强，他们对劳动争议不断增加的情况相当重视。针对这些情况，美国国会专门设立了两个主要负责处理劳动争议的调解机构：联邦调解调停局和国家劳动关系委员会。这两个机构的主要职能都是处理针对集体合同谈判的争议。

美国仲裁协会的总部设在纽约，在各州均有分支机构，宗旨是为劳资双方进行谈判或申请进行仲裁提供服务以及负责培训仲裁员等。美国仲裁协会一贯强调为公众服务的方针，竭尽全力向申请者提供优质服务。美国仲裁协会把仲裁作为一项面向公众进行服务的事业，其本身是非营利性质的，运转资金来源于会员的资助。美国仲裁协会刚成立时，很多仲裁员本身就是商界成功人士，他们只是利用业余时间，不计报酬地为商事争议提供仲裁服务，对标的数额较大的案件也常常采用受理后第一日不收费的惯例，尤其是对于有关劳资争议的仲裁，仅象征性地向申请人收取 10 美分的报酬。美国仲裁协会受理案件后的处理程序一般是：收案—立案—指定仲裁员—确定开庭场所—开庭—公布裁决结果。美国仲裁协会在案件的受理过程中必须始终保持公正、中立，由双方当事人挑选的或协会指定的仲裁员组成仲裁庭进行审理，美国仲裁协会本身是不参与案件审理的。正是由于美国仲裁协会的这种公正、中立的性质，以及其长期坚持不计报酬为公众服务的方针，其在美国社会具有很高的声誉，越来越多的劳动争议双方申请由美国仲裁协会受理劳动争议案件，以协助解决劳资纠纷。除了为此提供服务外，美国仲裁协会还为各种各样的选举提供策划及管理等服务，包括印制、分发、统计选票等。美国仲裁协会由于具有较高的声望，经常参与有关劳动争议事宜的选举工作。比如，1953 年，在纽约、费城发生了运输行业工人大罢工后，美国仲裁协会便及时被邀请负责开展选举工作。最后，在美国仲裁协会的主持下，劳资双方达成协议，在选举后次日，工人便接受选举结果，恢复日常的工作。可以说，美国仲裁协会在缓和美国社会的阶级矛盾中起到了巨大的杠杆作用。

3. 保险的发展和改革

一般认为，美国第一次就全民义务健康保险展开的立法斗争始于 1912 年，以美国劳工立法协会开始计划进行州层面上的全民健康保险改革为标志，又称"政府健康保险"运动。1916~1917 年，该运动达到高潮，随后走向衰落。1920 年，美国劳工立法协会倡导的全民健康保险改革宣告失败。

1912 年，美国建立了"社会保险委员会"，研究准备向州立法机构提交的具体立法建议。最终，健康保险《示范法案》于 1915 年出炉。该法案呼吁为低收入劳动者提供保护及现金补助，同时，为工人及其家属提供广泛的住院和医疗津贴。具体规定如下：为年收入低于 1200 元的制造业工人和家庭作坊的自由雇工提供津贴，包括医疗援助（Medical Aid）和疾病支付（Sick Pay）两部分；工人家属享有津贴，所需经费由工人工资的 1/4 构成，其中，雇主和雇员各方均支付 2/5，州政府承担 1/5，如果参保雇员年收入低于 600 元，则可以相应减少由其支付的份额，并由雇主补足。改革者提出的建议主要具有两个目标：第一，通过分担工资损失和减少医疗费用来缓和由疾病造成的贫困；第二，通过有效的医疗护理和预防减少疾病造成的社会损失。《示范法案》体现了进步主义时期的特征，即一方面强调济贫以示道德同情，另一方面强调预防和效率。这种把人文关怀与效率意识相结合的改革倡议，恰好反映了进步主义时期的理念。

美国自成立之日起，就是一个追求个人独立、信奉个人自由的国家。在 20 世纪 30 年代以前，美国政府没有出台任何医疗保障计划。受 20 世纪 30 年代大萧条的影响，许多人没有能力到医院就医，导致美国医院和医生收入急剧下降。于是，私人医疗部门开始实行预付保险计划，也就是后来的"双蓝"计划，即"蓝十字计划"（Blue Cross Plan）和"蓝盾计划"（Blue Shield Plan）的前身。美国在 1935 年颁布了《社会保障法案》，标志着美国政府开始对社会福利事务进行干预。

美国现代医疗保险诞生于 1929 年，即最早的"蓝十字计划""蓝盾计划"，之后逐渐兴起。这两种传统的保险形式根据统一价格来确定投保人应付的保险费，并由"蓝十字计划""蓝盾计划"负责向医院付费，而投保人都支付同一标准的保险费。由医疗机构组织起来的"蓝十字计划"主要承保长期住院以及医院提供的特别服务的费用。由医生发起的"蓝盾计划"除了遵循

"蓝十字计划"的有关原则外，主要承担门诊费用及医生服务费①。

"蓝十字计划""蓝盾计划"是非营利性质的。非营利并不是不营利，而是对营利有严格的限制，营利部分只用于实现机构的生存与发展。以现代"蓝十字计划"为例，假设有 100 人加入"蓝十字计划"，一般病人胆囊切除后需要进行 5 天的住院治疗，每天花费 200 美元。假设 100 人中有 5 个病例，那么需要 200×5×5 = 5000 美元。但是，由于美国法律规定"蓝十字计划"是非营利性的，要求"蓝十字计划"提供可能出现的第 6 个病人所需的 1000 美元，这就需要"蓝十字计划"筹措，所以总费用是 6000 美元。"蓝十字计划"管理机构的人的工资、开销（如办公室租金、电费、暖气费等）大概占总费用的 6%，故必须再增加 360 美元管理费。所以，实施"蓝十字计划"需要6360 美元才可以维持，100 个投保人每人每年只需缴纳 63.60 美元，即每天需要缴纳 17 美分。这种非营利的医疗保险计划被美国人广泛接受。

从 20 世纪 30 年代起，保险公司扩大了医疗保险的范围，涉及住院、外科手术和医疗服务等方面的费用。二战期间，"团体医疗保险"这一形式引起人们的很大兴趣，很多雇员团体把参加"团体医疗保险"看作较为实惠的福利项目，加上美国政府在税收方面实行优惠政策，促使该类医疗保险形式迅速发展②。

1934 年，罗斯福在向国会做的经济安全报告中提出三大目标：住房安全、生存安全以及社会保障安全。其中，在社会保障安全中，失业保险占据主要地位，几乎没有具体提及健康保险。但是经济安全委员会从一开始就对健康保险问题给予极大的关注。1934 年 11 月 14 日，总统授权经济安全委员会就经济安全问题展开调研。1935 年初，经济安全委员会有关全民社会保障计划的研究报告被呈递给国会。该报告由三项具体内容组成，即失业保险、养老金问题和健康保险。

20 世纪 30 年代大萧条时期，罗斯福总统实行新政，于 1935 年推出《社会保障法案》，并开始设计全民医疗保险制度。由于受到严峻的经济形势和政治条件所限，关于全民医疗保险制度的条款未能被列入《社会保障

---

① 刘秀峰、许志伟、李淑春：《多元化的美国医疗保险制度及其发展趋势（2）》，《国外医学》（医院管理分册）1997 年第 2 期，第 4 页。

② 刘秀峰、许志伟、李淑春：《多元化的美国医疗保险制度及其发展趋势（2）》，《国外医学》（医院管理分册）1997 年第 2 期，第 4 页。

法案》最终文本。此后，国内外环境和第二次世界大战的爆发，使陆续提出的各种改革议案无果而终①。

20世纪30年代，美国实行现收现付制度，为全体公民提供退休保障，但受到人口老龄化等因素的影响，现收现付制度难以维持，所以，美国政府不得不进行改革，进而建立起目前的三层次的养老保险制度。现在，美国的养老保险制度又碰到很多棘手问题，迫使政府酝酿进行改革，具体怎样改革尚未确定，但大体的方向是确定的：尽量减少政府的负担，让企业和个人承担更大的份额。将来，美国的养老保险制度可能还会遇到很多问题，需要进行改革。这就是说，养老保险不是一成不变的，应该是一个动态的过程。

早在1935年《社会保障法案》颁布之前，大量的企业养老计划和行业性养老保险计划以及年金市场构成私人养老保险市场的基本框架。但1929~1933年的经济大萧条，充分暴露了这种制度安排的缺陷和不足，也使美国人对自我保障信念进行反省。

为了解决社会保障领域出现的种种问题，也为了使社会经济的健康发展有一个稳定的外部环境，1935年，罗斯福政府通过《社会保障法案》，建立了采用现收现付财务模式的养老保险制度。这是美国第一个由联邦政府承担义务的、全国性的、以解决老年人和失业问题为主体的社会保障立法，为日后美国社会保障制度的进一步发展与完善奠定了基础。这在当时对解决美国的社会经济问题发挥了"社会安全网"的作用，并在一定程度上规范了美国经济的运行。

罗斯福在1944年大选中表示，支持健康保险计划，提出《经济权利法案》（Economic Bill of Rights），主张公民有权获得充分的医疗保障和享有健康的权利；政府应保护公民免受老年、疾病、事故和失业造成的经济威胁等。1945年，罗斯福号召扩大包括医疗保障在内的社会保障范围，但是事实上，并未形成具体的立法措施，原因是罗斯福没有等到进行医疗保险联邦立法的机会。1945年4月12日，美国历史上最富个人魅力的总统之一富兰克林·罗斯福逝世。遗憾的是，这位"狮子与狐狸"般的总统，在美国医疗保险的联邦立法实现历程中的表现，似乎并不令人满意。

美国政府通过建立和完善社会保障制度来扶持社会弱势群体，并向他

---

① 徐彤武：《奥巴马政府的医疗改革及其前景》，《美国研究》2010年第1期，第8页。

们提供基本的收入、医疗、住房等方面的福利，以确保他们过上体面的温饱生活。美国的社会安全福利制度创建于 1935 年，通过变迁，其已经形成一个由社会保险、社会救济和社会福利三个部分组成的完善的保障体系。美国的社会保障制度包括提供失业救助、社会安全福利金、退休金、医疗服务、残疾保险、住房补贴、低收入家庭子女津贴和学生营养补助等。这些保障制度的覆盖面涉及生老病死、伤残退休、教育就业等，被称为"从摇篮到坟墓"的保障制度。这些制度可以为退休的老年人和残疾人提供有力的生活保障。此外，美国还采取以下三项再分配制度。①福利计划制度。福利计划的资金来自联邦和州政府的拨款，由州和地方政府管理和执行。②社会保险制度。这是一项强制性的存款制度，目标是将一定数量的收入储蓄起来，以在退休以后使用。③失业补偿制度。在经济萧条时期，由有效需求引起的非自愿失业工人都可得到失业补贴，资金来自就业时的收入。任何人失业后都可以申请失业救济，通常可确保其在一定时期内的生活无忧。政府还为此专门拨款，对失业者进行技能培训，以使其能重新就业。除此之外，美国众多的教会和各类慈善团体也在救助社会弱势群体方面起到了对政府进行救济补充的作用。由于政府通过税收减免等政策来鼓励富人捐献，美国的社会慈善事业比较发达，慈善捐赠也很普遍，对救济低收入人群和稳定社会起到了一定的作用。

4. 土地的发展和改革

早在 20 世纪二三十年代，美国政府学习德国土地用途管制的做法，强化政府对土地利用的管理。美国土地用途管制的主要内容是：规范土地利用，控制土地利用容积率，控制城市规模，保护农地特别是耕地，同时保护环境。为此，美国联邦政府制定了相关法律，如 1936 年出台的《水土保持和国内生产配给法》。美国是联邦制国家，地方立法在美国整个法律体系中占据重要地位。在土地利用管理方面，州政府直接参与土地利用管理。与联邦政府相比，各州政府的土地利用管理立法，特别是农地保护的立法更加具体和详细，但联邦政府和各州土地用途管制的立法并未达到保护农地的预期目标。到 20 世纪 60 年代，美国政府（主要是各州及地方政府）逐渐意识到，土地用途管制制度对减少农地流失、控制城市建设对郊区农地的蚕食的作用不明显。农地流失状况仍然很严重，在实施土地用途管制制度较早的新泽西州，农地仍以每年 1 万英亩的速度在减少。

三　1945~1980 年：发达资本主义国家的典范

1. 工资制度的发展和改革

1947 年 5 月 14 日，《上班时间工资法案》修正了《公平劳动标准法》。1949 年，最低工资标准开始从 40 美分每小时提高到了 75 美分每小时，其覆盖面扩展到航空运输业。此时的修正案除了撤销除波多黎各及维尔京群岛以外的特别工业委员会外，还加入了特殊条款赋予美国劳工部针对工资和工作时间管理相关部门以控制剥削性工作的权力①。

1961 年修正案针对零售业等行业扩大了最低工资制度的覆盖面，服务业和零售行业可以在获得劳工部相关证书的情况下，以不少于 85% 的最低工资标准雇用全职学生。此次修订案提出了"最低工资的覆盖面"的概念，把覆盖的零售业的工人数量从 25 万人增加到 220 万人。修正案的"最低工资的覆盖面"在 1966 年进一步扩大，公立学校、洗衣业、建筑业和护理行业等都被囊括在内。更为庆幸的是，农业也被首次写入其中。1974 年，美国国会继续扩大最低工资的覆盖面，把非管理层的联邦、州、地方政府雇员也包括在内。

1966 年 9 月，美国国会再次修订《公平劳动标准法》，在把最低工资从 1.25 美元提高到 1.40 美元后，又提高到 1.60 美元，并针对 750 万名非农场工人和 40 万名农场工人规定了最低工资标准。步入 20 世纪 70 年代，美国联邦政府根据当时的通货膨胀率以及经济增长率，两次修订《公平劳动标准法》，最低工资标准有所提高。20 世纪 80 年代，最低工资由 1980 年的 3.10 美元提高到 1984 年的 3.25 美元。

1977 年修正案把原来适用于大农场的最低工资标准废除，并且制定了统一的最低工资标准。该修正案放宽限制，允许企业可以用较低的工资雇用学生，尤其是对 10~11 岁的儿童在从事农业工作时给予豁免权②。从 1961 年开始，美国最低工资水平的提高基本上处于停滞状态。由于真实工资的增长，平均小时工资增加了 30%~40%，而最低工资水平保持不变，因此，最低

① 苏志、单伯军：《美国最低工资标准制度》，《国际技术经济研究》2005 年第 2 期。
② 张瀚元：《当代美国最低工资制度对我国启示研究》，武汉科技大学硕士学位论文，2010，第 14 页。

工资和不断增长的平均小时工资的比率逐步下降。虽然美国最低工资与平均工资的比例在不断下降，但是最低工资的覆盖面在不断扩大。从 1961 年开始，最低工资的覆盖面逐渐扩大到农业、零售业和服务业等工资水平相对较低的行业。在相关行业内，以企业规模为基础的最低工资的覆盖面也在不断扩大，不断把那些规模较小从而工资水平相对较低的小企业工人也纳入最低工资的覆盖范围之内。1966 年修正案将最低工资的覆盖面扩大到政府部门的工人，并于 1975 年将之完全覆盖。1976 年，最低工资的覆盖面有所缩小。但由于高等法院决策的变化，1985 年，最低工资的覆盖面又有所回升。20 世纪 70 年代，美国各界开始关注绩效工资制度改革。这得到一些高校管理者，特别是一些商学院管理者的支持，他们认为绩效工资制度可以防止学术不振。但还有人指责它是"里根经济学对学术传统的侵犯"，是"令人讨厌和沮丧的"。

20 世纪 80 年代，美国经济在实现向新自由主义制度变迁后，选择的是市场导向型的收入分配制度。美国的大量经济活动由私人决策者决定。在市场经济体制中，各要素供给者的收入直接与各生产要素的价格相关，要素价格越高，收入水平越高。市场配置资源的过程，就是市场决定各要素供给者的收入过程。

2. 保险的发展和改革

美国第一位主张进行医疗改革的在任总统是杜鲁门。1949 年 11 月 19 日，他向国会正式提出建立由联邦政府主管的全民医保制度的设想。美国医师协会（AMA）坚决反对，认为这种改革的目标就是要实行"公费医疗"。由于当时冷战气氛浓烈，反共思潮甚嚣尘上，民主党内部亦有分歧，加上朝鲜战争突然爆发，改革议案最终未诞生①。

20 世纪 50 年代，美国的人口增长，为整个医疗保险业的发展奠定了良好的社会基础。同时，美国最高法院裁定，雇员的福利（包括医疗保险方面的福利）是劳动管理合同的一个合法部分，由此奠定了保险业发展的法律基础。此后，各类医疗保险便成为雇员要求享受的长期福利待遇中的一项，保险公司为满足这种需要极力拓展保险范围。鉴于以前的医疗保险只包括长期生病或长期住院等项目，没有一般性的事故伤害和疾病保险，因此，20 世纪 50 年代早期，承保人开始提供综合医疗费用保险，以满足人们

---

① 徐彤武：《奥巴马政府的医疗改革及其前景》，《美国研究》2010 年第 1 期，第 8 页。

应对灾难情况的需要。典型的做法是，投保人支付一定限额的费用后，承保人根据一定的比例承付所保项目的医疗费用。随着医疗保险业迅速发展，到 20 世纪 50 年代中期，已有 7700 万人享受到住院费用保险（采用赔偿金形式支付或参与综合医疗计划）。随后，美国又诞生了一种新的高补贴的综合医疗保险计划，该计划规定了自费的起保点，即在投保者支付了规定数额的医疗服务费用后，由保险公司负担所保医疗服务项目的所有费用。这一计划至今仍在实施①。

由于从医疗保险诞生之日起，美国人一直要求扩大医疗保险范围，加之外科技术和整个外科学的发展，创造了满足更多的医疗服务需求的技术条件，这使外科手术费用急剧增加。因此，到了 20 世纪 50 年代，近 6000 万人参加外科医疗服务保险。由于人们日益深刻地认识到医生在医疗服务中所起的作用，又有 2100 万人参加医生服务保险。总体来看，20 世纪 50~60 年代，保险公司提供的绝大多数医疗保险项目涉及三个方面的基本费用：住院费、外科费用和相关的医生服务费。20 世纪 70~80 年代，美国医疗保险业根据公众的要求，开始提供更为全面的、综合性的大额医疗费用保险项目，提高了补偿水平，保险给付金额由 5000 美元到几百万美元不等。与此同时，医疗保险随着风险评估方法和补偿管理方法的变化有了新的形式。

在美国经历了杜鲁门政府的继续新政、肯尼迪政府的"新边疆"政策和约翰逊政府的"伟大的社会"政策三次社会保障制度改革高潮后，养老保险制度在法律层面得到完善。杜鲁门数次在国会咨文中要求扩大养老保险范围，并提高养老保险费用水平。艾森豪威尔在 1954 年 9 月 1 日签署生效的《社会保障法案综合修正案》中，增加了受益者数量，同时提高了老年人和遗嘱保险工资税的基数。肯尼迪执政后，全面推进社会保障范围进一步扩大和整体水平提升，提出进行关于老年人健康保险计划的立法，以"援助我们老一辈公民"，主张用社会保险基金支付老年人的住院费。约翰逊总统执政期间，两次提高退休津贴。目前，美国养老保险制度已经覆盖 95% 的职工，美国人退休后的收入中有 40% 左右来自社会保障，40% 来自雇员退休金计划，而剩余的 20% 则来自个人储蓄和投资。

① 刘秀峰、许志伟、李淑春：《多元化的美国医疗保险制度及其发展趋势（2）》，《国外医学》（医院管理分册）1997 年第 2 期，第 4 页。

20 世纪 70 年代，私立保险公司更为注重实际评估团体投保风险率，并以此来确定保险收费标准。它们认为，由于各类投保人群的保险风险是不同的，需要根据投保人群以往的医疗保健需求情况（即决定保险风险率的投保人群的健康状况）来确定团体保险费的额度。这种被称为"经验定价"的认识，对后来"自我保险"的诞生产生一定的影响。

1965 年，约翰逊宣誓就任总统后，立即开始实施其以医疗和教育改革为特色的"伟大社会"构想。当年春季，国会通过了《社会保障法案》修正案，决定设立服务老年人和残疾人的医疗照顾计划（Medicare）和服务低收入人群的医疗补助计划（Medicaid）。同年 7 月 30 日，修正案经总统签署成为法律。约翰逊先后使国会通过 40 多个医疗法案，从而完成了自 1935 年《社会保障法案》出台以来美国最重大的一次社会改革。

美国政府于 1965 年开始实施 Medicare，目的是使老年人享受高质量的保健照顾，减轻其经济负担。最初只覆盖 65 岁及 65 岁以上的老年人。1972 年，Medicare 将残疾人（符合残障保险条件的）和晚期肾病患者（ESRD）纳入进来。该计划由联邦政府管理，享受照顾的标准在各州是统一的。Medicare 由四个部分组成，即 Part A、Part B、Part C 和 Part D①。

Part A 是住院保险，该计划是强制性的，资金来源主要是雇主和雇员缴纳的工资税。工资税率由 1966 年的 0.35% 提高到现在的 1.45%。个体户需按照雇主和雇员的税率总和即 2.9% 缴纳。Part A 用于支付给付期内的住院费用和其他机构（如专业护理设施）提供给被保险人的相关服务的费用。在每个给付期内，病人都要支付一部分费用，这样可以增强他们的费用意识。

Part B 是补充医疗保险，该计划是自愿的，符合 Medicare 条件的人都可以参加。资金来源是联邦配套资金和参加者缴纳的保费。2005 年，参加者每月要缴纳 78.2 美元的保费。Part B 帮助被保险人支付医生提供的规定范围内的服务费用和门诊服务费用。Part B 中有扣除额的规定，以约束被保险人对医疗服务的使用。2005 年时的扣除额是 110 美元。

Part C 是允许个人参加的特定管理保健计划，包括健康维持组织、优先者提供组织等。对被保险人的补偿体现在向被保险人提供商业健康保险方

① 桂欣：《英美医疗保障制度的比较与借鉴》，西南财经大学硕士学位论文，2011，第 32~33 页。

面。Part C 除了提供 Part A 和 Part B 所提供的所有服务外，还提供一些额外的服务，如处方药等。每月收取的费用也要比 Part B 多些。

Part D 是处方药计划，该计划除了向被保险人提供 Part A 和 Part B 所提供的服务外，还向病人提供处方药。但是病人需要选定 Medicare 所认可的范围内的一项计划，由私营保险公司提供健康计划。同时，被保险人每月要支付一定数额的保费。

Medicare 的注册人数和费用支出一直在不断增长。在美注册人数由 2000 年的 3962 万人上升到 2007 年的 4463 万人，费用从 1990 年的 1095 亿美元涨到 2007 年的 4312 亿美元。

Medicaid 是美国规模最大的济贫支出计划。该计划于 1965 年开始实施，为贫困人群支付医疗费用，由联邦和州政府共同管理。在联邦一级，由卫生和人类服务部中的 Medicare 和 Medicaid 服务中心（CMMS）负责制定宏观的医疗援助计划指导方针，促进和监督医疗援助计划实施。在州一级，医疗援助的管理机构各不一样，一般为卫生或人力服务部门，负责计划的具体实施，在决定项目的范围和结构方面拥有很大的自主权[1]。医疗援助的费用由联邦政府和州政府共同分担。该计划的援助对象主要是符合需要的抚养儿童家庭的补助（AFDC）和补充保障收入计划（SSI）的人群。享受该计划的申请人要提供足够的证据，以证明自己的收入状况。随着时间的推移，符合条件的人越来越多。1973 年，受益人为 1960 万人；2007 年为 3923 万人，占总人口的 13.2%。医疗补助总支出不断增长，1973 年为 92 亿美元，到 2007 年就达到了 3269 亿美元。可见，人均支出也在不断增加。自医疗补助制度推行以来，穷人的健康状况有所改善。以下是其他一些保险。

（1）联邦政府雇员健康保险计划（FEHBP）。该计划于 1960 年生效，有超过 900 万名联邦政府雇员、退休人员及其家属加入。该计划通过两种方式为联邦雇员提供医疗服务：一是可自选医院和医生看病；二是在指定的医院看病。加入联邦政府雇员健康保险计划后，个人支付医疗费的 25%，联邦政府支付医疗费的 75%。个人支付的医疗费还可以享受税收减免的好处，并将其转移给雇主以作为税前费用列支。

（2）联邦政府雇员集体人寿保险（FEGLI）。该保险于 1954 年 8 月 28

---

[1]　张奇林：《美国医疗保障制度研究》，人民出版社，2005，第 125 页。

日生效，是全美规模最大的人寿保险，覆盖超过 400 万名联邦政府雇员、退休人员及其家属。该保险包括基本人寿保险及三个可选险种。基本人寿保险是一个强制性保险计划，费用自动从基本工资中扣除。基本人寿保险额度为基本工资上进位至千元，再加上 2000 元。基本人寿保险的缴费标准是按照基本人寿保险额度中每 1000 美元，每两周缴纳 0.25 美元。其中个人支付 2/3，单位支付 1/3。

（3）长期看护保险。长期看护保险是针对未来可能出现的需要医护人员长期看护的疾病所建立的一个保险科目，是一个非强制性保险项目。

福特执政期间，保障水平唯一没有下降的是老年人的保险。老年人的生活得到改善的主要原因是大多数老年人从"老年保险"项目中获得了巨大收益，即得益于收入转移支付项目的扩展和有效实施。20 世纪 60 年代，美国的老年人不仅规模庞大，而且组织日益有力。1972 年，"老年游说团"使老年人从老年保险制度中得到的收益增加了 20%，1974 年在 1972 年的基础上增加了 11%，1975 年将收益与工资挂钩，随工资增加而增加。"补充保障收入计划"对老年人的支付开始以通货膨胀指数为基础，以决定支付水平，这样，老年人的生活水平就不易受到经济波动的影响。

1980 年 11 月，里根当选美国总统。他认为，解决社会保障问题的关键不仅是削减援助，而且更重要的是卸去联邦政府承担的沉重救济责任，将救济责任移向州和地方政府。里根执政之初，社会保障体制几乎深陷困境，老年人数量的增加及其政治影响力的日益扩张，特别是支付的"通货膨胀指数化"，使退休金额和医疗费用迅速增加，现金流动危机因失业率的提高和出生率的下降而更加恶化。为解决此种问题，里根组建了一个由两党成员组成的"全国社会保障改革委员会"，提出了一系列社会保障修正案，老年人从此不必为生活费用而担心。这些修正案重新确认了政府对社会保障的责任。与此同时，许多人继续饱受贫困之苦，经济继续衰退。里根表示要削减国防开支，向州政府提供援助，很快签署了国会已争论了很久的一项救济措施——"96 亿美元的一揽子救济计划"并使之成为法律，很快，美国经济开始复苏。

从 1875 年第一个雇主养老金计划在美国产生以来，企业在养老责任分担中发挥重要的作用。尤其是 20 世纪 70 年代以来，美国的雇主养老金计划在数量和资产规模方面都经历了突飞猛进的发展。但是随着雇主养老金计划数量和资产规模的扩张，雇主养老金计划参与人的利益保障问题变得越来越突出。1974 年，美国国会通过《雇员退休收入保障法案》（ERISA），设立了"养老福利担保公司"（PBGC），这在很大程度上促进了雇主养老金计划的迅速发展。在联邦政府的鼓励下，雇主养老金计划迅速完善起来。20世纪 70 年代以后，随着与养老金相关的税收、企业会计规则等法律法规不断完善，雇主养老金的规模不断扩大，其在退休收入保障中发挥越来越重要的作用。

3. 土地制度的发展和改革

土地发展权移转的观念起源于集中建筑群的做法。土地发展权移转表现为由土地使用受限制的土地所有者将土地发展权转让给受让人，土地发展权受让人因此获得土地发展权并支付对价。土地发展权受让人将购得的土地发展权与原有土地发展权叠加，以对自己拥有的土地进行额外的开发。土地发展权移转采用市场机制，它的功能在于保护优质农地、环境脆弱地等。1961 年，美国学者杰拉尔德·劳埃德首先提出土地发展权移转的思路。1968 年，美国纽约市的《界标保护法》第一次对土地发展权移转进行了规范。该法规定，禁止改变或拆毁具有历史意义的界标，但允许界标土地所有者将界标所在土地的发展权转让给其他人。1974 年，纽约州的索霍尔克县首先推行土地发展权征购制度。随后，马里兰州、马萨诸塞州等相继建立了土地发展权征购制度。

4. 劳资关系的发展和改革

第二次世界大战后，美国出现了一种缓慢地从法律上承认工会集体谈判权和法律地位的趋势。这一趋势使劳资合同与合同法的规范相互协调，通过适用代理人原则和第三方受益人原则，把进行集体谈判、订立合同的权利赋予工会。由此，工会集体谈判权具有一定程度的正当性。工会中成员作为谈判一方的代表由雇员指定或经选举产生。就其组织情况而言，一般不加限制，任何单位（包括政府机构）都可以建立工会。根据《国家劳资关系法》第 9 条（a）："一个单位的多数雇员为进行集体谈判而指定或选举的代表，是该单位全体雇员就工资、工作时间或其他雇佣条件进行谈判的唯一代表。"

1947 年，美国国会根据《国家劳资关系法》成立联邦调解调停局。联邦调解调停局作为一个独立的联邦机构，与劳工部互不隶属，是完全中立的。联邦调解调停局局长由总统亲自任命，并直接向总统汇报工作。联邦调解调停局的职能主要包括对劳资双方在集体谈判中产生的争议进行调解，但调解员不能强迫当事人接受调解方案，只是为争议双方达成和解提供服务，以最大限度地避免和减少劳资争议给美国经济带来的影响，这也是联邦调解调停局最核心的职能；对在解释或履行集体劳动合同中引发的争议，当事人请求仲裁的，联邦调解调停局可以向当事人提供仲裁员名单以供当事人选择；联邦调解调停局通过举办相关培训或研讨会，帮助劳资双方建立良好的关系，起到良好的预防争议的作用。联邦调解调停局成立后，在减少诉讼成本、将调解作为主导性的争议处理方式以及提供仲裁服务等方面发挥了重要的作用①。

20世纪中后期以来，美国的劳动争议处理程序基本上是这样的：调解—仲裁—诉讼。对于劳动争议，企业主与工人会先通过企业内部程序直接进行对话，同时可申请第三方介入调解，当第三方介入调解不成功时，双方当事人都可以申请仲裁；若对仲裁结果不满意，则可以向法院提起诉讼。

美国在1947年修正了《国家劳资关系法》。这个修正后的法律的核心内容是，工人既有组织和参加工会的自由，也有不参加工会的自由；同时还规定，企业可以雇用长期雇员来顶替罢工人员。此后，资方充分利用这一规定，采取各种各样的手段利诱工人不参加工会，从而分化工人队伍，使资方的力量有所增强。特别是20世纪七八十年代经济滞胀时期，就业压力增加。随着企业升级，白领工人增多，工会的力量受到削弱，工会会员数占工人总数的比例降至15%左右。近年来，随着"伙伴关系"和所谓企业内部民主化程度的提高，特别是民主党时隔多年重新执政以后，工会开始发展。1947年，美国工会会员数增加到1500万人；1955年，美国工会组织率更是达到历史最高峰，为40%。另外，政府部门的工会会员数也在增加。就组织工会而言，美国一般不加以限制，包括政府机构在内的任何机构都具有结社自由，都可以建立工会。如果在某个机构中占35%以上的职工提出成立工会的要求，则该机构必须组织工人就成立工会进行投票。如果企业同意成立工会，则可以不经上述程序直接建立工会。一旦出现企业

① 林永基、何燕：《劳动关系调整典型模式的比较》，《福建商业高等专科学校学报》2005年第1期，第12页。

阻止工人组织工会的情况，国家劳动关系委员会便会直接介入。一般建立了工会的企业往往会与员工订立集体合同，这样，工会便有权代表员工与企业进行关于劳动报酬、工作时间、劳动条件、员工福利等内容或者程序的谈判。

二战结束后，美国虽然已成为世界第一经济强国，但这并不意味着所有美国人都享受到这一地位所带来的经济利益，特别是二战后其他国家和地区的许多人涌入美国，这些人在劳动就业中往往受到不平等的对待。随着社会的进步，这些人受到的不平等待遇越来越受到美国主流社会的关注，加之美国历来的平等思想传统，大多数人逐渐接受不同族群的人都应当享受平等的劳动权利的观念。于是，在 20 世纪六七十年代，美国就业与劳动立法方面发生了一场改革，改革的主题是保障在劳动就业方面的平等权。在这一场改革中，美国国会通过完善立法、成立平等就业机会委员会等措施，逐步改善了劳动就业领域存在的不平等歧视的状况，这为围绕平等的劳动权而引发的劳动争议的处理与解决提供了强有力的支持。

除了国家机构采取措施保障和完善劳动平等权外，在二战后的几十年间，美国的很多企业行动起来，面对自身存在的较突出的劳动争议问题，结合当时一些主流的处理民事纠纷的手段，不断完善企业内部申诉制度，为保证申诉得到公正、及时、高效的处理，许多没有工会的企业建立了同事委员会等相关组织，这些组织全部或部分由工人组成，可以全程参与企业内部申诉的每一个环节。这样，美国的大多数企业逐渐形成了一套完整的企业内部解决劳动争议的机制，并且，其随着现代企业人力资源管理水平的不断提高而得到完善与补充。正因如此，这一时期，美国的劳动争议处理机制开始逐渐回归到"倚重企业内部解决"，从企业层面通过集体谈判和协商解决劳动纠纷是主要方式。

目前，在传统行业或职业中，工会的力量还比较可观，有些企业同时存在十几个工会，有的工会只有几十个人甚至十几个人，但是这些工会都有与企业进行集体谈判的权利。集体谈判有效运作的必要条件之一是双方代表的独立性。工会代表独立性要求工会不仅应充分代表劳动者的利益，而且应该只代表劳动者的利益，而不受其他团体的干涉。因此，为保证工会代表的独立性，一方面，美国的劳动法规对于雇员代表选举的限制、程序等都做了比较详细的规定，例如，国家劳动关系委员会有权在针对某个单位的代表权问题发出适当通知后，听取意见，举行听证会；另外，其还可以规定在过去 12 个月以内已经举行过一次有效的选举的任何工会不得举行新的选举。另一方面，美国劳动法规规范控制和干涉工会的行为，一般是雇主控制或干涉工会的成立或组织的活动。《国家劳资关系法》将"控制或干涉任何一个工会的成立或组织的活动，或给它以财政或其他方式的支持"规定为雇主的不当行为，并加以禁止。

四　1980～2000 年：后工业化、社会公平与阶层矛盾

1. 工资制度的发展和改革

鉴于当时通货膨胀因素的影响，政府在 1981 年 12 月 31 日后把零售服务业的豁免标准从原来年销售额为 25 万美元提高到 36.25 万美元。1985 年将覆盖面扩展到公共部门，此时的修正案允许州和地方政府以 1.5 倍的工资补偿雇员的超时工作。1989 年，政府把豁免标准提升到年销售额为 50 万美元，同时，这适用于零售企业和非零售企业。另外，该修正案规定了针对 20 岁以下雇员的实习工资要求。此外，该修正案针对那些雇员花在教育上的超时工作豁免和蓄意违反最低工资规定的民事处罚进行了相应的规定。1990 年，国会专门颁布法令，要求对某些在计算机行业工作的高级技术人员进行超时工作豁免。1996 年的修正案又一次提出，20 岁以下的新雇员在受雇后的连续 90 天内的最低工资标准为 4.25 美元每小时，计算机行业的专业人员的最低工资标准为 27.63 美元每小时。美国在 1997 年提高了联邦最低工资标准，之后十年未变。但是受到通货膨胀因素的影响，基于最低工资标准的购买力已经降至近 50 年来的最低点。

2. 保险的发展和改革

"现收现付制"受到美国在第二次世界大战后的"人口出生高峰"的巨大影响。1983 年，美国国会通过法律专门建立了社会保障信托基金。该信托基金是预先积累基金，以支付出生高峰期那一代人退休后的养老金，而不提高后代人的社会保障工薪税率。联邦政府规定将员工收入的一部分（比例不超过 10%）存入社会保障信托基金，企业再补贴本人缴费额的 50%，将其记入个人名下，并不断积累。联邦政府对存入退休基金部分的工资收入免征个人所得税。这样，美国实行的养老金制度既不是"完全基金化"的制度，也不是"现收现付制"，而被称作"部分基金化"的制度。美

国的医疗保险使大部分美国人，不论贫富都能够获得和负担得起相应的医疗照顾。政府提供的医疗照顾和医疗救助计划为全美 65 岁以上的老年人和穷人提供医疗保险资助，而且费用逐年增加。据美国商务部统计，1991 年，美国的医疗照顾和医疗救助支出高达 2230 亿美元，比 1990 年增加了 284 亿美元。从 1987 年美国医疗保险费用所占比例来看，政府所提供的医疗保险（包括医疗救助计划、医疗照顾计划和其他政府计划）费用在全部医疗保险费用中所占比重是 39%，而私人部分的占比则达到 61%，为 2718 亿美元。虽然政府医疗项目范围扩大，比例有所上升，但私人医疗保险仍具有优势。

美国是世界上医疗保健支出最多的国家。医疗保健行业是全美最大的经济体。美国的医疗卫生预算号称仅次于美国联邦预算与日本政府预算的世界第三大预算。从 1993 年起，美国卫生支出占 GDP 的比例一直维持在 13%~14%，医疗保健行业的产值占整个国民经济收入的 1/7，比 OECD（经济合作与发展组织）的平均占比高出近 6 个百分点。

在美国，私人医疗保险可分为"双蓝"项目和私人医疗保险公司项目两大类。覆盖大部分人群的私人医疗保险主要以雇佣关系为基础，即雇主为雇员购买医疗保险。"蓝十字协会"和"蓝盾协会"是美国分布最广和影响最大的两个相互独立的非营利性的医疗保险组织。"蓝十字协会"主要为住院病人提供保险，"蓝盾协会"主要为门诊服务提供保险。对于由全美 73 家独立的、以预付费方式执行卫生保健计划的蓝十字组织和蓝盾组织组成的联合体，工业界将其称为"蓝色企业"。这个全美最大、历史悠久的健康保险组织为全美 70% 的大工业企业提供保险。1991 年，参加该类私人医疗保险的人数达 6800 万人，其中涉及医药保健的人数达 2600 万人。

对目前的退休者来说，仍然实行"现收现付制"，即养老金几乎全部依靠目前在职人员缴纳的社会保障工薪税收入。对未来的退休者来说，养老金主要由两个部分组成：一部分是未来在职人员缴纳的社会保障工薪税收入；另一部分则来源于自己退休前做出的贡献，即以社会保障信托基金形式积累起来的资金。在由"现收现付制"向"部分基金化"的制度转变的过程中，不一定要提高目前的社会保障工薪税率。这是因为目前美国出生高峰期的人口正处于就业年龄，相比起来，进入退休年龄的人口所占的比例并不高。目前，美国社会保障信托基金在支付养老金之后，还有盈余。据了解，1995 年，美国社会保障信托基金积累的盈余可以支付一年半的社会保障福利金。

美国实行的是自愿退休制度，美国法律规定的正常退休年龄是 65 岁，但最早可在 62 岁退休，只是要相应扣减 20% 的养老金。如果退休年龄超过 65 岁，则退休后每年可多领 3% 的养老金。美国法律已规定，从 2000 年开始，领取全额养老金的退休年龄将逐步提高。2000 年，正常退休年龄为 65 岁零两个月，此后正常退休年龄将每年增加两个月，到 2005 年时享受全额退休收益的年龄为 66 岁，66 岁的退休年龄维持到 2017 年。在那一年，退休年龄将再一次以每年两个月的速度增长，直至 2022 年达到 67 岁。这样的话，如果一个人出生在 1943~1954 年，那么只有等到 66 岁才有资格获得正常的退休收益。如果出生于 1960 年或者更晚，那么正常退休年龄是 67 岁。

税收优惠政策是美国企业年金制度成功实施的关键，但是如果没有强大而完善的法律体系做后盾，就很难想象这样一个内容极其繁杂、涉及多方利益的税收政策能够被很好地贯彻。美国针对企业年金制度实施大幅度的税收优惠政策，起源于 20 世纪 80 年代美国出现的社会保障支付危机。据美国政府有关部门测算，如果不对养老体制进行全面改革，美国的社会保障基金到 2035 年将不足以支付退休金。在此背景下，美国政府于 1986 年通过《税法改革修正案》。在该修正案中，美国政府加大了鼓励参加自愿性企业退休计划和个人退休投资计划的力度，目标之一在于缩小国家强制性计划的规模。同时，在细则方面不断进行修正。比如，提高退休年龄、延长缴费时间和推迟享受待遇的时间；提高企业年金计划在整个养老保障体制中的比重；改变养老金的投资方式和渠道，扩大投资范围，增加投资种类并给个人更多的自主权，如增加在股票、共同基金中的投资比例；设计、利用更多的税收政策鼓励实施各种类型的投资计划，如采用抵税、缓税和免税的优惠方法等。这些都有利于使原有的社会保障体制逐渐向更多层次、更多元化的社会保障体制转化和发展。

3. 劳资关系的发展和改革

进入 20 世纪 90 年代后，如何通过职工参与改善劳动关系来提高劳动生产率；如何进一步发挥集体谈判的作用来营造劳动关系双方之间的合作气氛；如何通过劳动双方自主协商来减少争议，以缓和社会矛盾，保持经济增长等，成为美国政策迫切关注的问题。集体谈判增加了劳资关系中的民主成分，因为集体谈判改变了雇员个人之前因为既不享有合同规定的权利，也缺乏挑战专断决定的谈判力量而受制于雇主的局面。一方面，集体谈判制度使雇主受到谈判结果的规制，不再随心所欲地专断独裁，二者之间的关系变得更加民主化了；另一方面，在集体谈判中，雇员有了表达自己的观点和需求的机会，可以投身工厂的自主管理中。相对于过去独立的雇员个体（其只能通过辞职来表达自己的不满），现在具有集体谈判权的雇员可以团结起来表达自己的意见而不必害怕失去工作。当工会足够强大时，某些问题完全可以通过集体谈判决定，并且谈判结果必然反映利益在劳资双方之间的分配情况。

1994 年上半年，国会审议《国家劳资关系法》修正案，准备规定工人罢工后，企业不得雇用长期性工人来取代罢工工人。这项法案通过后将极大地壮大工会的力量，相对削弱资方的力量，因此，这引起美国社会的普遍重视。从上述立法过程的演变中可以看出，美国政府利用立法来巧妙地平衡劳资双方的力量，以保障社会和经济稳定发展。

4. 税收制度的发展和改革

美国政府建立了较为合理和完善的税收制度，并加强了对高收入阶层的税收征管，以确保社会分配公平。美国主要采用合理的个人所得税累进税率，并采取少收入少缴税、多收入多缴税的原则。例如，1981 年，在美国政府的年度财政总收入中，45% 来自个人所得税，12% 来自公司所得税。这种税收制度将富人的收入分配给穷人。美国的社会福利资金主要来自两项税收：一是联邦社会安全保险税；二是各州的伤残保险税。联邦社会安全保险税是个人所得薪金总额的 6.56%，个人所属的企业或机关也要相应缴纳 6.56% 的税。也就是说，联邦政府向个人及其雇主按月收取相当于个人薪金 13.12% 的社会安全保险税。各州的伤残保险税为个人薪金总额的 0.6%。从中可以看出，美国福利制度所涉资金是"羊毛出在羊身上"，即每个人在有能力工作时缴纳税款，等到退休或者遭遇伤残风险时，可根据自己缴纳的税款来享受相应额度的社会安全福利救济。

五 2000 年至今：信息社会、社会公平与阶层整合

1. 工资制度的发展和改革

2007 年 1 月，美国国会众议院通过了大幅上调最低工资标准的议案，将美国最低工资标准从 5.15 美元每小时提高到 7.25 美元每小时。根据这一

法案，美国最低工资标准在议案生效后的 26 个月内，分三次逐步提高到 7.25 美元每小时。以 2008 年美国的统计数据为例，2008 年，美国共有 135185230 名就业人员，平均年工作时间为 2080 小时，平均年工资为 42270 美元。美国职业按照工种共分 22 大类 800 个。平均年工资最高的 5 个职业是（从高到低）：外科医生（206770 美元）、麻醉师（197570 美元）、牙医（194930 美元）、妇产科医生（192780 美元）、整形外科医生（190420 美元）。企业管理者的平均年工资是 160440 美元，排第 10 位；律师的平均年工资为 124750 美元，排第 16 位；飞行员的平均年工资为 119750 美元，排第 19 位；法官、治安官的平均年工资为 100450 美元，排第 35 位；警察局局长的平均年工资为 76820 美元，排第 104 位；普通警官的平均年工资为 52810 美元，排第 273 位。在教育系统中，平均年工资最高的是健康学教授（102000 美元），接下来是法律教授（101170 美元），助教的平均年工资最低，为 23560 美元，学前教育老师的平均年工资为 26610 美元，小学老师的平均年工资为 52240 美元，初中老师的平均年工资为 52570 美元，高中老师的平均年工资为 54390 美元。2008 年，美国平均年工资最低的 5 个职业是（从低到高）：餐馆上菜工（17400 美元）、厨师（17620 美元）、饭馆洗碟工（17750 美元）、餐厅及酒吧配餐工（18140 美元）、理发师（18300 美元）。2008 年，美国所有 800 个工种中的最大工资差距存在于外科医生和餐馆上菜工之间。2008 年，美国工种中的最高工资比最低工资多出约 11 倍。

近年来，美国企业推出了以创造高业绩所体现出来的胜任力（任职者胜任所需掌握的知识、技术及所需具备的心理、行为等方面的特征）为基准的胜任力工资。该工资既不片面强调职务及通过从事相关工作所体现出来的成果，也不倾向于对人的技能和知识的重视，而尝试将职务和人融合起来以考虑工资形态。这种工资既能克服员工为了追求高工资而专注于短期业绩的倾向，又能有效防止员工能力提升与企业战略要求相脱节的现象出现。推出该工资是要将创造高绩效的能力进行量化。但在实际操作过程中，衡量一种能力的程度是十分困难的。该工资仍处在一个探索与试验的过程中。

目前，在美国企业中，职务工资仍处于主流地位，为了招聘到所需人才，企业十分关注外部劳动力市场的工资水准。但在企业内部的工资公平性上，企业的关注点开始从以职务为中心朝着重视人所具备的工作特性的方向转变。这体现出企业从对工作结果的重视转向对工作过程中人所发挥的作用的重视。

2. 保险的发展和改革

对于这一时期保险的发展和改革可通过观察美国养老金、养老保险等进行分析。美国养老金的三大支柱如下。

（1）美国养老金的第一支柱：社会养老保险。社会养老保险是美国养老保险制度的第一层，即安全网，是美国为其公民提供的全民退休保障。社会养老保险覆盖了美国约96%的劳动人口。主要目的是对由退休、残病或死亡等原因导致的工人及其家属的收入减少的情况，由社会给予部分经济补偿。该层次的养老金实行现收现付制度，实际上，这是一种代际赡养，很好地体现了社会保险的互助互济性，是代际的一种收入再分配。其优点是全体退休老人都能得到社会保障。但其存在不可避免的缺陷，随着人口老龄化加剧，老年人口增加，平均寿命延长，该模式越来越难以维持。美国的社会保险基金是一种非积累型的基金，其良好地运转需要满足两个条件：一个是实际工资率的上涨，另一个是劳动人口的增加。根据相关学者的研究，如果时间是无限的，那么在自由变化缴费率下（设置一个上限），除非人口增长率和实际工资增长率之和永远小于利率（此即所谓的艾伦条件），即市场的收益率高于人口的增长率，现收现付制才能在代际进行帕雷托有效配置，否则，基金都不是帕雷托有效的。然而，由于近些年美国的经济发展比较缓慢，尤其在次贷危机的影响下，实际工资增速非常缓慢，现收现付制的运转基础发生变化。法定养老保险金主要来源于美国联邦税收收入、对社会保障收入本身的课税、美国财政部的一般资金、社会保障资金的投资收益等。

（2）美国养老金的第二支柱：私人养老金计划。美国的私人养老金计划相当于中国的企业补充养老保险，一般指由大公司、企业的雇主发起和建立的单一雇主养老金计划，也有工会组织为小企业的职员发起和建立的多雇主养老金计划。企业和个人每月向私人养老金计划供款，而养老金管理机构通过投资行为确保养老金保值增值，它没有固定利率，投保人的未来收益取决于保险公司的投资收益。私人养老金计划基本上是雇主自愿为雇员建立的，不具有强制性。典型形式有两种：限定收入型和限定缴费型。对于限定收入型，雇主向职工承诺，其退休后可按月享受一定金额的养老金计划。只要工龄达到一定年限，职工就可以在退休后每月享受一定替代率（养老金占退休前工资的比率）的养老金待遇。养老金的额度取决于雇员的工资收入和工龄。对于限定缴费型，是指由雇主和雇员双方缴费，如个人账户的缴费率由雇员决定，雇主也要以相同的缴费率缴费。养老金水平取决于缴费额度以及投资增值收益水平。职工有权决定投资方向，通常由雇主向雇员提出投资建议，由雇员自主决定，并承担投资风险。从发展趋势看，以个人账户为基础的限定缴费型养老金计划是今后美国企业养老金发展的主流。

（3）美国养老金的第三支柱：个人储蓄养老金。个人储蓄养老金是指根据个人需要而建立的养老金储蓄计划。美国服务业在美国经济中占有越来越重要的地位，服务业雇主一般不提供私人养老金计划。另外，美国的职工调换工作日益频繁，雇主不愿意与职工建立长久的雇佣关系，所以，个人储蓄养老金适时地发展起来。通常的做法是建立个人退休账户。个人退休账户不仅为个人提供养老储蓄，还允许调换工作的职工将其在私人养老金计划中的积蓄取出来暂时存入个人退休账户。个人退休账户由银行、人寿保险公司和共同基金等多种金融机构管理，投资方式多样化[①]。

个人退休账户的分类。第一类是普通个人退休账户。普通个人退休账户是可以享受延后纳税优惠的个人退休储蓄账户。任何人都可以建立普通个人退休账户，每人每年投入的数额没有最低限制或其他要求，但有最高限制。存入普通个人退休账户的收入是否享受延后纳税，取决于所有者的收入税申报身份。第二类是个人退休特别账户。这是近期出现的一种新的个人退休账户。其中的存款不享受延后纳税待遇，但在持有个人退休特别账户满 5 年和年龄超过 59.5 岁时，通过个人退休特别账户获得的收入可免缴个人所得税。建立个人退休特别账户有一定的资格限制：个人申报所得税、调整收入在 95000 美元以下和夫妻联合申报所得税、调整收入在150000 美元以下者可以建立个人退休特别账户。虽然美国采用以劳动者为核心的养老模式，但是雇员、独立劳动者、农民和其他人可自愿加入私营养老金制度。这个范围要比中国的宽泛得多，而且比较灵活自由。

美国养老保险主要包括老年以及遗嘱保险和残疾人保险两个险种。2007

---

① 李连芬、刘德伟：《美国养老保险制度改革及其对我国的启示》，《当代经济管理》2010 年第 10 期，第 87~88 页。

年，美国有 1.2 亿人参加了退休养老保险，约占全部在业人员的 95%，几乎所有的社会劳动者都被纳入退休养老保险范围；有 2500 多万名退休人员领取养老金，约占人口总数的 11%。除铁路工人、低收入者和外国打工者参加特别保险外，所有达到一定条件的居民均可被美国养老保险制度覆盖，该保险制度具有普遍性。同年，中国的养老保险制度只覆盖了 1.8 亿名左右的城镇在职人员和 3330 万名退休人员。

在美国养老保险制度中，国家法定养老保险、补充养老保险和个人退休储蓄账户共同组成了多层次的养老保险体系，其被人们形象地称为"三条腿的板凳"。重视国家、企业和个人在社会保障中的共同作用，为美国居民解除了养老的后顾之忧。目前，由于中国缺乏法律的保障，加上企业效益极不稳定以及人们的收入水平整体不高，企业补充养老保险和个人储蓄性养老保险还不能真正建立起来。

2009 年 1 月，民主党人奥巴马正式宣誓就任美国总统。上任后，他马上着手兑现竞选时做出的承诺，推动进行全民健康保险改革。6 月 6 日，在法国进行国事访问的奥巴马在向美国公众的每周广播中强调："改革已经迫在眉睫，国家再也无暇多等，否则全民的医疗保险都将面临危险。现在是出台医疗保险改革方案的时候了。"从 6 月 10 日开始，政府启动类似总统候选人的拉票活动，发表多场演讲，这掀起了一场关于建立全民健康保险体系的全国性讨论。9 月 9 日，在国会结束夏季休假刚复会时，奥巴马就亲自到两院发表重要演讲，表示"争吵的时间已经结束"，现在是行动的时候了。

政府原来的设想是，投入 9000 亿美元建立一个"全民共享的"医疗保险体系，但在参议院投票时，医疗保险改革法案被大大瘦身，不仅将预算减为 8290 亿美元，也没有将公共保险计划包括在内。尽管如此，政府对此结果还是表示满意，并适当地调整了策略。2009 年 12 月，参议院对此进行投票表决，最终以 60 票赞成、39 票反对的表决结果通过了奥巴马支持的医疗保险改革法案。至此，由民主党控制的美国众参两院，都出台了以奥巴马的法案为基础的各自版本的法案。在之后的一个月中，两院联席委员会密切磋商和合作，共同推出合并后的折中稿，其经两院确认批准、经总统签署后成为法律。

然而，事情的发展并不如人们预期的那么顺利，众参两院在磋商和协调各自不同版本的医疗保险改革法案时僵持不下。在这种情况下，奥巴马吸取克林顿进行的改革失败的教训，及时调整改革目标和法案内容，经过多个交锋，以及国会两院的反复磋商，最终，参议院通过的版本成为奥巴马医疗保险改革法案的最终版本。这一版本的最大变化是，奥巴马原来建议的法案是有关国民公共医疗保险的法案，即由政府提供医疗保险的"公共法案"，而该版本的医疗保险改革法案是由联邦政府负责监管私营保险公司，让其承担医保责任的"半公立法案"。这一法案要求在全美建立50家"半公立"保险公司，并由其承担没有医保的人群的健康保险责任。

美国医疗保险改革法案提出提高对基本医疗保险的覆盖率，就需要政府筹集更多的资金向低收入群体提供补贴，其中就涉及对某些税种的调整。政府要求国会增加对富裕人群征收的所得税，计划不再延续小布什总统针对富裕人群的临时减税计划，该计划在2011年到期。通过增税，联邦政府在未来10年内的收入增加约2万亿美元，其中，3178亿美元用于医改。此外，美国政府从2009年4月1日起提高了香烟特许权税率，所得收入用于资助儿童医疗保险计划（SCHIP）。同时，政府对小企业为职工提供医疗保险给予退税，即小企业为员工缴纳的一定比例的参保费用将以退税的形式返还，最高比例可达50%。预计每年的退税规模达到60亿美元。困难家庭可根据收入情况享受一定的退税优惠。

3. 劳资关系的发展和改革

进入21世纪，美国的劳动争议处理机制出现一些新的变化，相关部门在处理劳动争议时采用一些非常规的方式，尤其是在出现规模较大、矛盾较深的劳资争议后，工人或者工会开始采用以前并不常见的激进措施。这时采取一些固有的应对方式不能解决劳动争议问题，反而会加深矛盾，不得不启用一些特殊措施。比如，近年来，许多工会在出现劳动争议时，开始采取类似纠察的方式，在该企业入口处设置一条纠察线，要求本工会会员不得进入企业工作。类似这样的罢工或者抵制的方式层出不穷。同样，企业主的应对措施不断升级。在这种情况下，官方机构不得不放弃过去采用的一些固定的应对机制而直接介入劳资双方的谈判。例如，2002年，在美国西海岸的一些港口，劳资双方为劳动合同的延续问题举行了两个多月的谈判，但谈判还是以破裂告终。企业主以工人消极怠工为由，宣布无限期封锁这些港口，这迫使工人和工会让步。联邦政府意识到形势不妙，未经双方申请便立即进行调停，但调停无效。此时，政府意识到大罢工已经对社会和经济造成严重危害，便申请联邦法院强制让工人复工。在这种形势下，劳资双方不得不重新回到谈判桌前。最后双方达成同意延长劳动合同6年的协议。

第二节 美国的社会结构

在本节，我们描述和解释的是，在新的技术特别是信息技术快速发展的情况下，美国的社会结构（就业结构、职业结构、收入分配结构和阶级阶层结构）发生了哪些变化？发生这些变化的原因是什么？这些变化会对美国社会未来的发展产生什么影响？

一 美国的就业结构、职业结构的变化

就业结构是伴随着产业结构的变化而发生变化的。产业结构是衡量经济发展程度的重要标志。世界发达国家的一般发展经验表明，随着人均收入水平提高，产业结构会发生一些阶段性变化。起初是农业产值所占比重大幅下降和以自然资源开发为主的工业产值所占比重快速提高，随后是工业产值中高附加值的制造业产值所占比重上升，最后，服务业产值所占比重较高成为产业结构完善的重要标志。目前的发展趋势显示，信息产业产值所占比重将成为衡量产业结构的新的标志。

伴随着产业结构的变化，美国的就业结构在最近十几年发生了巨大的变化。1973~1995年，在美国全部从业人员的分布中，农业从业人员所占比重从4%下降到3%，工业从业人员所占比重从33%下降到24%，服务业从业人员所占比重从63%上升到73%[1]。

1963~1996年，美国的总人口从1.22亿人增至2亿人，劳动力总人数从7000多万人增至1.3亿人，从业人员从6700多万人增至1.27亿人，但农业从业人员从469万人下降到344万人，劳动人口的失业率随经济状况波动：20世纪80年代中期以来一直在6%左右波动，1996年为5.4%。根据美国劳工部劳动统计局的分类，非农业从业人员所在产业分为物品生产业（Goods-producing）和服务生产业（Service-producing）两大类。1957~1996

---

① 董全瑞：《收入分配差距国别论》，中国社会科学出版社，2010，第25页。

年，美国就业结构最显著的变化就是物品生产业中的制造业从业人员所占比重大幅下降和服务生产业中的服务业从业人员所占比重大幅上升；在美国全部非农业从业者中，前者的比重从 32.5% 降到 15.3%，后者的比重从 12.7% 上升到 28.7%（见表 2-1）。

表 2-1　1957~1996 年美国非农业从业者就业结构的变化

单位：%

年份	物品生产业			服务生产业					
	矿业	建筑业	制造业	交通和公用业	批发业	零售业	金融保险房地产业	服务业	政府部门
1957	1.6	5.6	32.5	8.0	5.7	14.8	4.6	12.7	14.4
1960	1.3	5.4	31.0	7.4	5.8	15.2	4.8	13.6	15.4
1970	0.9	5.1	27.3	6.4	5.7	15.6	5.1	16.3	17.7
1980	1.1	4.8	22.4	5.7	5.9	16.6	5.7	19.8	18.0
1990	0.6	4.7	17.4	5.3	5.6	17.9	6.1	25.5	16.7
1996	0.5	4.5	15.3	5.3	5.5	18.1	5.8	28.7	16.3

注：这里的服务业包括农业服务业、旅馆业、个人服务业、商业服务业、汽车服务业、修理业、音像服务业、娱乐业、健康服务业、法律和社会服务业、工程管理服务业等。

资料来源：Bureau of Labor Statistics，"U. S. Department of Labor,"*Employment and Earnings*，Vol. 44，No. 1，January 1977，p. 44。

根据美国劳工部的统计分类，美国的从业人员分成 6 个大的职业阶层、13 个次级职业阶层和 340 个小的职业类别。6 个大的职业阶层是：①干部、经理和专业人员阶层；②一般技术、销售和行政管理人员阶层；③服务人员阶层；④精密生产、工艺和维修人员阶层；⑤操作、装配制造人员阶层和体力劳动者；⑥农、林、渔业人员阶层。其中，专业人员阶层大体相当于我们所说的知识分子阶层，包括工程师、建筑师、科学家、教师、社会科学家、律师；警察、警卫和消防等从业人员被列入保护性服务人员阶层；交通运输业的司机等属于操作人员阶层。1996 年，美国 16 岁以上的从业人员共有 1.267 亿人。其中，干部、经理和专业人员阶层占 28.8%，一般技术、销售和行政管理人员阶层占 29.7%，服务人员阶层占 13.6%，精密生产、工艺和维修人员阶层占 10.7%，操作、装配制造人员阶层和体力劳动者占 14.4%，农、林、渔业人员阶层占 2.8%（见表 2-2）。从美国的这个职业阶层结构中我们看到，可以用 6 个约 1/7 来概括这一结构的特点，即干部、经理阶层约占 1/7，以专业人员为主的知识分子阶层约占 1/7，一般技术、销售阶层约占 1/7，一般行政管理人员阶层约占 1/7，服务人员阶层约占 1/7，操作、装配制造人员阶层和体力劳动者约占 1/7。

表 2-2 1996 年美国的职业阶层结构

单位：亿人，%

	总数	白人	黑人
16 岁以上从业人员	1.267	1.078	0.135
占比	100.0	100.0	100.0
干部、经理和专业人员阶层	28.8	29.8	20.0
干部、经理	14.0	14.7	9.0
专业人员	14.8	15.1	11.0
一般技术、销售和行政管理人员阶层	29.7	29.8	28.6
技术及相关人员	3.1	3.1	2.7
销售代理	12.2	12.5	9.0
一般行政管理人员	14.5	14.2	16.9
服务人员阶层	13.6	12.5	21.9
个体家庭服务人员	0.6	0.6	1.0
安全保卫服务人员	1.7	1.6	2.9
其他服务人员	11.2	10.3	18.0
精密生产、工艺和维修人员阶层	10.7	11.1	7.9
操作、装配制造人员阶层和体力劳动者	14.4	13.6	20.6
机器操作、装配和检查人员	6.2	5.8	8.8
交通和物质运输人员	4.2	4.1	5.7
装卸、设备清洁人员及帮工等	4.0	3.7	6.1
农、林、渔业人员阶层	2.8	3.1	1.0

资料来源：Bureau of Labor Statistics, "U. S. Department of Labor," Household Data, 1997。

随着信息技术的快速发展，美国企业中的劳动过程变得越来越具有弹性，劳动力市场的流动性进一步提升。为了降低劳动成本和保持竞争力，美国企业不断减少长期雇用的职工数量，大量使用小时工。近 10 年来，硅谷新创造的 70% 的工作岗位由小时工填补。1996 年，在美国福特汽车公司在美国本土的 16 万多名雇员中，小时工就占 65%。美国的产业主体仍然在向服务业转变，但关键的是服务业本身的结构出现了变化。在服务业中，智力劳动者所占比重大大提高，特别是与信息技术相联系的智力劳动者大量增加，这将成为衡量产业结构发展水平的重要标志。各种职业的信息化正在以出人意料的速度发展。根据美国管理协会于 1997 年对所属会员企业 3000 多名行政主管和经理的有效问卷调查的统计分析，在办公期间，个人使用国际互联网络的占 64%，1 年以后就增加到 82%。从企业的职能部门来看，使用国际互联网络较多的部门是信息系统部门、营销部门、公共关系和通信部门、行政服务部门、财会部门以及人力资源部门，使用相对较少的部门是采购、制造和运输部门。

在一个相当长的历史时期内，就业人员中服务业从业人员比重的提升一直是产业结构升级的重要标志。但是进入 20 世纪 90 年代以后，当服务业从业人员在从业人员中的比例上升到 75% 以后，它的变动弹性就很小了。在就业结构仍在继续发生深刻变化的情况下，这一指标对这种变化的解释力减弱了，必须根据现实的变化寻找新的解释指标。目前，比较一致的看法是，应当用从事信息处理工作的人员的比重取代服务业从业人员的比重，以作为衡量就业结构变化情况的新的指标。美国加州大学伯克利分校的社会学教授卡斯代尔思（M. Castells）在这方面进行了非常有意义的尝试。他将所有的非农产业划分为物品处理业和信息处理业。物品处理业包括矿产业、建筑业、制造业、交通业、商品批发零售业。信息处理业包括通信业、金融保险业、房地产交易业、咨询和服务业、政府管理业。1970～1991 年，美国非农就业人员中物品处理业从业人员的比重从 61.0% 降到 51.7%，信息处理业从业人员的比重从 39.0% 升至 48.3%。新指标对这一时期就业结构变化的解释力与服务业人员比重指标是一致的，因为从相关统计指标来看，同期，工业从业人员的比重从 34.0% 降到 24.9%，服务业从业人员的比重从 66.0% 升到 75.1%（见表 2-3）。但这一指标对 20 世纪 90 年代以来和未来就业结构变化的解释力更强。随着这一指标在定义和统计测算上的完善，它会很快在发达国家中被普遍采用①。

---

① 刘英：《美国生产工人实际工资变动趋势原因分析——激进经济学派的制度分析》，《教学与研究》2003 年第 6 期。

表 2-3　1920~1991 年美国就业结构的变化

单位: %

	1920 年	1930 年	1950 年	1960 年	1970 年	1980 年	1985 年	1991 年
农业从业人员占比	26.3	25.4	14.4	8.1	4.6	4.5	4.0	3.5
工业从业人员占比	48.0	43.3	39.2	38.2	34.0	30.5	27.7	24.9
服务业从业人员占比	52.0	56.7	60.8	61.8	66.0	69.5	72.3	75.1
物品处理业从业人员占比	73.3	69.0	69.4	65.8	61.0	57.3	54.7	51.7
信息处理业从业人员占比	26.7	31.0	30.6	34.2	39.0	42.7	45.3	48.3
服务业从业人员占比/工业从业人员占比	1.1	1.3	1.6	1.6	1.9	2.3	2.6	3.0
信息处理业从业人员占比/物品处理业从业人员占比	0.4	0.5	0.4	0.5	0.6	0.7	0.8	0.9

注: 此表中的工业指矿产业、建筑业和制造业; 服务业指工业以外的其他非农产业。

资料来源: M. Castells, *The Rise of Network Society* (Massachusetts: Blackwell, 1996), pp. 282, 296。

二　美国的收入分配结构和阶级阶层结构的变化

提高收入水平和促进收入平等应当是促进经济发展的两个主要目标。这两个方面的变化在第二次世界大战以来美国的经济发展方面可以分成四个阶段。第一阶段是 1947~1973 年, 收入增长很快, 收入差距较小; 第二阶段是 1974~1979 年, 虽然生活标准在继续提高, 但收入增长几乎停止, 收入差距稍有扩大; 第三阶段是 1980~1989 年, 平均工作收入水平仍处于停滞状态, 但收入差距急剧扩大; 第四阶段是 1990~1993 年, 收入差距仍在扩大, 失业开始威胁部分白领阶层。从基尼系数来看, 1947~1980 年, 美国用家庭收入的基尼系数来衡量的贫富差距并没有出现多少变化。美国家庭收入的基尼系数在 1947 年为 0.376, 在 1960 年为 0.364, 在 1970 年为 0.353, 在 1980 年为 0.365; 1980 年以后, 收入差距呈逐步扩大的趋势, 美国家庭收入基尼系数在 1990 年增加到 0.396, 在 1995 年增加到 0.421, 住户收入基尼系数在 1995 年达到 0.450 (见表 2-4)。

表 2-4　美国家庭和住户收入基尼系数的变化

年份	家庭收入基尼系数	住户收入基尼系数
1947	0.376	—
1950	0.379	—
1960	0.364	—
1970	0.353	0.394
1980	0.365	0.403
1990	0.396	0.428
1995	0.421	0.450

注：基尼系数小于 0.2 表示绝对平均，0.2~0.3 表示比较平均，0.3~0.4 表示基本合理，0.4~0.5 表示差距较大，而 0.5 以上表示收入悬殊。

资料来源：U. S. Census Bureau, 1997。

实际上，美国家庭财富占有的差距要比收入差距大得多。美国最详细的住户财富数据来自美国联邦储备局定期进行的"消费者财政状况调查"（SCF），这里的财富是指住户的不动产和动产减去债务后的市场价值。根据这项调查，1962 年，美国最富 0.5% 住户的财富平均每 10 年增长 21%，底层 80% 住户的财富平均每 10 年增长 18%；1983 年，前者每 10 年增长 90%，后者则处于零增长状态，1962~1989 年，美国住户的财富分配的基尼系数从 0.80 升到 0.84（见表 2-5）。

表 2-5　美国住户的财富分配状况（不同等级住户平均每户拥有的财富）

单位：美元，%

年份	最富 0.5%	次富 0.5%	第 3 位 9%	第 4 位 10%	底层 80%	基尼系数
1962	6284000 (21)	1820000 (20)	451000 (22)	169000 (17)	29000 (18)	0.80
1983	9311000 (90)	2674000 (41)	680000 (34)	233000 (26)	42000 (0)	0.80
1989	13704000	3276000	809000	267000	42000	0.84

注：括号里的数据是每 10 年的增长率，括号外的数据是每个财富等级中平均每个住户拥有的不动产和动产减去债务后的市场价值，不包括消费耐用品的价值和社会保险等无法转换成货币的金融资产的价值。

资料来源：Frank Levy, *Income and Income Inequality*, 1994。

20 世纪 90 年代以来，美国家庭收入两极分化达到第二次世界大战以来最严重的程度。1989~1994 年，90% 的美国家庭收入出现不同程度的下降，其中，中间的 20% 家庭收入下降规模最大，每年下降 2390 美元；10% 高收入家庭的收入有所增长；最高的 5% 家庭的收入大幅增长，年均增长 17231 美元（见表 2-6）。

表 2-6　1989~1994 年美国家庭收入的变化

单位：美元，%

家庭收入等级	1994 年家庭收入	1994 年家庭收入占社会财富的比例	1989~1994 年家庭收入年均变化
最高的 5% 家庭	259093		+17231
次高的 5% 家庭	107504		+1830
第 3 位的 10% 家庭	79386	23.4	-166917.9
中上的 20% 家庭	55792	39.90	-2122
中间的 20% 家庭	36641	17.9	-2390
中下的 20% 家庭	22151	11.9	-2073
最低的 20% 家庭	8875	5.3	-866

注：表中"＋""－"分别表示增加、减少。
资料来源：L. Mishel, J. Bernstein, *The State of Working America*, 1996-1997, Table 1.9, p.60；《1989 年世界发展报告》，世界银行。

尽管随着大多数企业进行股份化发展，持股者数量增加，股份具有分散化的趋势，但这并没有改变股份集中在少数大资本所有者手中的格局。目前，美国的家庭住户拥有美国全部股份的近 2/3，拥有股份的家庭所占的比重在 1962 年只有 19%，这一比重在 1992 年达到 33%。根据美国麻省理工学院经济学教授波特拉等人的一项研究，在美国家庭和个人拥有的所有股份（包括互助基金、医疗保险金、养老保险金和储蓄计划的股份）中，富有的 10% 家庭拥有 90% 的股份，其中，最富有的 1% 家庭拥有 47% 的股份，而 80% 的普通家庭的小股份持有者持有的股份占全部股份的 2%。

美国近年来贫富差距扩大和两极分化情况的加剧，引起美国经济学家、社会学家、法学家和政治学家的广泛关注，这成为美国政界和舆论界争论的热点。这也体现在对美国目前阶级阶层的分析和研究中。

对美国目前阶级阶层结构的分析，西方学者中的不同学术派别得出的结论存在很大的差异。其中，一个具有代表性的学派是以美国威斯康星大学社会学教授怀特（E. O. Weight）为代表的新马克思主义分析学派。他的分析结果是，1960~1990年，美国阶级阶层结构保持相对稳定。虽然在这一时期显示出中产阶级（经理、监工、专业经理、专业人员）的人数比重上升和工人阶级（技术工人和半技术非技术工人）的人数比重下降的趋势（见表2-7），但在当代美国社会，工人阶级仍然是人数最多的阶级，其占全部就业人员的比重在55%左右，一般认为最强大的中产阶级只占35%左右。同时，他还认为，由雇主和小资产阶级组成的所有者阶级是比较稳定的和人数较少的，在全部就业人员中只占10%左右。另一个具有代表性的学派，是以牛津大学社会学教授高德索普（J. Goldthorpe）为代表的新韦伯分析学派。他通过对经验调查材料的分析得出，在当代美国，以中产阶级为主体的"服务阶级"的人数越来越多，而工人阶级的人数特别是非技术工人的数量呈现快速减少的趋势。目前，人数最多的阶级是由大资本所有者、企业经理、行政主管和高级专业人员组成的"服务阶级"，其在全部就业人员中占28%，小资产阶级占7%，日常的非体力工人阶级占11%，技术工人阶级占24%，非技术工人阶级占26%，农场主、农业劳动者和其他人员占8%。对于这两派学者现在的观点，较之他们在20世纪80年代的针锋相对，他们的观点已经较为接近，但他们当时的分析在今天看来明显滞后于现实的发展。目前，美国中产阶级新的分化趋势、由专家和新技术人员构成的新的资本经营阶级兴起的现象，在他们的研究中没有得到深入的分析。

表2-7　1960~1990年美国阶级阶层结构的变化

单位：%

阶级阶层	1960年	1970年	1980年	1990年
经理	7.50	7.57	7.95	8.25
监工	13.66	14.86	15.23	14.82
专业经理	3.87	4.41	5.06	5.99
专业人员	3.53	4.53	5.49	6.90
技术工人	13.46	14.08	12.92	12.77
半技术非技术工人	44.59	45.13	44.05	41.15
小资产阶级	5.54	4.09	4.53	5.19
雇主	7.86	5.33	4.77	4.71

资料来源：E. O. Weight, *Class Counts: Comparative Studies in Class Analysis* (Cambridge University Press, 1997), p. 99。

三 20世纪80年代以来美国影响社会结构变化的几个主要因素

1. 技术转型导致中产阶级人数减少和中间层规模缩小

根据现代化的一般规律，随着经济发展，社会的收入结构从"金字塔"形逐步转变为"橄榄"形，从而产生一个中产阶级，其成为缓和社会矛盾和促进社会稳定的基础。在20世纪50~60年代，由于美国白领阶层规模的扩大和平均生活水平的提高，中产阶级规模迅速扩大，拥有汽车和主要家用电器成为当时中产阶级家庭的象征。1952~1964年，美国人认为自己属于中产阶级的数量的占比从37%增至44%。另据美国加州理工大学科波教授的估算，20世纪80年代，美国社会可以分成5个阶级：上层阶级人数占人口总数的0.5%，法人（指实际控制资源但并非具有所有权的高级管理层人员）阶级占0.5%，中产阶级占43%，劳动阶级占43%，下层阶级占13%。

但是，20世纪80年代中期以来，由于信息技术和信息工业快速发展，美国进入一个新的技术转型期，也可以说进行了一次新的技术革命，其标志就是信息技术在各行各业的迅速普及和被采用，从而使管理、通信、市场分析、营销等方面的成本大大降低。这使信息技术相对劳动力和资本具有替代意义上的新的竞争优势，也使组织结构和生产结构发生很大的变化。很多从事白领工作的中间管理阶层和中等收入阶层的工作被计算机所取代，就像当年机器取代并在继续取代很多体力劳动者的工作一样。

实际上，中产阶级既有职业方面的含义，也有收入方面的含义。在职业上主要是指具有专业技术的白领阶层，在收入方面虽然并不像贫困线那样有一个确定的货币标准，但一般是指统计上处于中间区域的收入群体。如根据美国人口普查局统计的数据，1991年，美国20%中间收入阶层的年收入是2.9万~4.3万美元，不过很多年收入在6.3万美元以上的人也认为自己是中产阶级。

尽管美国近年来经济增长情况较好，但各大企业对中间管理层和处于中层收入水平的人员的裁减数量较多，如仅在1993年1月至1994年3月，美国通用汽车公司（GM）就裁减69650人，国际商业机器公司（IBM）裁减38500人，美国电话电报公司（AT&T）裁减33525人，波音飞机制造公司（Boeing）裁减31000人，通用电力公司（GE）裁减9825人，美国航空公司（AA）裁减6769人。而新创造的就业机会又多集中在需要高度专业技术的工作方面。根据美联社在1997年对美国最大的一百家公司进行的一项调查，尽管克林顿要求企业为福利领受者提供就业机会，但 3/4 企业无此计划。国际商业机器公司、通用电力公司、联合讯号公司（Allied Signal）、明州矿业制造公司（3M）、埃克桑石油公司（Exxon）以及数码设备公司（Digital Equipment Corp）等都表示，虽然有职缺，但它们只需要掌握高度专业技术的人。1989~1995 年，美国新增加的就业岗位减去裁减的工作岗位以后，净增加 660 多万个工薪（Wage and Salary）就业岗位，其中，3/4 左右的新增工作岗位是高收入的管理和专业工作岗位，剩下的 1/4 左右是低收入工作岗位，与此同时，中等收入工作的就业人数反而减少了近 112 万人（见表 2-8）。

表 2-8　　1989~1995 年美国就业岗位的变化

单位：万人，美元

	就业人数变化	1993 年中位周薪
净增加的高收入工作	+514.6	502~1083
净增加的低收入工作	+264.6	230~341
净减少的中等收入工作	-111.5	342~502

注：表中"+""-"分别表示增加、减少。

资料来源：R. Ilg，"The Nature of Employment Growth，" *Monthly Labor Review*，June 1996。

过去，受失业打击的主要是蓝领阶层中的青年人和文化程度较低者，蓝领阶层的失业率曾是白领阶层的 3 倍。现在，前者的失业率是后者的 2 倍。但是，由于在劳动力总数中，白领阶层占 59%，蓝领阶层占 29%，这种人数比重的差别使白领阶层和蓝领阶层失业人数的绝对数几乎是相同的。白领阶层中 45 岁以上并具有大专文化程度的就业者成为受到失业打击的对象，他们已有的工作经验和技术难以适应新的技术和管理方式的变化，这种变化使他们在现有的工作中需要掌握更高的专业技能。1973~1995 年，美国具有高中文凭的工人的实际工资下降了 14%，具有大专文凭的工人的实际工资下降了 2%。

近年来，美国的中间家庭收入水平甚至出现了下降的趋势。在 1979 年以前，美国的中间家庭收入水平一直是上升的。1947 年是 19088 美元，1967 年是 33305 美元，1973 年是 38910 美元，1979 年是 40339 美元，此后一直停滞不前。1989 年又上升至 42049 美元，但是到 1995 年，中间家庭收入水平反而下降到 40611 美元。

2. 经济全球化使美国平均工资水平下降

随着经济全球化发展，越来越多的美国大公司具有跨国性质，企业的合并、兼并和资本集中仍在继续。现在，美国 500 家较大的公司已拥有所有领域中 25% 的生产资本，而在制造业领域，它们拥有 93% 的生产资本。为了降低生产成本、增强产品在国际市场上的竞争力，这些公司越来越多地把直接的生产制造基地转移到劳动力成本相对较低的新兴工业国家和地区，以及经济增长较快的发展中国家。1970～1990 年，美国公司利润的增长对海外经营的依赖度从 9.9% 提高至 19.7%。与此同时，服装、鞋帽、玩具、家用电器等大量来自东南亚和拉美国家的廉价日用生活品进入美国市场，这些产品所包含的低廉劳动成本加上运输成本，就成为影响美国低收入劳动力市场工资的影子价格。根据美国劳工部劳动统计局的统计，1981～1995 年，美国企业雇佣劳动成本的增长率从 9.9% 下降到 2.9%，出现历史最低点。1980～1995 年，美国的公司利润增长了 270%，消费价格增长了 85%，而最低工资只增长了 37%。

1938 年，美国通过《公平劳动标准法》，建立了全国最低劳动工资标准。但是这一标准不是随物价上涨而自动调整的，每次调整都要基于由国会通过的新法令。美国每个小时的最低劳动工资为：1956 年是 1 美元，1981 年增加到 3.35 美元，1990 年增加到 4.25 美元，1996 年增加到 4.70 美元，1997 年 9 月增加到 5.15 美元。但是，由于物价增长得更快，最低工资的实际购买力是下降的。1997 年，一个整时工一年的最低工资是 10482 美元，其实际购买力比 1968 年的最低工资下降 33%。换句话说，用 1996 年10 月的美元价格计算，每小时最低工资购买力在 1968 年是 7.58 美元，在1997 年是 5.02 美元。

3. 对企业放松控制降低了对就业和工资的保护水平

从 20 世纪 70 年代以来，美国开始实行对企业放松控制的政策。主要内容是取消或者减少某些具有垄断性质的行业的进入壁垒，放松政府对企业利润率、工资、裁员等的控制。在更多的原来由国家控制的领域引入市场竞争机制，使企业承担较低的管理成本和市场成本。特别是从里根政府开始，减少政府的调整和干预成为美国资本主义社会的一种突出的特征。在这一背景下，对受雇者特别是低收入受雇者在就业和工资方面的保护被削弱了。

劳动收入水平在贫困线以下的人越来越多。与中产阶级的概念不同，美国的贫困人口具有确切的定义和可以用美元表示的官方标准。如在1989年，一个3口之家的年货币收入若低于9893美元，则这个家庭就是贫困家庭；一个4口之家的年货币收入若低于12674美元，则这个家庭就是贫困家庭。这个标准根据通货膨胀率每年都进行调整，但从购买力角度来看是不变的。自1970年以来，美国的贫困人口占总人口的比重一直在12%~15%，但是，工资收入在贫困线以下的人数在增长。1973年，有23.5%的劳动者只能挣到贫困线水平的工资；1995年，这一比重接近30%。

随着劳动者收入差距的拉大，最低工资与平均工资的差距也拉大了。1968年，最低工资是平均工资的56%；1996年，最低工资是平均工资的40%。

4. 工会力量的衰落使对工人罢工的制衡能力减弱

工会运动一向是社会和收入不平等的制衡力量。从历史上看，与欧洲的工业化国家相比，美国工会在影响政府政策方面的力量是比较薄弱的。一方面，美国产业结构的变化使产业工人的数量减少了，也就是说，作为工会的阶级基础的劳动群体在整个就业人口中的比例下降了；另一方面，雇主在政府的支持下对工会的态度变得更加强硬，工会对雇主的制衡能力和谈判能力都被削弱了。特别是20世纪80年代里根执政伊始，面对航空运输管理人员的大罢工，雇主采取强硬手段，解雇1万名罢工人员。这对工会运动造成沉重打击，也成为在罢工运动中雇主对罢工工人采取严厉措施的范例，从此，工会运动走向衰落。

事实上，从20世纪50年代初以来，美国工会的力量就处于衰落的状态。20世纪70年代以来，这种衰落的状况进一步加剧。第二次世界大战后的一个时期是美国工会力量最强大的时期。1930~1945年，美国工会会员数占非农劳动者总数的比重从11%上升到35%，达到顶点，但从20世纪50年代初开始下降，工会会员数量占全部劳动力数量的比重持续下降。1955年是34.7%，1970年是27.4%，1985年是19%，1992年已不到16%，1996年是14.5%，达到二战后的最低点。美国工会力量的衰落主要体现在私有领域。1953~1996年，私有领域工会会员数量占该领域劳动者数量的比重从35.7%大幅下降到10.2%。在公共部门，工会会员在1974年以前是增加的，尤其在1962~1974年增加得最快，占比从约11%增加到39.6%，此后，虽然呈现下降趋势，但下降速度比较缓慢，1996 年为 37.7%。

由于美国劳动者中工会会员所占比重下降，罢工作为美国工人增加工资和福利的传统武器受到破坏，罢工的次数明显减少了。1980 年以后，罢工次数下降得更快，美国工人在 1970 年罢工 381 次，在 1975 年罢工 235 次，在 1980 年罢工 187 次，在 1985 年罢工 54 次，在 1990 年罢工 44 次，在 1995 年罢工 31 次，在 1996 年罢工 37 次。

在工会会员数量所占比重历来较高的美国制造业，工人的工资和就业受到明显的影响。一项对 1987～1992 年美国制造业 560 万名失业 3 年以上的工人的调查显示，他们中只有 25% 的人找到了具有同样工资或更高工资的工作，23% 的人只能找具有更低工资的工作，36% 的人仍然处于失业状态，8% 的人只能找到非全日制的零工，剩下的从事自我雇佣等方面的工作。

造成近几年美国工会力量快速衰落的直接因素可能还有国际竞争的加强，其使美国企业主通过降低劳动成本来增加利润的欲望更加强烈。同时，在经济全球化的趋势下，他们更容易通过转移生产基地来雇用发展中国家的廉价劳动力；另外，传统上，美国的雇主历来就把工会视为斗争的对手，而不是视为工人利益的正式代表和集体谈判时的对话者。

5. 政府财税和福利政策的变动削弱了再分配能力

自 20 世纪 70 年代末以来，美国的财税和福利政策发生了很大的变化。这种变化的发生可能基于两个重要的因素。一是西欧和北欧的资本主义福利国家的发展情况。由于社会保障和福利负担过重，这些国家的财政出现很大的困难，经济增长缓慢，失业现象严重，社会矛盾加剧。这种状况使西方学术界对第二次世界大战以来西方社会转向的福利体制产生一些根本性的疑问，也使美国自由保守派的政策在舆论界和学术界都很有市场。二是美国政府的财政赤字和联邦债务压力过大。1989～1992 年，美国政府的财政赤字从 1525 亿美元上升到 2900 亿美元。1981～1996 年，美国的联邦债务从 10950 亿美元增至 51800 亿美元。

近十几年来，在两党轮番执政的过程中，美国实际上有了一个基本的政策调整方向，就是扩大税基、降低税率、压缩政府开支和在福利领域进行市场化改革。在里根、老布什执政期间，由于推行和坚持"星球大战"计划，国防、军事及研究经费大量增加，财政赤字不但没有减少反而迅速增加。从 1992 年起，美国财政赤字才开始下降。1992～1996 年，美国联邦政府的财政赤字从 2900 亿美元下降到 1070 亿美元，但政府财政开支被压缩。这涉及很多方面，如医疗资助、职业培训、公共交通、义务教育、食品和住房发展计划等。

1977 年以来，美国的税法进行了一系列的调整。如巨富税的最高边际税率在 1980 年是 68.8%，到 1988 年下降到 28%，在 1996 年又恢复到 39.6%。税法的变动主要使高收入阶层获益，中等收入阶层的税收收入反而有所增加。如 1996 年，由于税法的变动，1% 最高收入户的税收平均减少了 48211 美元，而 20% 中下、中等和中上收入户的税收分别增加了 150 美元、314 美元、429 美元（见表 2-9）。

表 2-9 1996 年美国各家庭收入组的收入税增减情况

单位：美元

家庭收入组	1996 年税前平均收入	1996 年税收平均增减 （由于 1977 年以来实施的税法变化）
1% 最高收入户	651300	−48211
4% 次高收入户	151570	−512
15% 第 3 高收入户	65900	+768
20% 中上收入户	53020	+429
20% 中等收入户	35540	+314
20% 中下收入户	21580	+150
20% 低收入户	8670	−347

注：表中"＋""−"分别表示增加、减少。

资料来源："Average Tax Changes Since 1977 by Family Income Group," *Citizens for Tax Justice*, March 1996。

若干年来，美国实行新的福利改革法案，压缩了几百亿美元的福利支出。这项福利改革的主旨是市场机制被引入公共福利事业领域，这实际上是在公共福利事业领域推行私有化。公共福利事业属于公共服务领域，以前是基于社会需要、政府财力、社会服务能力和政策取向来组织的，而不是基于价格和利润组织的。美国福利改革法案的制定者认为，要想保证福利的质量和效率就必须降低福利的成本；降低福利的成本就要在福利领域导入市场竞争机制，也就是说，要把一部分福利组织转化成自负盈亏的具有私人企业性质的部门。但这无疑会明显地影响到中层和低层收入家庭的利益。

美国的信息技术的迅速发展和经济全球化的发展趋势，很可能是美国经济实现较快增长的重要原因。目前还难以断言中产阶级规模的缩小和贫富两极分化加剧是新条件下的过渡现象还是长久的趋势。虽然产业结构和职业结构的变动使蓝领产业工人所占比重快速下降，工会力量随之衰落，但贫富差距的扩大肯定会威胁社会稳定，特别是在中产阶级人员跌入下层并集聚起越来越多的不满情绪时，这很可能会成为社会冲突的爆发点。在新的就业机会相对较多的经济增长时期，这种社会冲突可能会被掩盖或有所缓解，一旦出现经济衰退和高失业的状况，中产阶级中地位下降的人可能成为导致社会结构重组和力量发生变化的新的因素。不过，目前，美国多数学者普遍认为，中产阶级的分化和贫富差距的扩大是信息技术冲击下产业结构和企业组织结构迅速转变必然需要付出的代价。这也是为了适应经济全球化和更加激烈的国际竞争所做出的反应。美国社会结构所具有的弹性可以缓解由此产生的副作用，长期经济繁荣使所有美国人最终分享到经济增长的成果。不管这种看法的解释力是否可靠，值得高度关注的是，在发达资本主义世界，近几年来，美国与欧洲高福利发达国家的发展差距的确明显扩大了，而且扩大的速度似乎还在加快。在全部资源配置越发全球化的情况下，对资源和财富占有的差距在国家与国家之间开始出现。

作为世界上最发达的市场经济国家，私人经济在美国经济中占支配地位，各经济主体主要根据市场的变动进行决策，市场机制是经济的主导调节机制。相应地，美国选择的也是市场导向型的收入分配制度。市场的资源配置机制能刺激效率，但也会拉大收入差距。因此，需要政府调节收入分配，以实现全社会收入均等化。美国调节社会分配的制度主要体现在以下三个方面。

一是建立较为合理和完善的税收制度，加强对高收入阶层的税收征管，以确保社会分配公平。美国采用个人所得税累进税率，并采取少收入少缴税、多收入多缴税的原则，可以通过征税将富人的收入再分配给穷人。美国的社会福利资金主要来自联邦社会安全保险税和各州的伤残保险税，由个人及雇主按月缴纳。每个人在有能力工作时缴纳税款，等到退休或者遭遇伤残风险时，可根据纳税额享受相应额度的社会安全福利救济。

二是通过社会保障制度扶持社会弱势群体，向他们提供基本的收入、医疗、住房等福利。美国的社会保障体系由社会保险、社会救济和社会福利三个部分组成。具体包括提供失业救助、社会安全福利金、退休金、医疗服务、残疾保险、住房补贴、低收入家庭子女津贴和学生营养补助等。这些制度的覆盖面涉及生老病死、伤残退休、教育就业等，被称为是"从摇篮到坟墓"的保障制度，这些制度可以为退休的老年人和残疾人提供有力的生活保障。此外，美国还采取福利计划制度、社会保险制度和失业补偿制度三项再分配制度。

三是教会和各类慈善团体在救助社会弱势群体方面起到了对政府救济进行补充的作用。由于政府通过税收减免等政策来鼓励富人捐献，因此美国的社会慈善事业比较发达，慈善捐赠也很普遍。这对救济低收入人群和稳定社会起到了一定的作用。

第三章　英国收入分配制度和社会结构

第一节　英国收入分配制度的演变

一　1760～1840 年第一次工业革命时期英国的收入分配

1. 保险的发展和改革

英国是世界上第一个工业化国家，首先出现了工业化带来的诸如就业、贫困救济、疾病和国民健康等社会问题，在政府保障方面一直走在西方国家的前列。英国的社会保障制度在 1601 年伊丽莎白女王为解决圈地运动产生的流民问题的《济贫法》颁布之后便开始发展。随后，1802 年通过的《学徒健康道德立法》和 1911 年通过的《国民保险法》《健康保险法》都推动了英国医疗保险的发展。

按照英国资深养老金问题专家克里斯·莱文（Chris Lewin）的分析，英国养老保险制度早在 1269 年国王亨利三世授予年老体弱的仆人威廉每天 4 便士的养老金便已开始萌芽了。1590 年，英国建立的覆盖皇家海军成员的查塔姆基金是英国历史上第一个积累型职业养老金计划。17～18 世纪，退休职业年金给付对象已经扩展到其他公共服务部门。19 世纪，养老金给付已经覆盖整个民事服务部门，后来又扩展至新成立的铁路公司的雇员①。

1834 年，英国颁布了新《济贫法》，对《济贫法》存在的问题进行了分析和批评，并进一步承认社会救济是公民应该享有的合法权利。新《济贫法》通过法律的形式将早期的社会保障活动固定了下来，是社会保障由非制度化向制度化发展的一个过渡，但由于其具有非制度性，这时是社会

---

① 邱艳娟、李亦珠：《浅析英国养老保险制度发展史》，《劳动保障世界》2013 年第 16 期，第 27 页。

保障发展进程中的初级阶段。漫长的《济贫法》时代是英国养老保险制度缓慢萌芽的时期。

2. 土地分配的发展和改革

土地是封建社会的根基，相较于其他法律部门来说，英国《土地法》出现的时间更早一些。恰恰因为《土地法》过早地出现与完善，它显得陈旧和不合时宜，所以，到了19世纪，英国的《土地法》依然较为明显地带有封建色彩。英国《土地法》的这种落后性在18世纪末期就已经开始被抨击。而且当时的立法机关对改革的漠然和不作为也招致人们的不满，人们希望政府能采取积极有效的措施改革古老陈旧的《土地法》。

1828年2月，亨利·布拉姆在英国议会下院发表了长篇演讲，主张对英国的《土地法》进行系统的改革，建议对和解诉讼和共谋拟诉制度进行改革，存在于地方的土地保有制习惯应当被废除，家族授产中的信托制度也要被废除，简化财产处分中的技术术语等。在这种情况下，议会成立了由8人组成的"不动产委员会"，对《土地法》存在的问题进行调查并提交改革建议，英国《土地法》的改革也就这样开始了①。

1832年以前，地主贵族一直在议会占绝对多数。在很大程度上，18世纪的英国是由大地主统治的，议会和政府仍然掌握在土地贵族的手中。1832年，英国进行了第一次议会改革，英国的选民数从之前的48.8万人增至80.8万人，从占人口总数的大约2%增至3.3%。中等阶级中的多数人获得了选举权，成了"有权的"阶级，不过，实际上，他们并不"掌权"。

圈地运动一直持续到19世纪后期。1870年，大规模的圈地运动才停止。所以，这次土地权利模式变革和重新分配持续了一个多世纪。至此，英国的敞田和公地基本消失了。与16世纪相比，这场圈地运动的规模、影响范围都让人印象深刻。特别是在议会的支持和主导下，几乎全英国的土地都要按照"圈地法令"进行改造。

据统计，1760~1800年，议会颁布了近2000项圈地法令。1800~1810年又颁布了近1000项旨在"分割、分配和围圈"的法令。一些地方的圈地运动并没有按照议会的程序进行，而是通过协商购买或在租期届满时合并农庄而完成的。18世纪的圈地运动使英国的土地制度彻底改变了，曾经延

---

① 高涛：《19世纪至20世纪初英国土地法改革》，天津师范大学硕士学位论文，2013，第16页。

续了多个世纪的敞田制度和公地共用权利终于"拉下帷幕"，这为完整的土地私有产权、充分自由的土地权让出舞台。

3. 劳资关系的发展和改革

19 世纪以前的大部分时间里，资产阶级雇主在劳资关系中占据绝对优势，劳资关系不平等，工人阶级在政治上和经济上受到压制，地位低下，生活状况差。这一时期的英国政府不愿对劳资关系进行直接的干预和调节。这个时期政府的劳资观基本上属于"集体的自由放任主义"。作为世界上工会运动产生最早的国家，英国的集体谈判早在 19 世纪中期就开始被劳资双方积极运用。这一时期，英国工厂规模迅速扩大，工人数量快速增加，工会会员从过去的熟练工人扩展到半熟练和非熟练工人。为了便于在工资、工作条件等方面达成协议，以和平方式解决纠纷，实现劳动关系的稳定，劳资间个体的、小范围的谈判逐渐上升为整个行业、区域水平的集体谈判①。

4. 税收的发展和改革

税收调节措施是指税收在国民收入分配过程中，对个人收入的形成、分配、使用及财富积累与转让等实施全面调节的措施。税收调节有直接调节和间接调节之分，属于直接调节的税种有所得税与财产税，属于间接调节的税种有商品税。在所得税中，由于个人所得税从根本上体现了对高收入者多课税、对低收入者少课税或者不课税的量能课税原则，因而能有效地缩小收入分配差距，达到调节收入分配差距的目的。社会保障税也可以对收入分配差距进行调控。在财产税中，房产税、车船税、遗产税（或继承税）和赠予税都具有重要的调节收入分配差距的功能，但遗产税（或继承税）和赠予税实行累进税率，规定了必要的扣除额，对获得遗产或赠予财产多者多征税、对获得遗产或赠予财产少者少征税或者不征税，因而对收入分配差距无疑更具调控功能。在商品税中，增值税是相对中性的，通常不具有调控收入分配差距的功能；而对某些特殊消费品或消费行为课税，一般能起到调控收入分配差距的作用。英国于 1799 年开征个人所得税，是最早开征个人所得税的国家。开征个人所得税的直接原因是英法战争给英国带来巨大的财政压力，因而，其也被称为战争税。在以后的几十年中，

①　曹婉莉：《19 世纪末 20 世纪初英国劳资关系转变与工人阶级福利》，《辽宁医学院学报》（社会科学版）2011 年第 2 期，第 120 页。

个人所得税多次随着战争结束而被废止，又随着战争的爆发而重新开征。1874 年，个人所得税终于成为英国一个稳定的税种，并进行了大幅度的减免，个人所得税的最高边际税率由过去的 83% 降为 40%。

二　1840~1900 年鼎盛时期英国的收入分配

1. 工资的发展和改革

（1）教师工资

英国中小学教师绩效工资制自 19 世纪 60 年代提出至今经历了多次改革，如今，已形成较为完备的体系。通过中小学教师绩效工资制度，英国评选出了一大批具有优秀教学品质的教师，提高了中小学的教学水平和质量，促进了教育的均衡发展。英国中小学教师绩效工资制最早由下议院于 1861 年提出，当时，一些议员指出，如果教师没有取得进步，实施绩效工资制度，政府就可以缩减教育经费，但政策指导理念的失误导致该政策的实施效果并不好，也没有存续很长时间，于 1898 年被取消①。

（2）公务员工资

英国是世界上最早实行公务员制度的国家。1870 年，英国正式确立了现代文官制度，之后经过 100 多年的改革和完善，形成了一套独具特点的公务员制度。由于历史的沉积和传统文化的影响，公务员制度和工资制度十分注重个人"品位"因素的作用，并且带有明显的等级色彩，贵族化气息浓厚。英国的政务官、事务官、高级行政人员、执行级行政人员、文书级行政人员和助理级行政人员分别执行不同的工资制度和工资标准；各类专业技术人员也有各自的工资制度和工资标准。上述人员在本等级内晋升职务和提高工资较为容易，但要突破各自的等级界限是十分困难的。各层次公务员之间的纵向晋升基本上被阻断，尤其是专业技术人员晋升高级行政职务几乎不可能。这是英国传统文官制度的主要特色。

（3）农民工资

18 世纪以来，英国一直是自由党（前身辉格党）与保守党（前身托利党）轮流执政。但是，自由党从 19 世纪 80 年代开始走向衰落。1885~1905

---

① 毕妍、齐海涵：《英国教师绩效工资制：缘起、特点及启示》，《现代教育管理》2012 年第 1 期，第 124 页。

年中除了 1892~1895 年外的其他十几年里，英国几乎都由保守党执政。由于采取了一些吸引工人的政策，自由党在 1906 年的下院选举中获得多数席位而重新上台执政，不过，这是自由党政治上的"回光返照"，因为自由党的地位是不牢固的，保守党势力依然强大，工党正在崛起。

19 世纪 80 年代，自由党仍然控制制造业地区，因此，被称为"城市政党"。而保守党控制了大部分的农村选区，以及郊区、海边旅游胜地和南部英格兰有大教堂的城市，因此，被称作"农村政党"。1884~1885 年，英国的城市选举权扩大到郡，改变了英格兰地区的席位分配局面。1885~1910 年，英格兰一共有 456 个席位，其中，农业席位为 111 个。农业就业人口在 1881~1911 年减少了近 50 万人，到 1911 年约为 100 万人，其中，农业工人的数量为 65.6337 万人，其余为农场主及其亲戚，因此，农业工人是郡选民的主体。由于英格兰各郡是保守党的势力范围，人们普遍认为农业工人会投票给保守党，几乎所有的政治家都认为英格兰诸郡的选举结果将由农业工人的选票决定①。

这个问题也引起自由党领导人的高度重视，他们从 19 世纪 80 年代中期开始就采取措施以赢得农业工人的选票，尤其是在 1885 年和 1906 年分别实行了小公地（以 1~5 英亩出租的副业生产地）和小持有地（以 1~50 英亩出售的小片耕地）政策后，自由党在这两年先后获得了 54 个和 74 个农业席位。因此，自由党在英格兰农村赢得选票的成功，大体上归功于新获得选举权的农业工人的选票是有道理的。

这两次成功的尝试似乎证明只要保持"庄稼汉"对自由党的感恩，那么自由党就能取得比较满意的选举结果。这种情况激起了劳合·乔治制定新政策的冲动。他的办法是确立农业工人最低工资制度，他确实抓住了农业工人问题的实质。低工资被认为是造成工人住房简陋、健康状况差及童工等问题的主要原因。

19 世纪末，农业工人低工资是一个不争的事实。根据英国著名社会学家查尔斯·布思（Charles Booth）提出的"贫困线"概念，按照当时英国的生活标准，一个有着一对夫妇、三个子女的 5 口之家每周总收入（包括货

---

① 王中文：《劳合·乔治与英国农业工人最低工资制度的确立》，《湖北社会科学》2008 年第 1 期，第 130~131 页。

币工资、各种形式的津贴）为 18 ~ 21 先令，这是最低收入水平，低于这个水平就不可能提供健康生存下去的食物。他在 1892 年对伦敦的调查中发现，有 30.7% 的人处于贫困线之下，更不用说农业工人的生活状况了。1889 ~ 1893 年，青年自由党人赫伯特·塞缪尔（Herbert Samuel）对牛津郡附近的大穆勒顿村庄进行研究，发现农业工人得到不足温饱的工资——平均周工资为 9 ~ 10 先令。

农业工人工资增长得非常缓慢，19 世纪 70 年代初的"田间暴动"就反映了这种状况。19 世纪 90 年代中期，国外农业丰收与英国国内奇特恶劣的天气交织在一起，严重损害了英国某些地区的农业，农场主不得不削减工人工资和缩短要支付工资的周期，尤其是在 1894 ~ 1895 年的严冬，更多的工人接受救济。即使在后来的正常情况下，货币工资的增长速度仍落后于物价涨幅。在 1898 年，农业工资总体水平较高的英格兰北部和西北部地区每周的货币工资为 16 先令 11 便士，到 1910 年增加到 18 先令。在萨福克郡，这两个年份的每周的货币工资分别为 10 先令和 12 先令 9 便士。1907 年，食物零售价格指数比普通农业工人的货币工资的指数高出 4 个百分点。1912 年，两者的指数分别为 116.3 和 104.9。因此，总体上看，60% 的普通农业工人的收入在 1907 年以后就减少了。

2. 保险的发展和改革

19 世纪末，英国的老年人口问题越来越严重，社会各界开始要求政府推行有效的措施缓解老年人口问题并提出多种改革方案，其中最著名的是 1878 年布莱克利的方案、1891 年约瑟夫—张伯伦的方案以及 1891 年查理斯·布斯的方案。其中，布莱克利的方案和约瑟夫—张伯伦的方案属于缴费养老金方案，查理斯·布斯的方案为免费养老金方案。三种方案提出后，英国社会各界针对是否缴纳、领取养老金进行了激烈的争论。最终，以"实行免费养老金制度"为竞选口号而赢得选举的自由党于 1908 年 8 月 1 日正式批准养老金法案。自此开始，英国正式建立了国家养老金制度[①]。

3. 土地制度的发展和改革

19 世纪中期，社会舆论不满改革的进度，要求进一步对《土地法》进

---

① 邱艳娟、李亦珠：《浅析英国养老保险制度发展史》，《劳动保障世界》2013 年第 16 期，第 27 页。

行改革。较之以前，这时候把强调土地的自由转让性作为重要的改革主张。一个要求"自由的土地"的运动由科布登和布莱特所领导。1864年，科布登明确指出："我必须得承担起亚当·斯密的责任……并且，我认为应当建立一个争取土地自由贸易的联盟，正如我建立的谷物自由贸易联盟一样……如果你能够实现土地和劳动力的自由贸易……那么，我可以说，你对英格兰所做的贡献，恐怕比我通过进行谷物自由贸易所做的贡献更大。"他建议取消长子继承制，限定继承地产制和家族授产制也要被废除，还要简化土地转让形式。

19世纪70年代，宣传要进行土地自由贸易的是以张伯伦为首的激进派。"我认为应当将土地从所有的束缚下解放出来，这些束缚抑制了土地产出的最大化。我赞成通过一切手段实现土地的自由买卖和转让。我认为应当进行四个方面的重大改革。首先，应当废除荒谬的长子继承制……应当废除土地限定继承的法律，因为它为假想中的不到150个家族的利益，束缚了全国半数以上的土地……应当改革圈占公用土地的法律，根据人民大众的需要确保某些残存的土地不被圈占……最后，我认为应当保障所有的土地承租人的权益，使他们获取充分改良土地的权益。"19世纪初期，大部分政治家和社会人士提出改革《土地法》，律师很少有这种想法。但是到了19世纪中后期，在倡导进行《土地法》改革的人中出现了很多律师，他们认为需要对土地保有权的适用规则进行简化，特别是要消除公簿保有制和自由保有制的差别，而且限制土地在家族以外流转的家族授产制也要一并废除。为了改革复杂的《土地法》，律师起到了很大的作用。另外，英国政府打算颁布法令以把具有封建性的公簿保有制废除，这样的话，土地流转就会更加便利。所以说，这一时期的改革是将《土地法》中与现代经济不相符合的内容去掉，使《土地法》更好地适应英国近现代的经济和社会的发展变化。

4. 劳资关系的发展和改革

19世纪中后叶，新自由主义思潮破土而出，开始强调进行适度的国家干预。受此影响，政府逐渐介入劳资冲突：一方面认可工会的合法地位，促成劳资双方通过集体谈判解决争端；另一方面通过颁布一系列劳资政策、推进相关社会改革，清除劳资冲突所滋生的土壤。同时，政府还通过进行几次议会改革，满足了工人阶级对于政治权利的诉求，这大大改变了工人阶级的弱势地位，对于劳资关系的缓和起到了促进作用①。

1875 年，议会通过《雇主与雇工法》，其取代了之前的《主仆法》，把工人和雇主的关系明确为雇佣关系，而不是带有歧视色彩的主仆关系。在劳资纠纷中，工人如违反契约不应再受到刑事监禁，而只能交由民事法庭处理。工人终于取得了在法律上与雇主平等的地位。同年，英国颁布的《密谋与财产保护法》废除了劳资纠纷中的阴谋原则，规定任何两个人以上以协定或是结社的方式引起的工人与雇主之间的纠纷，嫌疑人不能被指控犯有阴谋罪。如果同一种行为由工人实施为合法的话，那么由工会实施不能被认定为非法。该法重申了工人结社的权利和工会及其罢工的合法性②。

1898 年，英国工程业雇主和工会签订全国性集体协议，协议承认工会在集体谈判中的作用，确定了集体谈判的内容，制定了避免争端的程序。这个协议成为英国劳动关系史上最著名的协议，也是英国集体谈判历史上涉及范围最广泛的协议。

三 1900~1945 年世界大战时期英国的收入分配

1. 工资的发展和改革

（1）教师工资

基于 1944 年《教育法》建立的英国中小学教师工资仲裁机构——伯恩汉委员会确定了工资方案并报送上级，其经审批后实施，英国中小学教师的工资水平主要由伯恩汉委员会确定。当时的英国中小学教师工资制度把晋级和加薪紧密结合在一起，激励教师奋发上进。此外，教师还享受各种形式的津贴，目的在于鼓励在职教师进修。

（2）农民工资

英国最早的工资法规是 1909 年的《劳资协商会法令》，目的是提高女帽和木箱行业女工的工资水平。1912 年，《煤矿最低限度工资规定》规定了煤矿工人的最低工资水平。而英国农业工人最低工资法规——《英国农业工资条例》直到 1924 年才出台。

---

① 刘金源：《对抗与合作：近代英国劳资关系的演进》，《光明日报》2013 年 9 月 12 日第 11 版。

② 曹婉莉：《19 世纪末 20 世纪初英国劳资关系转变与工人阶级福利》，《辽宁医学院学报》（社会科学版）2011 年第 2 期，第 121 页。

农业工人是弱势群体，不像工业工人那样有强大的工会保护。19世纪70年代的农业萧条和农业工人数量减少导致农业工会衰退，贸易部劳工司在1900年只找到两个农业工人工会，各有会员数十人；一些农业工人分布在普通工会中。虽然农业工会会员从1911年的7000人上升到1914年的3.2万人，但仍然不到全体农业工人的5%。可见，农业工人工会力量相当薄弱，对于解决工资增速落后于物价上涨速度以及工资增速问题的直接影响是微不足道的。因此，劳合·乔治觉得自由党政府应该主动采取措施，帮助农业工人建立最低工资制度以争取农业工人的选票①。

1913年8月，自由党农村土地调查报告出台，报告使用1901年的普查数据和1907年劳资协商会的工资统计数据，经计算得出，60%的农业工人每周60小时的工作收入不足18先令。劳合·乔治把该报告作为建立最低工资制度的依据，然而低工资的事实使自由党十分尴尬。因为它是执政党，除非它制订提高工资的合理计划，否则就将对可怕的贫困状况难辞其咎。

商务大臣丘吉尔对最低工资非常热情。他在1914年10月18日宣布了最低工资政策。自由党帝国主义派领袖格雷爵士也赞成最低工资政策。著名的新自由主义思想家霍布森还撰文论述了急需确定农村最低工资的观点。那些身为自由党人的农场主领袖取消了对最低工资的反对。当然，有些自由党人担心最低工资将导致农业工人被解雇以及更多的土地变为牧场。

第一次世界大战进行到1916年时，英国在法国战场上进展得不顺利。12月7日，劳合·乔治临危受命，接任阿斯奎斯的首相职务。这一年，英国和北美农业歉收使食品生产成了劳合·乔治政府面临的内政上的最严峻考验。劳合·乔治政府在1917年推行了《谷物生产法案》，保证了小麦和燕麦的价格，并使农业工人拿到了最低工资，大约为每周25先令。一战后，英国农业陷入衰退之中。从1920年下半年起，农产品价格开始下跌。1921年，劳合·乔治政府取消了农产品的保证价格，接着取消了法定最低工资原则。结果是多数农业工人的工资减少，甚至在诺福克这样的高度无工会组织的郡都出现了农业工人罢工。与此同时，在劳合·乔治连续执政5年之后，各政党都开始向往没有劳合·乔治的政治生活。保守党内反对同自由

---

① 王中文：《劳合·乔治与英国农业工人最低工资制度的确立》，《湖北社会科学》2008年第1期，第131页。

党联盟的势力首先发难。1922 年 10 月，自由党退出联合政府，劳合·乔治辞职，保守党组阁。

2. 保险的发展和改革

1906 年，上台执政的自由党宣布接受免费养老金制度原则。1908 年，英国议会正式批准自由党政府制定的《养老金法案》。法案规定，任何 70 岁以上的老人只要符合该法所规定的条件，就可以领取养老金，支付养老金所需的一切费用均来自政府拨款，只要议会批准该款项即可。1908 年的《养老金法案》是 20 世纪初有关英国社会保障制度的第一部重要法案，它使英国建立起免费养老金制度，使一部分老年贫民有了比较有效的养老保障[1]。

英国早期的医疗保险产生于 1911 年制定的《国民保险法》。起初，其仅为产业工人提供有限的通科开业医师和药品服务。1926 年，医疗保险范围扩大到其他阶层及投保人的家属。当时，医疗保险由地方保险委员会负责管理。通科开业医师自愿与地方保险委员会签订合同，其为被保险人提供医疗服务，工资由地方保险委员会支付。到 20 世纪 30 年代末，约有一半人口参加医疗保险，2/3 的通科开业医师与地方保险委员会签订合同[2]。

一战后，执政党保守党为了恢复和发展国民经济，提出了社会重建计划，主要是力求通过进行社会保障制度改革，促进英国经济复苏，最终提高国民生活水平。这项计划的一个重点就是要改革免费养老金制度，以减轻重税负担，从而恢复和发展英国经济。

1923 年，英国成立了社会保险委员会，对英国社会保险相关问题进行调查。1925 年 8 月，英国政府颁布了《寡妇、孤儿和老年人纳款性养老金法案》，该法案的颁布标志着免费养老金制度的结束、缴费养老金制度的确立，实现了在养老金领取上的权责一致，使英国养老保险制度开始具备现代社会保障制度的性质[3]。

1943 年，英国议会通过了著名的《贝弗里奇报告》。该报告描绘了英国社会保障制度发展的宏伟蓝图，极大地促进了英国社会保障制度的发展。

---

[1] 吴慧琼：《英国养老保险制度研究》，武汉科技大学硕士学位论文，2009，第 17 页。

[2] 刘海燕、黎璧莹：《英国的医疗保险制度》，《中国农村卫生事业管理》1992 年第 10 期，第 46 页。

[3] 邱艳娟、李亦珠：《浅析英国养老保险制度发展史》，《劳动保障世界》2013 年第 16 期，第 27 页。

二战前，英国已着手进行社会保障制度的改革。1945 年，英国成立国民保险部，负责管理健康保险制度、养老金制度、失业保险制度及工伤赔偿制度，这标志着英国社会保障制度基本实现了统一管理。

3. 土地制度的发展和改革

20 世纪初，英国社会经济各方面继续发生更为深刻的变革。农业的地位进一步下降，英国的城市化越来越明显。1901 年，3700 万人（占当时英国总人口的 78%）居住在城市和乡镇。这是以前无法想象的。所以，农业的衰落预示着土地贵族在经济上的没落。1909~1912 年，拜德福德公爵将自己一半的领地拍卖，许多地主也跟随他开始出售所有的或大多数土地。1921年，英国 1/4 多的土地被转手。"像这样一场巨大的、突然性的土地流转"在英国上演①。

20 世纪，英国土地关系中存在一个突出问题，即土地兼并现象加剧，土地出现了日益集中化的趋势。同时，土地占有规模日益扩大。由这一时期的经济社会背景可知，土地集中化的成因主要有政府和市场两个层面。其一，就政府层面而言，土地集中的成因在于政府农业政策的导向性影响。考察 20 世纪英国与土地有关的立法可以发现，这一时期英国政府的土地立法、农业补贴和补助制度对土地集中和农场兼并都或多或少地起到了变相的刺激作用。其二，就市场层面而言，土地集中的成因在于市场竞争的有效作用。当然，除了上述政府和市场两个方面的成因之外，土地集中会受到诸如气候变化、经济社会状况、政府建设规划以及政府产业发展等因素的影响。综上所述，20 世纪，英国土地集中化趋势的增强在很大程度上是英国国家垄断资本主义系统干预经济生活，尤其是调整生产关系结构的必然结果。这对之后英国土地制度的变迁走向产生了实质性的影响。

4. 劳资关系的发展和改革

1906 年出台的《劳资纠纷法》确认了工会的豁免权，使工会会员受到法律的充分保护。劳资双方在自愿的基础上进行的集体谈判获得了民法的承认。工会为集体谈判而采取的相关行动可以免于承担民法上的责任。众多法案和法规出台，使劳资关系从雇主具有强势地位逐渐转变为双方具有平等的地位，不仅工人在人格和权利上与雇主平等，作为工人阶级代表的

---

① 高涛：《19 世纪至 20 世纪初英国土地法改革》，天津师范大学硕士学位论文，2013，第 25 页。

工会还可以自由地与雇主阶层进行集体谈判，争取更多的福利。这成为以后工人阶级福利发展的重要促进因素。20世纪初，除了工资和基本的就业条件外，裁减雇员、制定休假时间、工人的健康和安全保障、工作质量评估、纪律、惩罚机制等原本由雇主单方面决定的事项逐渐成为劳资谈判的内容。在法律上和现实经济生活中，工人和雇主的地位已经趋于平等，劳资关系从一方绝对主导变为互相协商。

5. 政府资助的发展和改革

英国确定扶持地区的标准是失业率，把失业率高于全国平均水平的地区确定为需要援助的地区，然后采取各种措施促进对这些地区进行开发。英国政府消除收入的地区差别的办法，是鼓励工人从失业多的地区转移到发达地区。1928年，英国政府为此专门成立了"工业迁移委员会"，资助失业工人到其他地区工作。1938年，20多万名工人得到资助。但这并没有从根本上解决总数超过300万人的失业人员的问题。为此，英国政府在1934年制定了《特别区域法》（又称特区法案），在1937年对该法案进行了修正，开始按照把"工作带给工人"的原则用于解决地区经济发展失衡问题，并将英格兰的西部、东北沿海、西卡伯兰和威尔士南部确定为"特别区"，对这四个失业率高的特别区进行财政援助，援助资金主要用于进行基础设施建设，鼓励厂商到特别区投资。

四 1945~2000年战后重建时期英国的收入分配

1. 工资的发展和改革

（1）教师工资

在经历了20世纪70年代经济低迷之后，民众普遍认为不当的教育标准导致出现糟糕的经济情况。因此，20世纪80~90年代，英国重新掀起了实施教师绩效工资制等一系列教育改革的热潮。然而，由于此次中小学教师绩效工资制的实施缺乏配套资金和实施细则的保证，结果又是不了了之。1997年工党上台执政时，英国教育已陷入危机。为此，工党政府相继推出了一系列教师评价改革措施，最有影响力的是1997年发布的绿皮书——《教师：迎接变革的挑战》。其宣布从中小学阶段开始实施教师绩效工资制度。自此，英国中小学教师绩效工资制度走上了逐步规范化、科学化、合理化的道路[①]。

英国中小学教师工资水平主要根据学历、职称和教龄三个要素确定。而且教师之间等级森严，英国教师的工资级别是按教师职称来划分的。1995年，英国义务教育教师工资发放依据主要有五个因素，即学历、工作水平和工作态度、承担责任的大小、地区、性别（男女教师工资在实际上略有区别）。教师工资一般每年提升一次。教师的工资主要由地方教育局支付。这样，学校的自主权在一定程度上受到政府的限制[②]。

（2）公务员工资

英国公务员虽然有中央政府公务员和地方政府公务员之分，但在工资管理上是统一的，即由人事与管理局和各部门统一管理。工资制度和工资标准由财政部和各部门在与公务员工会、全国惠德利委员会共同协商的基础上统一制定。同时，英国允许地方政府根据当地企业工资水平和人力资源状况，适当地调整公务员工资标准，但调整的幅度必须报中央政府批准，所需经费由地方政府自己筹集。这种工资管理体制实质上是由中央统一管理的体制。这与其他联邦制国家不同。

英国公务员的工资管理机构几经变迁。1968年以前，由财政部主管人事和工资，但实际上财政部只管本部门公务员的工资，各部门公务员的工资由各部门依据所在部门规则自行决定。1968年，英国成立了文官部，公务员的工资改由该部主管。由于收效不大，在1981年英国将文官部改为人事与管理局后，公务员工资移交财政部主管。

在英国，公务员工资的确定和调整是依据集体谈判进行的。一般来讲，由人事与管理局统一管理公务员的工资先由财政部与全国惠德利委员会依据各种调查材料，遵守协商一致的原则，与公务员工会进行谈判确定；各部门管理的公务员的工资决策由各部门依照上述原则，与本部门的公务员工会进行谈判确定。各部门、不同类型公务员工资的职级标准和谈判方式不同，尽管不同部门之间非常注意彼此的有关做法，但就整个公务员工资制度和工资标准而言，各部门均无相同之处，各具特色。英国政府一直力

---

① 毕妍、齐海涵：《英国教师绩效工资制：缘起、特点及启示》，《现代教育管理》2012年第1期，第124页。

② 张园园：《英国义务教育教师绩效工资制度研究综述》，《湖北成人教育学院学报》2009年第6期，第25页。

图建立一套统一的工资制度和工资标准，但成效始终不大，仅有中央行政部门的政务官、一般行政人员、科学官员等是例外。可见，英国公务员的工资不是通过立法程序确定的，而主要是由政府、全国惠德利委员会、公务员工会三方经多次协商确定的，这与美国和日本的情况不同。

英国是不成文法国家，全国没有统一的法律规定公务员的工资。人事与管理局和其他部门依据各自的规则确定公务员的工资，这些规则具有法律效力。财政部针对属于人事与管理局管理的一般职级的公务员制定统一的工资制度和工资标准；各部门针对自己管理的低级办事人员和助理办事人员制定工资制度和工资标准。

为保证中下级公务员的工资水平不落后于工商界工作人员，文官部与全国惠德利委员会商定：凡在 1968 年 1 月 1 日前加薪的公务员，自 1969 年 7 月 1 日起，每年自动加薪 5%；凡在 1968 年 7 月 1 日以前加薪的公务员，每年自动加薪 3.5%。但进入 20 世纪 70 年代之后，英国经济衰退，通货膨胀日趋严重，政府长期采取冻结工资的政策，明确规定公务员工资增长率不得超过 5%~6%，以遏制通货膨胀的发展，从而使英国公务员的工资水平日趋下降，进而大大低于美、日、法、德等国。

由于英国公务员的工资水平低于法、德、美、日等国，政府便采取增加津贴和额外津贴的办法来进行补偿。近年来，津贴占工资收入的比重不断提高，在 20% 以上。

（3）工人工资

1961 年的《欧洲社会宪章》规定，工人有权获得公正的报酬（第 4 条），即工资可以使工人及其家庭获得体面的生活。一个独立的专家委员会制定了最低工资标准，这个标准是有关国家全国平均工资水平的 60%。但直到《1998 年全国最低工资法案》（简称 1998 年法案）实施之前，英国并没有综合性的最低工资保护制度。可见，即使在法治传统悠久且重视人权保障的英国，最低工资制度的法律实践时间也仅仅只有 10 年左右①。

根据 1998 年法案，如果工人符合最低工资制度的条件，那么该工人可以依照合同要求雇主支付最低工资标准和实际工资之间的差额。同时，工

---

① 谢增毅：《英国的最低工资制度：经验与启示》，《中国社会科学院研究生院学报》2008 年第 6 期，第 63 页。

人不仅可以依照 1998 年法案第 17 条主张合同权利以获得救济，也可以以雇主违反 1996 年《雇佣权利法案》中有关"未经授权的工资扣除"中的条款获得救济。该条款规定，雇主不能扣除工人的工资，除非根据法定的条款或者工作合同的相关规定且工人已经事先书面同意扣除工资。不管工人依据合同主张权利，还是根据 1996 年《雇佣权利法案》主张权利，工人是否符合最低工资制度适用条件的举证责任均由雇主承担。违反最低工资保护制度的规定可能导致需要承担刑事责任。拒绝或者故意不支付最低工资、没有保存最低工资记录、保存虚假的记录、出示虚假的记录、故意阻挠执行官员、拒绝或者怠于为执行官员提供信息，构成刑事犯罪的，最高可被处以 5000 英镑的罚款。

1999 年 4 月，英国开始实施最低工资制度，最低工资以小时计算。最低工资制度的实行使很多人受益。1998 年，时任英国贸易与工业部部长的玛格丽特·贝克特（Margaret Beckett）女士在一份报告中指出，最低工资制度的引入使以下人员在工作没有受到负面影响以及没有通货膨胀的情况下，摆脱了贫困：140 万名妇女、超过 130 万名的非全日制工人、约 20 万名年轻工人、约 11 万名家庭办公者、大约 17 万名工作的独居父母以及大约 13 万名少数种族工人。可见，最低工资制度的实施具有重要意义。从 2004 年起，英国开始为年龄不满 18 周岁的工人制定最低工资标准。最低工资标准每年调整一次。

2. 保险的发展和改革

1948 年，英国工党实施了被称作国家卫生服务制度（National Health Service，NHS）的医疗保障制度。英国成为世界上最早实行全民免费医疗保障制度的国家。NHS 实行分级保健制：一级保健称为基础保健，是 NHS 的主体，由通科医生承担；二级保健由地区医院承担，医院归国家所有。该制度根据病人的需求、按照统一的标准，向每个英国居民提供免费的医疗服务，卫生公平性很好①。

英国低效的国有化政策削弱了企业的竞争力和经济发展的动力，加之在 NHS 制度下卫生总费用逐年攀升以及 20 世纪 70 年代初的经济危机，

---

① 王纬、梁嘉骅：《美、英医疗保障制度的生态变迁分析》，《中国医院管理》2007 年第 1 期，第 55 页。

1979 年，保守党成员撒切尔夫人上台后，力推"新自由主义"，对 NHS 制度进行了一些改革。1991 年，政府为抑制不断上涨的医疗费用，对 NHS 制度进行改革，即政府不再直接提供医疗服务，而是站到了医疗服务消费者的立场上。这是在医疗服务提供系统的内部进行的调整，打造了通科医生和医院之间沟通的市场环境，故被称为"内部市场"。保守党梅杰政府开始对 NHS 制度进行实质性改革，即对市场机制进行利用。即便如此，英国免费医疗服务的基本原则至今仍没有改变。

二战结束后，英国采取了一系列措施，全面推进社会保障制度的发展。通过颁布实施《国民保险法》（1946 年）、《国民救助法》及《国民保健法》（1948 年），英国建立起了相对完善的国民保险制度、国民救助制度及国民保健制度。

1946 年，《国民保险法》不仅提高了养老金津贴标准，而且将国家养老金制度纳入整个国民保险制度之中，成为综合性社会保险的组成部分。那些没有加入缴费养老金制度的老年人可以根据 1948 年颁布的《国民救济法》获得救济。这样，英国养老金制度不仅实现了向缴费制度的根本性转变，而且实现了养老金管理体制的转变。同时，养老金制度的覆盖面和津贴标准明显地扩大和提高了。1948 年，英国首相艾德礼率先宣布英国已建成"福利国家"。

在"福利国家"建成后，英国养老保险制度进入快速发展期。1954 年，英国研究养老金的经济与财政问题的人士指出：只有将职业养老金覆盖到所有雇员，才能为养老金领取者提供更加充分的保障。1958 年，英国发表《养老金制度白皮书》，主张建立和实施与收入相联系的养老金制度，并提出养老保险制度的改革目标：①为养老保险制度的健康发展提供财政基础；②向没有参加职业养老金制度的人提供补贴；③促进职业养老金制度发展。1959 年，以新的《国民保险法》颁布为标志，与收入相关的养老金制度开始正式建立。

到 20 世纪 70 年代，英国社会保障制度的发展逐渐陷入困境。此时，由于受到世界性经济危机的影响，英国社会经济发展缓慢甚至出现萧条现象，这也使占大部分社会总支出的社会保障支出的压力剧增，作为社会保障制度主要构成部分的养老保险制度同样面临巨大的考验。从 20 世纪 70 年代开始，英国养老保险制度进入了漫长的改革期。

3. 劳资关系的发展和改革

第二次世界大战后，英国政府致力于进行福利国家建设，凯恩斯的需求管理思想被政府接受，维持尽可能高的就业水平成为政府的经济政策之一。议会通过诸多法案赋予工人就业、进行工资谈判等各种制度和法律化的权利。工党政府对劳资关系在政治、经济和社会发展中的作用有了一个清晰且一贯的认识，明确承认工会和雇主之间的集体谈判是阶级关系的主要调整机制。工党的政策受英国劳资关系中自愿主义传统的影响，主张国家不参与在私营企业中进行的集体谈判，政府给予劳资双方达成协议的自由。集体谈判是资方和工会确定就业条件和就业待遇的过程。这个过程是"集体"的，这是因为工人是以集体的形式参与其中的。谈判过程中有讨价还价的情况，而且通常要签订合同。这个合同被称为集体谈判协议，它规范了作为谈判双方的雇主和雇员的关系。在这一时期，劳资关系立法为集体谈判的发展扫清了障碍。集体谈判被当作"最好的做法"而受到政府的鼓励。只有在集体谈判遇到不可逾越的障碍时，政府才会干预劳资关系，而且这种干预也仅仅作为一种补充手段。一旦集体谈判双方再次要求进行独立谈判，政府就会退出。

1951 年，英国工会会员数量达到 928.9 万人；1978 年，会员数量近1200 万人。1971 年执政的保守党政府颁布《劳动关系法》，希望借用美国的方式来规范集体谈判、工会代表权和罢工行为，这一法案遭到工会的强烈反对，保守党也由于 1974 年对矿工罢工的镇压而在大选中失败。工会的强势力量由于随后执政党工党对这项法案的废除而得以维持。20 世纪 80 年代中期，矿工大罢工失败使工会名声扫地。公共部门私有化后，工会会员几乎无法进入政府。20 世纪 80 年代末，英国工会已不再像往日那样可以对国家政治生活产生举足轻重的影响。工会会员数量大幅减少，由 1979 年近1200 万人减少到 1997 年的 711.7 万人。工会的认可度直线下降。根据对工作场所雇员关系的一系列调查，1980 年，认可工会的工作场所（拥有 25 名雇员以上）的比例为 64%，1998 年，这一比例下降至 42%。

劳动咨询调解仲裁委员会成立于 1974 年，是由政府出资建立的独立的非政府组织，受到贸工部的资助。劳动咨询调解仲裁委员会由 1 名主席领导，管理机构是三方委员会，委员会成员包括 4 名雇主代表、4 名雇员代表、3 名独立代表，他们是从工会成员到学术界各个领域的人士。劳动咨询调解仲裁委员会下设 13 个分支机构，全国大约有 800 名工作人员。劳动咨询调解仲裁委员会将其使命表示为："通过提供独立和中立的服务来防止和解决争议，建立和谐的劳动关系，以促进组织运行和提高运行效率。"劳动咨询调解仲裁委员会的具体工作职责主要有三个方面：预防和解决集体纠纷、处理个人权利纠纷、提供信息和咨询。基于此，其将促进形成良好的合作关系。

1978 年的一次民意测验表明，82% 的成年人相信工会的权力太大了。1978 年冬至 1979 年春，英国公共部门爆发了一系列罢工，这被称作"不满的冬天"，从此公共部门的声誉跌到最低点。1979 年，大众对工会权力越来越持怀疑态度，这一状态成为保守党赢得大选的一个关键因素。

经济全球化和科技革命的深入发展，重塑了资本和劳动之间的权利平衡关系。在劳资双方力量对比发生重大变化的背景下，新执政的工党布莱尔政府在 1998 年劳动关系改革计划中强调，劳动关系调整的目标是构建雇主和员工之间的伙伴关系。1999 年 1 月起草的《雇佣关系法》提出，建立立法程序，使工会得到雇主的承认，由二者进行集体谈判。工党上台后并没有废除保守党执政期间制定的约束工会的劳动法规和政策。布莱尔政府采取增加劳工个人法律权利而不是完善工会集体权利的形式调整劳动关系。对于罢工，布莱尔政府和保守党政府一样，进行严格限制，唯一不同的是，布莱尔政府为那些参加合法劳资行动的人提供了更多的立法保护。

五　2000 年至今英国的收入分配

1. 工资的发展和改革

（1）教师工资

由于财力不足等原因，英国高校的教师工资呈现不断下降的趋势，在 2006 年达到最低点，这引起教师对因采取考评和评估等手段而减缩工资的抵制和不满。改革后将实行单一的教师工资支付标准。所有教师的工作表现共分为五级，可以通过对每所大学不同学科团体中教师工作业绩的抽样评估来确定教师的工资级别。依据工龄以及额外的"贡献"，处于最高级别的教师每年都将增加工资。工资的增加是依据教师的工作业绩确定的。这一新的工资结构通过对教师的工作业绩进行评估而确定，具体阐明教师的职责权限将在最大限度上确保工资支付的公平性和透明度。在国家相关政策方针的指导下，这一工资结构将为高校结合自身的实际情况而确定教师的工资水平提供极大的帮助。同时，这一工资结构引入了市场机制，通过工资补贴的方式吸引部分教师进入一些冷僻的学科领域开展工作，并且正式认可通过支付额外工资来表彰教师业绩的方式①。

英国《卫报》报道，根据年薪调查结果，工资最高的是帝国理工大学的副校长 Rich ard Sykes 爵士，年薪为 3480000 英镑；工资最低的是与佩斯利大学合并前的贝尔学院的校长，年薪为 8755 英镑。调查显示，英国大学教师的平均工资为 41128 英镑；教授的平均工资为 66282 英镑（高于议员的平均工资 61280 英镑）；高级讲师的平均工资为 44916 英镑；普通讲师和高级研究员的平均工资较低，分别为 36489 英镑和 30016 英镑。

英国在中小学教师绩效的评价标准、教师绩效工资实施的细则等方面进行了不断的探索和改革，从 2000 年大范围实施的教师绩效工资制度主要具有以下几个特点。

①具有完善的法律法规依据，各级管理部门的职责分工明确。英国有明确的法律法规体系支持中小学教师绩效工资制度实施。为了使中小学教师绩效工资制在操作中有法可依、有据可查，英国教育部每年都公布一份《学校教师工资与条件法》（以下简称《教师工资法》）。该法是根据"学校教师审议会"（STRB）的建议，在与地方教育当局、教师代表和政党协商之后，对中小学教师的工资和工作条件做出规定。同时，英国教育部发布了一份具体的操作指示，其中涉及地方教育当局必须遵守的相关规定和应负的法律责任。

②实行基于职级的绩效工资制度，体现优劳优酬。英国实行以"职称"为主确定中小学教师工资的制度，教师的职称反映教师的教学水平和工作能力，教师之间的等级分明。英国中小学教师职称由低到高共有 5 个级别，分别为不合格教师、主薪教师、门槛后教师、卓越教师、高技能教师。中央教育行政部门根据经济发展水平和对生活成本的估算，确定英格兰和威尔士（不包括伦敦）、内伦敦地区和外伦敦地区、伦敦周边地区不同的工资数额。其中，内伦敦地区中小学教师工资水平最高，外伦敦地区和伦敦周

---

① 张慧洁：《从价值取向看美、英、日三国高校教师工资制度改革》，《教师教育研究》2009年第 4 期，第 77 页。

边地区次之，英格兰和威尔士（不包括伦敦）最低，比内伦敦地区低20%左右。

③制度设计完善，教师职级评定不受编制限制。英国各职级教师没有编制限制，只要教师提出申请，满足专业标准和工作年限的要求，通过评价就可晋级。更高级别的职称意味着拥有更丰富的专业知识和更高水平的技能、承担更多的岗位职责，同时能够获得与自身能力和职责相匹配的工资。可以说，英国中小学教师绩效工资促使教师不断完善专业知识体系和提升教学水平，不断向更高层次努力。英国设有多种津贴，体现"多劳多得"的宗旨。根据《教师工资法》（2011年）的规定，主要津贴类型有如下几种。一是不合格教师津贴。学校管理委员会在既定的工资预算和教师结构的基础上，可以考虑给那些拥有某种资质或经验，可以为目前所扮演的角色带来额外贡献的不合格教师发放津贴。二是教学责任津贴。在英国，中小学各职级教师都有机会获得教学责任津贴。教学责任津贴共分为两等。1等津贴分为4级，其中内伦敦地区津贴范围为7323~12393英镑/年；2等津贴分为3级，其中内伦敦地区津贴范围为2535~6197英镑/年。对不同工作表现的教师发放教学责任津贴的差额不能低于1500英镑。另外，《教师工资法》规定每年根据经济发展和物价水平的变化，相应地调整津贴的额度。三是执行津贴。教师在被指派执行领导（如校长、副校长、校长助理）任务时可获得津贴，代理时间通常限定在4周内。四是参加校外持续专业发展津贴。设置该项津贴的目的是鼓励教师参加有利于自身专业发展的研讨会、课题研究等活动，由学校管理委员会自行设置该项津贴的奖励办法。五是指导新教师津贴，设置该项津贴的目的是鼓励中小学教师主动加入帮助新教师适应教师角色的行列中[1]。

2001年，Brown Croxson和Adele Atkinson就"绩效门槛"在学校的实施情况这一问题，采访了英国25所中学的领导级教师，结论是"绩效门槛"在各个学校的操作情况各异，被抽取的大多数学校能够为教师提供有关学生进步的绩效信息。这些领导级教师针对外部测评的有效性、时代性各持己见。同时，他们对学校的"绩效门槛"的作用的意见不一，有的认

---

[1] 毕妍、齐海涵：《英国教师绩效工资制：缘起、特点及启示》，《现代教育管理》2012年第1期，第127页。

为好，有的却认为会形成压力或浪费时间。其中大部分教师认为团队的努力对于学生的影响是至关重要的，小部分人意识到"绩效门槛"会有个人主义的弊病。一些教师赞成财力鼓励对教师的良好激励作用；一些教师认为金钱并不能直接激励教师；一些教师认为"绩效门槛"对成功的定义过于狭窄，会产生误导倾向；一些教师则坚信"绩效门槛"所注重的目标会对教学产生积极的影响，清楚地阐述了怎样的教学才是好的[1]。

2002 年出台的《教育法》严格规定了英国义务教育阶段教师绩效工资制度的相关事项。该法首先规定，在 1991 年出台的《工资与条件法》中规定成立的"学校教师审议会"仍将继续运行。该法第 121 条要求"学校教师审议会要与相关机构（即地方教育联合会、地方教育当局、代表学校管理层的组织、代表学校教师的机构）协商并在考虑有关的事宜后再决定教师工资问题"。这就意味着义务教育阶段，教师能够与地方教育当局或者学校管理委员会共同协商，讨论协议中有关工资和工作条件的条款，从而使教师拥有提出意见和建议的机会，进而参与到工资制定的过程中，从而增强教师的认同感，促进英国义务教育阶段教师绩效工资制度顺利推行。

（2）工人工资

英国企业的工资制度比较复杂。企业的工资水平因不同地区、不同行业而异；在同一地区、同一行业中，企业职工的工资根据职工的表现、业绩情况调整，依据企业利润的增减以及劳工市场供求关系的变化而进行调整。大多数企业的职工工资通常由本企业劳资双方通过一年一次的集体谈判决定。最常见的方式是雇主同工会代表一起，就未来一年的工资标准达成协议。国营企业则由政府代表同雇主、工会举行三方工资谈判。政府对私人企业中劳资双方进行的工资谈判采取不干预的态度。

英国企业工资制度具有如下几个特点。第一，工资拉开档次，不搞平均主义。不同行业之间、不同企业之间，以及同一企业不同职工之间的工资水平都有差别。第二，非体力劳动者比体力劳动者的报酬高。第三，男工工资收入比女工多。主要原因是女工平均工作时间比男工短，加班费比男工少。同时，女工较多地集中在工资较低的工种。第四，企业职工平均

---

[1]　张园园：《英国义务教育教师绩效工资制度研究综述》，《湖北成人教育学院学报》2009 年第 6 期，第 25 页。

收入比物价增长得快。第五，伦敦地区工资标准最高。英国不同地区的经济发展不平衡，富裕程度不同，生活费用有多有少，因此，工资标准存在差异。

2. 保险的发展和改革

2003 年，布莱尔政府开始对公司养老制度进行改革，主要针对职业养老金。按照计划，为保护那些因企业破产后没有养老金的人员的利益，政府将对公司强制征税并建立保护性基金。

2005 年，面对越来越严重的养老金支付压力，英国政府开始进行新一轮的养老保险制度改革。一方面，逐步提高退休年龄，规定国家公务人员领取养老金的年龄由原来的 60 岁提高到 65 岁；普通公民则由 65 岁提高至76 岁；对于高收入人群来说，他们能够领取全额退休金的年龄提高至 70岁。此外，英国政府为鼓励公民提高领取养老金的年龄，调整了养老金的支付水平：对于延迟退休的公民，基本养老金水平提高了 29 英镑/周，即由80 英镑/周提高到 109 英镑/周。

2013 年 1 月，英国公布了酝酿已久的新的养老金方案，新方案将之前的分类别养老金统一合并为政府养老金，数额为 144 英镑/周。此外，新方案还提高了公民的缴费年限，由 30 年提高至 35 年。因此，公民如果想要领取全额养老金就必须延长退休年龄，这也是一种变相延长退休年龄的方法。作为最近几十年英国养老保险制度发展过程中规模最大的养老金改革方案，其一经公布就引起广泛的讨论和争议，该方案按预定计划已从 2017 年 4 月起开始实施。

进入 21 世纪以来，英国养老保险制度改革一直在继续，英国先后通过了 2000 年《存托养老金计划管理条例》、2004 年《养老金法案》、2007 年《养老金法案》。2000 年《存托养老金计划管理条例》进一步加强了对存托养老金计划的监管。2004 年《养老金法案》创建了一个新的监管机构——养老金监管局，以替代职业养老金监管局（OPRA），该机构已在 2005 年 4月 6 日正式行使权力，对职业养老金的监管更加有力。2007 年《养老金法案》进一步扩大了国家养老金计划的覆盖面，推迟了 2012 年以后工作人员的退休年龄，旨在帮助更多的弱势群体获得国家养老金，同时通过推迟退休年龄减轻国家的财政负担。

3. 劳资关系的发展和改革

随着 2000 年 6 月《法定认可工会法规》的实施，雇佣组织认可工会的比例明显上升。1997 年 1 月至 1998 年 2 月平均每月达成的工会认可协议数量是 5.8 份。在《法定认可工会法规》实施后，2001 年 10 月，平均每月达成的工会认可协议数量是 39.2 份。根据工会联合会的统计，在这些案例中，94% 是自愿达成的全面认可协议。协议包括对有关工资、工作时间、节假日、员工代表以及因工会事务而缺勤等一系列问题的集体谈判的认可。这一法规的引入促进了双方自愿达成的认可协议的增加。当然，协议的自愿达成不仅是因为对法定认可的引入，还部分归功于工会对发展新会员、争取被认可所进行的多方努力。

在 2005 年大选中，工党为了赢得更多选民的支持，许诺并实施了一些旨在吸引工人选民的政策，其中包括 2004 年《劳资关系法案》。该法案回顾了 1999 年《劳资关系法》，认为 1999 年《劳资关系法》运行良好，但是仍有不少方面需要改进，提出对工会立法进行现代化改革。因此，2004 年《劳资关系法案》将关注的重点放在改善《集体劳工法》和工会的权利上，提出要扩大最低工资在全国的实施范围，增强工会抵制种族主义分子和违背工会政治行为规范者的能力等。当然，工党在保护劳工利益的同时也要兼顾雇主的利益，例如，将职工被解雇后的受保护期从 8 周延长至 12 周，主要目的是预防被解雇的人员采取合法的和有组织的劳工行动进行抗议。

资本主义进行国家劳资关系立法的目的在于确保商品正常流通，消除或减轻由劳资双方矛盾产生的对商业自由流通的重大障碍。根据劳资力量的发展变化，英国各届政府对劳资关系方面的法律进行了修正，实质是为满足资本主义发展的需要而进行协调，从本质上说，这是有利于资本主义发展的。即使国家所进行的活动在客观上可能有利于国内各个阶级进行利益协调，实现目标，但是，这种协调在本质上仍然是为实现资产阶级特殊利益服务的。

由于资本主义社会的基本矛盾依然存在，不同政治势力之间的角逐和较量仍然存在，这就使工党作为"左翼政党"仍然有存在和发展的理由及空间。工党不会完全放弃其历来标榜的社会中下层和弱势群体利益代表的身份。工党政府的任务就是建立一种双赢的范式，在满足资本家需求的同时，防止疏远工人，避免工人和资本家之间发生冲突。因此，工党在要求工会在维护工业生产纪律、约束罢工及减少提高工资水平要求的同时，也要求资本家做出一些让步。工党政府在工会立法、社会福利保障等方面采取一些倾向于工人的政策，吸引工人进行生产与企业的管理，宣扬改良主义和阶级合作主义，使工人放弃阶级意识和政治独立的思想。通过一系列做法调解劳资矛盾，减少经济发展面临的阻力，保证社会安定，为资本主义体系的正常运行创造有利的外部条件。总之，英国各届政府有关劳资关系的立法只是在资本主义体系的既定框架内对这个制度进行逐步改良和"纠偏"，政党履行的是管理资本主义的职能，在这一点上，左翼政党和右翼政党并无本质的区别。

第二节　英国的社会结构

一　基本的社会阶级阶层结构

在目前发达国家政府的标准统计中，人们无法找到按阶级划分的社会分层资料，因此，这使进行定量的阶级分析变得非常困难。不过，西方国家的社会学界历来就具有进行阶级分析的传统。目前，对阶级结构形成的不同解释主要分成两大阶级分析学派。一派是以美国社会学家怀特为代表的西方新马克思主义分析学派。其主要观点是，工人阶级的产生主要是无产阶级化的结果，由于中产阶级的部分人群不断被吸纳进工人阶级，因此在职业结构中任何阶层升迁的趋势都将受到阻碍。他从经验研究中发现，近半个世纪以来，在美国和英国，无产阶级的人数几乎增加到就业人口的一半，中产阶级和资产阶级相对来说是较小的阶级。另一派是以英国社会学家高德索普为代表的、主要受韦伯社会分层理论影响的新韦伯分析学派。其主要观点是，在20世纪的下半叶，职业结构呈现阶层升迁趋势，因为从事体力劳动工作的就业人数减少了，而从事低水平和高水平的非体力劳动的就业人数增加了。换言之，他们在经验研究中的不同发现产生了对这一时期阶级结构形成的不同解释。但是，由于用于学术研究的调查都不是年度性的跟踪调查，这里只能反映他们根据20世纪80年代的调查资料所做出的分析结果。

怀特运用美国密歇根大学调查研究中心于1980年在美国和瑞典进行的

国家范围的电话抽样调查资料，来勾勒他的阶级结构图解。有关英国的资料，则是马歇尔等人在怀特主持的项目下，为了进行比较研究而调查收集的。怀特收集了调查资料中有关雇佣者和自我雇佣者的数据，以区分他们对生产资料中资产的占有情况；他收集了有关决策制定和监工权威的数据，以区分对组织资产的占有情况；他收集了有关职业资格、教育程度和工作自主性方面的数据，以区分对专业技术资产的占有情况。怀特认为，划分阶级的标准是人们对资产的控制情况，这种对特定资产的控制引导人们在交易关系中采取某种策略，而这种策略反过来又决定了市场交易的后果。生产资料的所有者利用他们拥有的财产性资产，而生产资料的非所有者则利用他们在不同程度上拥有的组织资产或技术/专业资产。怀特把全部从业者划分成 12 个阶级，即资本家阶级、小雇主阶级、小资产阶级、专业经理阶级、专业监工阶级、专业非经理阶级、半专业经理阶级、半专业监工阶级、半专业工人阶级、非专业经理阶级、非专业监工阶级和无产阶级。怀特在阶级分析领域享有很高的学术声望。人们一般认为是他首先把经验调查材料植根于马克思主义的逻辑，而不是简单地搬用一些马克思主义的范畴。怀特在分析经验材料时发现，无产阶级是人数最多的阶级，占从业人员的 40%；资本家阶级是人数最少的阶级，占从业人员的 2% 或以下；半专业工人阶级和非专业监工阶级是最靠近无产阶级边缘的两个阶级，前者占有一定的技术/专业资产，后者占有一定的组织资产，这两个边缘性阶级的人数加上无产阶级的人数占从业人数的 60% 左右；生产资料的所有者资本家阶级、小雇主阶级和小资产阶级加在一起的从业人员数量只占全部从业人员数量的 11%~15%[①]。

　　英国牛津大学社会学教授高德索普建立的阶级结构的解释框架具有新韦伯学派的浓重色彩，尽管他本人坚持拒绝给他的理论贴上"韦伯学派"的标签。高德索普在 20 世纪 90 年代建立的关于阶级结构的图解，放弃了他在 80 年代使用的以"霍普—高德索普"命名的注重职业群体和就业地位的社会期望量表。他指出，他的阶级结构图解旨在区分人们在劳动市场和生产单位中的位置，也就是区分人们在就业关系中的位置，其原因是就业关系对于解释人们在阶级结构中的位置是至关重要的。他利用收集到的 20 世纪 70 年代中期和 80 年代初期的调查数据把全部从业者分成 7 个阶级，即服

---

① 李培林：《当今英国社会阶级阶层结构的变化》，《国际经济评论》1998 年第 6 期。

务阶级、日常非体力工作阶级、小资产阶级、农场主阶级、技术工人阶级、非技术工人阶级和农业劳动阶级。他通过对调查资料的分析发现,英国的英格兰和威尔士地区的非体力工作者(包括服务阶级、日常非体力工作阶级和小资产阶级)的数量占全部从业人员数量的比例为42%,而美国则更高,为46%;英国和联邦德国的技术工人阶级的规模非常庞大,分别占33%和37%,美国的非技术工人阶级的人数最多,占26%。应当说明的是,高德索普所使用的"服务阶级"的概念与服务业人员的概念完全不同。它主要包括标准职业分层中的上层职业人员,即大业主、企业经理和行政主管人员以及专业人员。在高德索普的阶级结构图解中,这些人构成了中产阶级的上层。关于英国和美国的阶级结构,高德索普提供了与怀特非常不同的图解。与之形成鲜明对比的是,在高德索普的分析中,中产阶级是规模最庞大的阶级,工人阶级是规模相对较小的阶级;而在怀特的分析中,无产阶级是规模最庞大的阶级,中产阶级是规模相对较小的阶级。他们从相似的经验材料中得出完全不同的分析结论。后来,在7个阶级分层结构的基础上,高德索普把阶级分层扩展到11个阶级,即阶级1(高级专业人员、行政主管和企业经理以及大业主)、阶级2(低级专业人员、行政主管和企业经理以及高级技术员和非体力雇员的监工)、阶级3a(高级日常非体力雇员)、阶级3b(低级日常非体力雇员)、阶级4a(有雇员的小业主和工艺人)、阶级4b(无雇员的小业主和工艺人)、阶级4c(农场主和小农田出租者、其他第一产业自我雇佣工人)、阶级5(低级技术员、体力雇员的监工)、阶级6(技术体力工人)、阶级7a(非农业的半技术和非技术工人)、阶级7b(农业工人和第一产业的其他工人)。

英国牛津大学的社会学教授马歇尔和他的同事利用高德索普的阶级分析框架对英国20世纪80年代的调查数据进行了分析,结果发现,在全部从业人员中,高级专业人员、行政主管和企业经理以及大业主(阶级1)占9.4%,低级专业人员、行政主管和企业经理以及高级技术员和非体力雇员的监工(阶级2)占17.9%,高级日常非体力雇员和低级日常非体力雇员(阶级3a和阶级3b)占19.5%,有雇员的小业主和工艺人,无雇员的小业主和工艺人,农场主和小农田出租者、其他第一产业自我雇佣工人(阶级4a、阶级4b、阶级4c)占8.9%,低级技术员、体力雇员的监工(阶级5)占8.1%,技术体力工人(阶级6)占12.5%,非农业的半技术和非技术工人、农业工人和第一产业的其他工人（阶级 7a 和阶级 7b）占 23.8%。

我们将怀特的阶级结构图解与一般登记的阶级结构进行交互分析，结果显示，资本家阶级、专业经理阶级、专业监工阶级和专业非经理阶级主要集中在中介人员和专业人员中；小雇主阶级、小资产阶级、半专业经理阶级主要集中在中介人员和技术体力工作人员中；半专业工人阶级和非专业监工阶级主要集中在技术体力工作人员中；而无产阶级则主要集中在技术体力工作人员和非技术人员中。这种交互分析也暴露出怀特的阶级结构图解与一般登记的阶级结构缺乏同质性。如生产资料所有者阶级（资本家、小雇主和小资产阶级）在技术体力工作人员中的过高分布、半专业雇员在中介人员中的过高分布等，都显示出其与现实的矛盾。所以，学者们提供的这些阶级结构图解只能是我们了解社会基本阶级决策结构的一种参照，进行深入的了解有赖对一些典型案例进行分析。

二　资本经营阶段成为新的资本控制力量

随着公众股份有限公司成为资本主义发达国家大企业的主要所有制形式，原来主要依赖家庭企业和家族企业而存在的资本家阶级发生了一些重要的变化。首先是资本的占有权、收益权与资本的经营权、管理权发生了某种程度的分离。对企业资本的控制、使用和处置等权力落到了企业经理阶层人员手里。如果把对资本的实际控制作为划分阶级的参照标准，那么可以说出现了一个新的经理资本经营阶层。其次是资本所有者与董事会发生了某种程度的分离。现在大的公众股份有限公司的董事会并不一定由所有拥有较大份额的股东组成，很多董事会成员是原来的政府要员、大企业总裁甚至大学教授。他们是以自己具有的经营经验、制定发展战略的能力、市场竞争的知识或社会交往的协调能力参加董事会的。这样就使资本占有者与企业的实际决策进一步分离，从而产生了一个新的专家资本经营阶层。再次是一些掌握了高新技术或金融技术的青年技术专家，他们依靠拥有的稀缺技术，很快进入高盈利的产业领域或金融经营领域，跨过原始资本积累的周期，在短时期内发达起来，形成一个新的技术资本经营阶层。最后是公众股份有限公司使股权高度分散化。众多的股票持有者已经完全背离了"股东"原有的含义。他们关心的只是股票市场上股票价格的涨落而不是有关企业的实际经营情况。他们实际上不具有企业决策的参与能力，大多数小股东只是在"投票委托书"上签字而根本不参加股东大会。大公司的最大股东往往是各种基金会、保险公司、金融机构和投资公司，实际的控制权也就落到这些机构的法人代表手里，从而发展出来一个新的法人代表资本经营阶层。另外，随着现代企业制度的发展，对企业发展前景真正具有影响的不是企业的"持股者"，而是与企业发展利害相关的大股东、经理、企业员工、银行、销售部门、市场研究部门、顾客等企业"持筹者"。当时的英国工党领袖和首相布莱尔在当选之前的竞选宣传中就高举"持筹者经济、政治和文化"的旗帜。这样，在当代资本主义社会中，除了由原来遗留下来的家族资本家、大量存在的小企业私人资本家和少数控制大财团的金融资本家构成的资本家阶级外，又产生了一个由新的经理资本经营者、专家资本经营者、技术资本经营者和法人代表资本经营者共同组成的资本经营阶级。经理资本经营者、专家资本经营者、技术资本经营者和法人代表资本经营者是交叉概念，现代资本经营者往往具有多种身份，但作为新型资本经营者，他们逐渐成为当代资本主义社会中对资本控制、支配和经营的主体。当然，他们与资本家阶级也有身份上的交叉和职位上的兼任。从人数比重划分，目前，英国资本家阶级大概不超过就业人口的2%，现代资本经营阶级不超过就业人口的8%。

三　中产阶级的变化

一般来说，中产阶级是一个边界比较模糊的概念，有多种不同的定义。从收入水平来看，我们很难确定究竟在收入平均线上下的多大范围内可以确定中产阶级，但有一点是确定的，就是由于中产阶级的分化，英国近十几年来在收入平均线以下的人数不是减少了，而是增加了。根据英国的家庭消费跟踪调查，1979~1995年，英国家庭人均每周收入从208英镑上升到286英镑，但在此期间收入水平在这一平均线以下的家庭成员占总人口的比重从59%升至62%。第二次世界大战以后，和其他西方发达国家一样，英国中产阶级的兴起是一个非常引人关注的现象，它在整个人口中的比重迅速提升，对缓和当时的社会矛盾的确起到了至关重要的作用，中产阶级因此被视为稳定社会和政治的中坚力量。中产阶级占绝大多数被视为现代化国家的重要标志之一。但是，20世纪70年代末以后，英国的收入差距和财富占有差距出现扩大的趋势，如果用英国接近中等收入水平和生活水平的群体来定义中产阶级，那么中产阶级的人数出现萎缩。这主要是由四个原因造成的。一是由信息技术主导的高新技术在产业领域和整个社会领域迅速推广，使各就业部门的技术更新换代速度加快，从而使一部分掌握稀缺高新技术的专业人员得以进入和开发高利润产业，在利润分配中获得更多的份额，他们从中产阶级中分离出来，进入财富分配的上层，另一部分专业人员和中层管理人员，特别是其中已过中年的人员，由于不能很快接受加速更新换代了的知识和技术，从中产阶级跌入财富分配的下层。二是经济全球化趋势，使发达国家中的劳动密集型产业面临发展中国家低成本产品更加激烈的竞争，为了增强竞争力而提供的较低工资成本和加快技术改造的努力，以及把劳动密集型产业迁往发展中国家的做法，使这些部门中一部分原属于中产阶级的人员变成了收入分配和财富分配的下层。三是近20年来英国的经济增长率一直较低，1976~1996年，英国的国内生产总值按可比价格计算平均每年增长 2.1%。这样的增长速度使原来在高增长时期设计的高福利制度受到严峻挑战，很难继续维持，而其为此进行的福利体制改革在很多方面降低了福利标准或减少了福利项目，使一些中产阶级家庭的生活受到影响。各就业部门为了降低社会保险税、福利开支和工资成本所采取的减少雇员的做法，使失业率居高不下，一些中产阶级家庭成员陷入失业的困境。根据经济合作与发展组织对失业的定义，1984~1994年，英国具有国际比较意义的失业率年均为 9.0%，1996年是 7.4%，1997年在6.0%左右，1998年预计为 5.6%。四是英国从20世纪80年代初期开始对原有的国有企业进行私有化，在私有化过程中解雇了大量人员，如我们所调查的英国电信公司是英国第一个实现私有化的国有企业（1983年开始私有化），仅近4年来，它裁减了一半员工，职工总数从24万人裁减到12万人，被裁减的人员按工龄基本上获得每年4周工资的补偿，工龄长的，获得每年6周工资的补偿，养老金照样享受，尽管这在英国已是很高的利益补偿标准，但被裁减的人员（包括属于中产阶级的科室人员和专业人员）中有相当一部分因长期无法重新就业而使生活水平大幅下降。

　　然而，如果按照社会分层来确定，那么尽管有不同的定义，但总的来看，近十几年来，英国的中产阶级规模不是缩小了，而是扩大了。在英国学术界，人们一般认为专业人员和主要由自我雇佣者构成的小资产阶级组成了中产阶级的主体，而与这两个群体相近的企业经理/行政主管和白领工人是否属于中产阶级往往成为争论的焦点。牛津大学的社会学教授高德索普提出的"服务阶级"的概念对英国关于中产阶级的研究的影响很大，被一些学者用作中产阶级上层的替代概念，但这个概念所包含的企业经理/行政主管属于中产阶级还是上层阶级，仍受到质疑。另外，主要由技术工人构成的白领工人属于中产阶级的下层还是工人阶级的上层，也存在很大的争议。但不论学术界怎么争论，1968~1995年，英国就业人员中的企业经理/行政主管、专业人员、职员和技术工人所占比重都有增加的趋势，而半技术工人和非技术工人所占比重则有下降的趋势。如果把专业人员、职员和技术工人作为中产阶级，那么他们在就业人员中的比重从1968年的61.5%上升到1986年的66.2%。如果把专业人员、职员、企业经理/行政主管等非体力劳动者作为中产阶级，那么中产阶级所占比重从1968年的33.5%上升到1997年的65%左右。

四　工人阶级的变化

工人阶级在英国一般是指除去企业经理/行政主管、专业人员和自我雇佣工作者之外的所有工薪劳动者，所以，它实际上既包括从事非技术工作和半技术工作的蓝领工人，也包括从事技术工作的白领工人，还包括有时被划入中产阶级下层的白领职员。随着产业结构和就业结构的巨大变化，英国工人阶级的状况发生了很大的变化。如果按以上对工人阶级的比较宽泛的定义，那么其目前在英国的全部从业人员中占49%左右。英国工人阶级的变化主要有以下几个方面。

首先，产业工人大量减少了，服务业工人大量增加了。1971~1996年，在英国的就业结构中，制造业从业人员所占比重从30.6%下降到18.2%，矿产、能源和供水业从业人员所占比重从9.5%下降到1.1%。曾是英国工业中心的曼彻斯特，也发生了同样的变化，制造业销售额在全部销售额中的比重从20世纪60年代初的70%下降到现在的20%。与此同时，服务业迅速发展，1971~1996年，英国服务业人员占全部就业人员的比重从52.6%上升到75.8%，其中发展较快的是金融保险业和教育、医疗以及其他公共服务机构。

其次，蓝领工人减少了，而白领工人增加了。蓝领工人一般指从事体力工作的工人，而白领工人指从事非体力工作的工人。由于发达国家生产部门的技术和机器设备不断更新换代，自动化水平不断提高，电脑控制逐渐普及，对工人的技术要求开始提高，同时，随着教育水平普遍提高，具备一定的教育水平和进行专业技术训练也成为就业的必要条件。1968~1997年，在英国的全部就业人员中，从事体力工作的蓝领工人所占比重从66.5%下降到34.5%。随着产业部门技术结构的变化，目前，英国的政府部门和学术界都倾向于用技术工人、半技术工人和非技术工人来进行新的工作性质的划分。如果我们用半技术工人和非技术工人来定义蓝领工人，那么，到1996年，蓝领工人占就业人口的20%左右，其中，非技术工人只占就业人口的5%左右。另外，女性工人中的半技术工人和非技术工人的比重都比男性工人高近5个百分点。

再次，在低工资部门工作的工人，工作状况和生活状况有恶化的趋势。20世纪70年代中期，规定工作6个月以上可享受解雇方面的劳动保护。到20世纪90年代中期，规定已改为工作两年以上才能享受解雇方面的劳动保护。1975~1995年，在解雇方面没有劳动岗位保护的雇佣劳动者占就业人员的比重从9%增至30%。因为英国没有制定最低工资标准，所以低工资劳动者的平均工资水平比欧洲其他发达国家要低，人数也多。1976~1996年，英国10%最低工资收入层与最高10%工资收入层的工资收入差距倍数从2.5倍增加到3.5倍；企业老板为了减少工人，压缩雇佣方面所必需的福利支出，往往使工人以加班的形式进行超时工作，1984~1996年，在全日制就业人口中，每周工作48小时以上的人员从275万人增加到近400万人，约占全日制就业人员的1/4，其中，多数是体力劳动者；工业结构的调整和技术快速更新使缺乏技术的工人中的长期失业者所占比重较高，在1996年英国的全部失业人员中，失业1年以上的占38%，失业2年以上的占24%，失业3年以上的占16%。

最后，英国工人阶级中工会会员的比例明显下降了。英国工会具有非常悠久的历史，工业革命时期在曼彻斯特就产生了，过去工人阶级中的工会会员所占比例很高，1979年，工会会员占就业人员的53%，1989年下降到34%，到1996年只占28%左右了。

五　传统的农民阶级已经消失

英国的乡村田园风光和生活情调在欧洲是久负盛名的，从喧闹、拥挤和节奏紧张的城市到乡村去，你会感觉到鲜明的对比：绿色田野中的牛羊、蓝天白云下式样别致的农舍、清新的空气和纯朴的农夫……尽管乡村还存在，农业还存在，农户和农庄还存在，农产品仍供应有余，但农民作为一个传统的阶级早已终结了。1971~1996 年，在英国全部就业人员中，农业从业人员占比从 1.9% 进一步下降到 1.3%。农业从业人员基本上分成三部分：一是占有生产资料、只负责经营的农场主；二是占有生产资料、自己从事大部分劳作的自我雇佣的农业生产者；三是不占有生产资料、被雇佣的农业机械操作者，他们实际上已成为农业工人。经营性农场主的收入和生活水平大体相当于中型企业经理，自我雇佣的农业生产者相当于中产阶级的上层，操作农业机械的农业工人相当于技术工人。如我们在英国调查的一家离伦敦 3 小时车程的农场，一个农场主雇用三个农业机械操作者，这三个农业机械操作者负责 700 多公顷耕地的播种、施肥、收割和粮食储存工作，这全部通过操作各种农业机械来完成。农忙时农场主雇用几个短工。农场主住在附近的镇上，负责农场的经营和农产品的销售，并通过信息网络了解市场行情等。

总之，现在英国的农业从业者，无论在生产方式上还是在生活方式上，都发生了很大的变化。他们融入后工业社会，随着技术的进步而发展。他们已成为一个很小的社会职业群体，研究农民的学者寥寥无几，议会里听不到他们的声音，各种大型专题调查的数据中也看不到他们的身影。作为农民象征的传统价值已逐渐失去共鸣的特征，他们的后代中留在乡村继续从事农业活动的也越来越少了……然而，无论社会怎样发展，无论乡村怎样变化，农业都是不会消失的，农业从业者作为基本生活必需品的生产供应者也是不会消失的。

第四章　德国收入分配制度
和社会结构

第一节　德国收入分配制度的演变

一　萌芽孕育阶段的收入分配

1. 社会保险的发展和改革

19 世纪后半期，欧洲工业革命取得成功，随着工业化迅速发展、劳资之间的对立与冲突不断，德国的工人运动日趋高涨。与此同时，新历史学派鼓吹劳资合作与实行社会政策的主张开始产生政治影响。俾斯麦政府迫于当时的政治环境和压力，为满足政治斗争的需要采取了"胡萝卜加大棒"的政策。德国的社会保险方面的法律就在这种环境下诞生。

1881 年 11 月，威廉一世颁布《社会保障法》。1883 年 6 月，德国颁布《疾病保险法》，明确规定向法定劳动者提供强制性保险。1884 年 7 月，德国颁布《事故保险法》，建立起了强制性的工伤社会保险制度。1889 年，德国颁布《伤残及养老保险法》，为退休者和伤残人士提供伤残及养老保险。1911 年，德国将上述有关疾病保险、工伤保险、伤残及养老保险的三部法律确定为德意志帝国统一的法律文本，并颁布了《孤儿寡妇保险法》，它们构成了著名的《社会保险法典》。此后，德国于 1923 年颁布《矿工保险法》、1927 年颁布《失业保险法》。这使德国社会保险方面的法律逐步得到完善，德国构建了一整套适应工业化发展需要的社会保险制度。

通过对社会保险方面法律的制定，以及相关配套措施的出台，德国构建了一套当时在世界上比较完备的社会保险制度。其涵盖养老、医疗、工伤等各个领域，较为全面地维持了工人的基本生存条件。《社会保险法典》

为德国近现代社会保障制度提供了基本的框架，这成为以后德国社会保障方面立法的基础。

总的来说，自开始构建到一战前，社会保险的发展主要集中在对德国内部有限的保险规模的扩张上。作为三大支柱的疾病保险、工伤保险以及残障和养老保险的覆盖面不断扩大，职业取向特征十分明显。参保人由最初的工资所得者扩展为符合类似条件的有工作的人口。德国通过提高强制参保额的上限，将薪资所得者也包含在内。1886~1914 年德国工伤保险发展情况见表 4-1。1891~1914 年德国残障和养老保险的发展情况见表 4-2。

表 4-1　1886~1914 年德国工伤保险发展情况

单位：万人，百万马克

年份	参保人数	领取保险金的人数	总支出
1886	382.2	1.1	10
1890	1368.0	10.0	39
1895	1838.9	31.8	68
1900	1889.3	59.5	101
1905	2024.3	89.3	176
1910	2755.4	101.8	228
1914	2796.5	100.0	223

资料来源：Ritter, Gerhard, *Social Welfare in Germany and Britain：Origins and Development* (Leamington Spa, England and New York：Berg., 1986), p.189。

表 4-2　1891~1914 年德国残障和养老保险的发展情况

年份	参保人数（万人）	领取保险金的人数（万人）	保费收入（百万马克）[其中政府补贴所占比重（%）]	总支出（百万马克）[其中养老金给付（百万马克）]
1891	1149.0	—	101（5.9）	19（15）
1895	1214.5	—	133（12.8）	49（41）
1900	1301.5	66.5	187（16.6）	104（81）
1905	1394.8	101.4	250（18.8）	173（137）
1910	1566.0	112.2	307（17.3）	219（164）
1914	1655.2	122.7	405（15.3）	258（200）

资料来源：Ritter, Gerhard, *Social Welfare in Germany and Britain：Origins and Development* (Leamington Spa, England and New York：Berg., 1986), p.191。

（1）俾斯麦时代社会保险制度的成因

俾斯麦时代，德国率先建立社会保险制度，是德国政府对现实的社会问题和社会风险做出的理性反应，是在工业化、城市化背景下，社会构成的各种要素相互作用促成的结果。

第一，城市社会问题和社会风险客观上强化了社会保险的必要性和紧迫性，高涨的社会主义工人运动直接推动社会保险制度创建。

德意志帝国建立后，德国加快了工业化进程，城市工人急剧增加。1860年，德国工人总数只有 150 万人，1882 年增至 593 万人。与此同时，资本主义竞争、贫富差距、周期性经济危机等因素致使工人劳动条件差、工作时间长、工伤事故频繁、职业病增多以及物价上涨，工人的实际工资减少，甚至面临失业的威胁，社会的不稳定性和风险性提升。来自德国社会民主党的强大压力，以及在工人享有社会保障权逐渐成为社会的普遍诉求下，俾斯麦不得不考虑通过社会政策化解社会风险问题，以避免阶级矛盾尖锐化和暴力革命对政权的威胁。因此，19 世纪末的德国社会改革与社会立法势在必行。

第二，工业化与经济高速增长为创建社会保险制度奠定了社会物质基础。

俾斯麦时代，德国工业生产中的重工业比例不断提高，并逐渐完成了卡特尔化，垄断资本主义的形成使德国的经济实力日益增强。就工业产值而言，德国在 1874 年超过法国，在 1895 年超过英国，工业增长速度远远超过当时的英、法，仅次于经济高速增长的美国。加上普法战争后签订的《法兰克福和约》，德国从法国得到 50 亿法郎的战争赔款和地下资源丰富、战略位置十分重要的阿尔萨斯和洛林。洛林储量丰富的铁矿和鲁尔储量丰富的煤矿结合起来，成为当时德国发展重工业的最大基础；阿尔萨斯的钾盐矿与德国中部的钾盐矿联合，成为整个德国的钾盐"巨头"，这些都极大地增强了德国的经济实力。因此，工业化与经济高速增长，社会物质财富迅速积累，为社会保险制度的创建、稳定运行提供了物质保证。

《社会保险法》虽在此时产生，但立法的作用已超过了俾斯麦应付时变的功效，它不仅适应了德国工业化的现实需要，而且更为重要的是客观上为资本主义发展进程注入了社会主义因素，开启了资本主义国家由阶级对立向具有合作包容的新社会关系的转变过程。

第三，执政者俾斯麦具有宗教传统的社会救济观念，因此非常容易接受新历史学派的主张。

俾斯麦清楚地意识到，无论是巩固帝国的君主政体，还是增强德国的经济实力，以实现对内对外战略政策目标，都必须通过与工人阶级的和解来实现。因而，他对十分突出的社会问题"双管齐下"：一方面于1878年颁布《非常法》，以压制德国社会民主党及其在工人运动中的影响力；另一方面接受"社会政策协会"的主张，实施部分社会政策与进行社会立法，以保护劳动者。俾斯麦认为，执掌政权的政府需要采取和社会制度相一致的政策措施，以制止混乱的社会局面。政府不仅应该支持目的在于积极改善工人阶级处境的努力，还要积极促进提升工人阶级的福利水平。

德国用社会保险把工人的利益和国家对于社会安定的需要捆绑在一起，维持工人的基本生活，使他们由现存社会秩序的反抗者变为支持者，把实施社会保障制度视为恢复帝国社会秩序的重要举措。从这个意义上说，社会立法实际上是对《非常法》的补充。[1]

（2）德国社会保险制度产生的影响

德国自上而下的社会保险立法，是德国政府构建社会秩序的有效手段，起到了《非常法》起不到的作用。无论是对当时德国政权的巩固还是社会矛盾的化解，都对以后的德国乃至世界各国产生了广泛而深远的影响。

第一，德国社会保险制度的建立使工人获得了一种社会安全感，以及和社会相关的个人利益，缓和了由对社会不满而引起的激烈冲突，这对德国经济的平稳发展起到了非常重要的作用。

德国社会保险立法是为解决工业化带来的种种社会矛盾而产生的，其动机是提高劳动生产率，让工人继续支持政府，维持社会的协调与稳定。《保险法》的实施客观上起到了调整劳资关系、缓和社会矛盾、维护社会安定、保障人民基本生活的作用。正因为这样，三项社会保险法律一通过，就得到了部分工人的积极响应和参与。据统计，1883年，德国参加工伤保险的工业工人有300万人；1886年，有700万名农业工人参加了工伤保险；1913年，德国有1450万人参加各类社会保险。国家的社会保障费用由1887

---

[1] 唐庆：《论俾斯麦时代德国社会保险制度的创建》，《江汉大学学报》（社会科学版）2011年第5期，第41~44页。

年的 1 亿马克增至 1990 年的 5 亿马克。① 社会保险制度的建立为转型时期德国社会关系的调整、社会风险的化解、社会秩序的稳定提供了制度性的保障，为经济的高速发展打造了良好的社会环境。

第二，德国的社会保险立法不仅产生了治国安邦的功效，而且更为重要的是现代社会保障制度的创建为资本主义的发展进程注入了社会主义的因素，这对德国工人运动乃至资本主义国家的社会主义运动产生了深远的影响。

现代社会保障制度的建立，使工人阶级不用为疾病、工伤和养老方面的问题担忧，相对改善了工人阶级的工作条件和生活条件，在一定程度上，缓和了无产阶级和资产阶级的对立，无产阶级的革命性大大下降了。淡化无产阶级的阶级意识促成了一定程度的社会整合，客观上为实现社会主义创造了更为缓和的方式。

现代社会保障制度的建立，使工人阶级乃至无产阶级政党领导人认识到，通过资产阶级改革的办法也能实现经济利益和政治利益的要求，这对推动进行和平与合法的议会斗争起到较大的作用。社会民主党通过这种手段，为资本主义的发展进程注入了社会主义因素。这种因素的增长推动资本主义生产关系调整与生产力进一步发展，使资本主义在量变中出现新的部分质变，为实现社会主义打下越来越广泛的物质基础。

第三，德国的三项社会保险法律是世界社会保险法发展历程中的一个创举，不仅为德国后来建立比较完整的社会保险法律体系奠定了基础，也为世界各国建立社会保险制度创造了先例，提供了经验。

德国社会保险立法顺应了资本主义转型时期社会发展的客观需要。19世纪末期，随着自由资本主义向垄断资本主义过渡，生产社会化进一步发展，社会矛盾和社会不稳定因素日益突出，当时的欧洲国家对此一筹莫展。德国率先以国家立法的形式建立社会保障体系，对社会生活进行干预，消除社会问题，缓和阶级矛盾。这一做法为陷入困境的资本主义国家提供了一种新思路，这也是对现代工业化国家解决社会问题的一次有益探索。当时，欧洲国家领导者纷纷赴德国进行考察，相继仿效，着手进行社会保险立法。各国的社会保险法律都体现了德国《社会保险法》中所具有的社会

---

① 丁建定：《试论近代晚期西欧的社会保障制度》，《史学月刊》1997 年第 4 期，第 89 页。

功能——制度性的阶级整合与社会干预，劳资关系由对立走向妥协与合作，社会阶级结构趋于稳定。在此之后，世界范围内掀起社会保险立法的高潮，这无疑说明社会保障制度是促进社会稳定、经济可持续发展的不可或缺的协调机制。

总的来说，从创始到一战爆发前的发展是德国社会保险的第一次飞跃，也是它的核心地位的形成时期。以俾斯麦时代的社会保险立法为开端，时至今日，德国已建立起完善的、覆盖面广的、保障有力的社会福利系统，其价值取向也由早期的以社会控制为核心转向以社会公平为核心。德国社会保障发展模式是德国历史发展的产物，其中贯穿的维护稳定、共同责任、权利与义务对等、社会公平是现代国家不可或缺的。它有利于协调各种生产力和社会关系的发展，也有利于对一个高级新社会形态所需的各种要素进行创造。

2. 劳资关系的发展和改革

这一时期，德国劳资关系的演变可以分为三个阶段，分别是德意志帝国成立之前、德意志帝国成立之后以及第一次世界大战期间劳资关系的发展和改革。

（1）德意志帝国成立之前

以缓和阶级矛盾为目标的劳资共决实践可以追溯到德国工业化之初。随着工业化发展，各种社会问题开始出现，劳资矛盾日益激化，劳资对立局面逐渐形成。对此，在社会改良思想的影响下，一些开明企业主开始尝试建立一些共决组织，如"工厂联合会""工厂委员会"等。然而，这些个别的行动很少得到政府的支持。国家避免介入企业运作中，以免危害所谓的"商业自由"。

一般认为，德国的工业化进程起步于19世纪30年代中期，19世纪70年代初即德意志帝国成立之时告一段落，第一次工业革命结束。在这一进程中，德国的经济结构与社会结构发生巨大的变化；机器制造业初步建立并迅速发展；新的企业组织（如股份公司）应运而生，人口激增；社会阶级结构出现微调，例如，资产阶级贵族化、贵族贫困化、工厂工人数量增加等；贫困、失业、疾病等社会问题接踵而至。企业内部的劳资对立逐渐成为人们关注的社会问题。中世纪，手工作坊中的"父权主义"思想被原封不动地移植到近代企业中。然而，这种"家庭联合体"式的统治模式并没有调和劳资关系。相反，在机器轰鸣声中，工业家的"企业主人"思想与工人自发产生的权利意识格格不入。消极怠工或罢工成为工人反抗压迫的武器。面对日益高涨的罢工运动，社会上开始提出各种建议，试图从根本上解决劳资矛盾。

德意志帝国成立前，所谓"国家"指的是各邦国政府。这一时期的政府立场与行动可以概括为：避免介入企业内部事务，警惕工人争取权利的行动。

由工业化带来的劳资对立是讨论劳资关系变革思想的社会动因。在德意志帝国成立之前，社会改良主义是社会舆论的主要思想。在此影响下，一些自发产生的共决组织陆续登上历史舞台。然而，这种变革并未获得邦国政府的支持，所有劳资关系变革的实践是个别的、零星的与非法的。这一情况在德意志帝国成立后有所改变。

（2）德意志帝国成立之后

1871年，德意志帝国成立。此后，关于劳资关系变革的论题在社会领域掀起一场大讨论。保守主义者、自由主义者、基督教社会主义者与社会主义者开始脱离原来的相近立场，彼此之间形成了相互竞争的格局。这些思想及相关争执通过各阵营中的党派被带入国会的辩论中。正是在这一背景下，国家之于劳资关系变革的立场开始发生变化。从俾斯麦到威廉二世，国家介入劳资关系的司法实践开始出现，并显示出不可阻挡的扩大趋势。

19世纪70年代后出现的经济萧条进一步加强了劳资对立格局，因而如何缓和劳资矛盾成为舆论的焦点。不过，帝国成立后的政治格局已经呈现多元化特征，意识形态的分歧与利益区分的明朗化，让关于劳资关系变革的讨论从单一的社会改良思想向多元视角转变。

自由主义者一方面希望工人委员会可以调解劳资矛盾，另一方面害怕其受到社会民主主义的影响，违背经营自由的原则，因而对其权限进行了严格的限制。保守主义者并不反对调整劳资关系，只不过这种调整必须以符合传统秩序为前提。企业主方面继续尊崇"企业主人"的思想，反对推行任何形式的劳资关系变革。虽然帝国时期的社会争论从未停止过，也没有得出一个确切的结论，但是这种争论所引发的舆论压力，进一步加快了劳资关系变革的法治化进程，推动了国家立场的演变与进行相关的司法实践。

同以往的实践相比，这一时期的劳资关系变革特点可概括为如下几个方面。第一，思想多元化。关于劳资关系变革的思想从社会改良主义向多元思想转变，其中社会主义思想针对劳资关系提出了革命性的设想，这获得了部分工人的积极回应。第二，实践合法化。从《工商业法修正案》到《普鲁士矿法修正案》，帝国政府已经开始直面劳资关系的变革。司法实践让更多人开始关注劳资对立问题，有利于进一步推动改革进程。第三，组织形式开始确立。"工人委员会"被认为是一种合适的劳资关系调节组织，其主要职责局限于企业内部的福利政策，以及协调劳资之间的意见和建议。

当然，这一时期仍然遗留许多问题。社会民主党在国会中多次提出有关"工人议会"的提案，但因保守派的阻挠而未获通过。"工人议会"是指在同行业中由工人代表组成的机构。这是社会民主党对于超企业层面的劳资关系所设想的一种组织，其目的是提高工人的经济地位，使之取得同企业主相同的经济领导权。此外，工会仍未取得合法地位，工人的结社权依然停留在纸面上。威廉二世屡次以《颠覆法案》或《监禁法案》威胁工人，这逐渐成为德国社会政策改革之路上的障碍。

消除上述问题的契机只能寄托于一种特殊情况，亦即在国家生死存亡之秋，工人及其组织的力量成为国家的倚仗对象，这就是第一次世界大战。

（3）第一次世界大战期间

一战爆发前夕，自由工会与社会民主党相继表达了对帝国政府战争政策的支持。自由工会与社会民主党放弃了阶级斗争立场。这一转向在当时被宣扬为"城堡和平"。"城堡和平"出现后，企业内的劳资对立局面在短期内缓解了不少。据统计，战争爆发后的罢工数量一度锐减，从1913年的2000多起下降到1915年的137起。帝国政府不久便发现，仅仅维持"城堡和平"并不足以保证战争取得胜利。这要求国家能迅速将和平经济转变成战时经济，以支持打一场总体战。正是在这一思路的引导下，帝国政府开始筹划建立战时经济体制。

第一次世界大战爆发后，劳资关系变革面临前所未有的有利局面。一方面，在爱国主义的调动下，工人方面（主要指社会民主党与自由工会）愿意同执政者达成"城堡和平"，主动放弃阶级斗争；另一方面，帝国政府迫于战时经济所需，一心拉拢劳资利益团体，以保障后方稳定，增加军备供给。1916年底，随着《为祖国志愿服务法》出台，帝国时期的劳资关系变革达到顶峰，工人委员会与职员委员会作为劳资共决的组织第一次出现在德国的军用企业中。

一般认为，德国的战时经济形成过程可分为三个阶段。第一阶段从战争爆发到 1915 年 2 月，当时德国的经济体制仍然呈现二元结构，60% 的企业由私人掌控，政府只能通过临时征调等途径获取人力与战备物质。第二阶段从 1915 年 2 月到 1916 年秋，帝国政府初步建立了一种"战争法团体制"，亦即将劳资利益团体强行组合在一起，由政府掌控生产秩序与生产方向。第三阶段从 1916 年秋到 1918 年，帝国政府通过《为祖国志愿服务法》与实现总体战争的组织化，终于确立了战时经济体制。

在战时经济的筹划中，帝国政府将劳资和谐作为保障军需供给的必要条件。这种劳资关系变革终于通过 1916 年底出台的《为祖国志愿服务法》正式确立下来。[①]

二　现代制度形成阶段的收入分配

1. 社会保险的发展和改革

（1）养老保险

德国法定养老保险的起源可以追溯到俾斯麦为了缓解日益严重的社会问题，对方兴未艾的工人运动釜底抽薪，先后制定《医疗保险法》《意外事故保险法》《伤残和老年保险法》。

法定养老保险制度最初只适用于工人，当时仅覆盖 1/5 的从业人员和 1/10 的人口。1911 年以后，经过逐步的发展和完善，这一制度的适用范围扩展到职员及其遗属。德国养老保险的发展和改革阶段主要集中在二战以后，特别是 1957 年、1972 年、1986 年和 1992 年的养老保险制度改革使养老保险制度在今天发展为德国最重要的社会保险制度。后文将逐一进行阐述。

（2）医疗保险

医疗保险能以法律形式固定下来应归功于 19 世纪 80 年代在俾斯麦支持下由德意志帝国政府颁布的一系列社会法律，三大社会保险法律的颁布标志着现代社会保障制度的诞生。

---

① 孟钟捷：《德国劳资关系演进中的里程碑：1920 年〈企业代表会法〉的发生史研究》，华东师范大学博士学位论文，2005，第 16~25 页。

1881 年，德国最早提出"疾病保险"，主要内容包括以下几个方面：强制部分产业工人在参加疾病保险、医疗服务系统之外建立基金，雇员和雇主按收入的一定比例进行缴费，基金用于补贴一定范围内的医疗费用。

随后，这类政策逐渐在 20 世纪上半叶的整个欧洲以各种形式得以推广。奥地利、挪威、美国、法国等不少国家相继有了医疗保险方面的法律。特别是 1929~1933 年世界性经济危机后，医疗保险立法进入全面发展时期。这个时期的立法不仅规定了医疗保险的对象、范围、待遇项目，而且对与医疗保险相关的医疗服务进行了立法规范。其中，英国颁布的《公共健康法》是这一制度全面发展的典型，并为美、德、法等国所效仿。

疾病保险能够在德国出现，有以下几个原因：首先，19 世纪中叶到 19 世纪末，德国工业发展促使人口增长，城市化速度加快；其次，医学科技和健康理论在德国有了新的发展，人民有了健康权，政府有责任保障人民享受此种权利；再次，伴随城市化和工业化进程加快，社会矛盾加剧，俾斯麦政府采取镇压措施，但遭到工人阶级的反抗，结果导致俾斯麦政府被迫颁布《工人伤残、疾病、养老社会保险纲领》；最后，德国新历史学派的社会改良家主张提供理论基础，即国家必须通过立法改善工人的劳动和生活条件，改变工人阶级的心理状态，缓和冲突。正是由于这些原因，德国诞生了世界上第一部《工人疾病保险法》和一系列社会保险法律。[①]

2. 劳资关系的发展和改革

自 19 世纪初工业化起步以来，劳资对立成为德意志社会的矛盾焦点。一方面，在马克思主义的指导下，德意志工人运动迅速发展；另一方面，"家长制"作风在资本家群体中颇为盛行。一些关注劳资矛盾的国民经济学家、法学家和基督教社会主义者虽然提出过改良方案，却极少得到回应。各级政府严守自由主义的经济法则，不愿过多介入劳资关系。直到 20 世纪初，随着一种"阶级合作主义"的社会文化日益兴盛，极度紧张的劳资关系出现变化的迹象。

一战前夕，劳资双方恰好都完成了组织化的演进使命。社会主义的自由工会与德国企业主协会联合会成为两个较大的劳资利益团体，双方领袖

———————

① 张璐璐、蒋阿凤：《德国医疗保险的发展、改革趋势与启示》，《现代医学》2011 年第 6 期，第 743~744 页。

倾向于合作立场。与此同时，战争为双方接近提供了契机。自由工会竭力支持帝国政府的"城堡和平"政策，压制激进派的反战运动。企业界把自由工会视作"强有力的同盟者"，以便共同应对变化莫测的战后过渡期。尤为重要的是，帝国政府主持成立了劳资双方共同参与的战时经济协调组织，并首次从法律角度承认自由工会的合法地位，要求军工企业推行共决权。正是在这种掺杂着现实考量与未来期待的社会文化转型中，劳资利益团体的合作之路拉开了帷幕。劳资利益团体合作可以分为三个阶段。

（1）自由合作阶段

第一个阶段从 1918 年 11 月到 1924 年 3 月，属于政府支持下的自由合作阶段。在战争末期谈判的基础上，鉴于俄国"十月革命"后世界政治格局变动的状况，劳资利益团体最终于 1918 年 11 月 15 日签订《斯廷内斯-列金协议》，该协议得到魏玛政府的批准。它确认了社会自治原则下劳资合作的基本模式，即由劳资利益团体代表对等组成一个中央工作组来"一并解决德国工商业所涉及的经济与社会政策问题，以及承担所有它所面对的立法与管理职能"。此后，中央工作组成功进入复员军人的安排、确保 8 小时工作制、保障实际工资水平、减少失业者及其他更广泛的社会经济领域。

然而，在共和国初期极为动荡的政治经济背景下，这种自由合作模式很快遭遇发展瓶颈。双方在工会的合法地位、8 小时工作制与集体合同制的延续性等问题上重燃传统的斗争理念。"回到正常状态"与"保证革命果实"之间的冲突最终导致中央工作组于 1924 年 3 月解散。

（2）强制合作阶段

第二个阶段从 1924 年 3 月到 1928 年 10 月，属于政府主导下的强制合作阶段。尽管魏玛政府对劳资利益团体之间试图摆脱国家干预的自由合作模式保持警惕，但在双方合作完全破裂以致影响社会稳定时，中央政府试图继续维系合作的社会文化，以保证民主制度正常运行。1923 年 10 月 30日，新调解令出台，确立了强制调解机制。它规定具有公务员身份的国家调解员有权介入大规模的劳资冲突，进而有权宣布调解机构的决定具有法律约束力。该调解令连同 1926 年 12 月 23 日颁布的《劳动法庭法》与 1928年 3 月 1 日颁布的《劳动合同法》一起构建了政府主导下的劳资强制合作模式。据统计，在此期间，70.8% 的五金工人与 96.2% 的矿工的集体合同是在国家强制调解下达成的。

总体而言，这些集体合同大多倾向于工人，维护了劳动者的合法权益。与此相对应，资方的抵制情绪不断上升，并最终在 1928 年 10 月的鲁尔钢铁危机中同政府决裂。重工业界拒绝接受政府的强制调解，转而实行企业层面上的自由谈判机制。

（3）劳资斗争阶段

第三个阶段从 1928 年 10 月到 1933 年 1 月纳粹政府上台，属于失控的劳资斗争阶段。在重工业界与魏玛政府之间的矛盾变得不可调和时，世界经济大萧条接踵而至，以致进一步缩小了魏玛共和国的活动空间。于是，资方立场反而更能被政府所理解，工人的合同工资水平不断下降，资本家被许以特权。由此造成的结果是：在社会层面上，劳资之间彻底失去了合作的可能性；在社会与国家的交往层面上，劳资双方都不再信任魏玛政府；在社会文化层面上，其对强权的诉求取代了进行民主合作的愿望。[1]

三　发展改革阶段（二战后至 20 世纪 80 年代末）的收入分配

1. 社会保险的发展和改革

第二次世界大战期间，德国的社会保险一度出现停滞与萎缩。战后德国国民经济迅速恢复与发展的"经济奇迹"为德国社会保险制度的进一步发展与完善奠定了良好的物质基础。社会保障和福利国家等作为基本理念被写入宪法，以社会保险为核心的社会保障成为社会市场经济的重要组成部分。例如，1957 年，德国对养老保险进行了根本改革，明确缴费率要根据个人毛工资进行计算；1971 年，工伤保险的覆盖范围扩大。1972 年，参加养老保险的年龄限制被取消。1975 年，德国将各种社会法规汇总起来，颁布《社会法典》，这是当代德国社会保险制度的法律基础。

第二次世界大战后，出于尽快熨平战争创伤、恢复社会信心活力等急迫需要，德国于 1957 年对社会保险进行了自创立以来的最重要的改革：取消均一给付制度转而实行薪资关联给付制度，筹资方式从积累制转为现收现付制，把所得替代确定为养老保险的主要功能；缩小白领阶层和蓝领阶层之间的差距等。关注的对象不再局限于工资劳动者，项目设置开始重视综合性的保障制度，实际的福利开支呈现迅猛增长态势，支出绝对额在国

---

① 　孟钟捷：《一战后德国劳资利益团体合作》，《中国社会科学报》2011 年 6 月 2 日第 8 版。

内生产总值中的比重不断攀升。20 世纪 50~80 年代，德国用于养老金的支出增长了 10 倍以上，大约 2/3 的公共开支可以被归入"福利国家政策"名下。[1]

20 世纪 70 年代石油危机后，经济减速、保守势力执政等的出现，以及人口老龄化、经济全球化等外部因素造成的劳动力市场结构变化带来的消极影响，使德国原有的以维持全社会充分就业为目标的、采用现收现付方式的社会保险制度遭到怀疑和被普遍反思。尤其是 20 世纪 90 年代德国统一后，为了实现国家团结，保障民主德国人民能够享有全面的医疗、家庭津贴、住房等福利项目，政府面临巨大的支出压力。福利国家的过度发展引发财政负担沉重、经济效率低下、利益集团化、社会团结受损等严重问题。从 20 世纪 70 年代中后期开始，德国采取降低公共福利开支增长率、削减政府福利负担、增加个人责任、倚重市场机构和商业化运营等刺激经济活力和增长水平的政策。单就养老保险一项而言，德国在 1972 年、1980 年、2002 年和 2004 年分别进行"弹性年金""计算女性生育以及家庭照顾责任年金点数""李斯特养老金""引入可持续因子调节计发待遇"等改革。

（1）养老保险

二战后，德国政府分别在 1957 年、1972 年和 1992 年对养老保险制度进行了三次比较重大的改革。

①养老保险改革的主要内容

1957 年的改革主要是引入采用现收现付方式的养老保险体制，并且构建了养老金受益指数化的动态机制。1972 年，德国将养老保险的覆盖范围扩大到全体公民，并且采取了退休年龄灵活化的机制，长期工作者可以在 63~65 岁时进行灵活的退休选择。同时，这次改革构建了养老金待遇同工资水平挂钩的指数化调整机制。1992 年的改革明显与前两次改革的方向相反，首先是养老金与净工资（净薪水）实现了指数化发展，不再与总工资（总薪水）挂钩，并且逐步延长了失业者、残疾者和妇女的退休年龄，德国统一增加了联邦德国向民主德国的养老保险转移支付，进一步增加了德国养老保险体系的负担。据估算，如果不采取任何措施，2035 年，德国养老

---

[1]　杨一帆：《对德国社会保险制度与政策的回顾和评析》，《保险研究》2010 年第 7 期，第 122~123 页。

保险缴费额将达到总收入的40%或者养老金水平下降到原来的50%。[①]

②影响德国养老保险改革的因素

首先，人口老龄化日益严重。20世纪60年代末以来，德国的出生率急剧下降，一直在低水平徘徊。医疗和生活水平的提高使老年人口的平均寿命不断延长，男子达到73.6岁，女子则升至80岁。面对劳动力日益减少的情况，短期内应对劳动力紧缩的可行方法是增加移民的数量。根据联合国的模型推算，到2050年，德国每年需要50万名净移民来稳定劳动力市场，这个移民量是1996年以来年平均净移民数量的5倍。

其次，经济增长缓慢，失业率居高不下。从德国国内来看，20世纪60、70年代的平均增长率分别高达4.4%和2.7%，而80、90年代的平均增长率分别下降到2.2%和2.0%。2001年，德国国内生产总值只增长了0.6%，2002年仅增长了0.2%，政府财政赤字达3.7%，超出欧盟《稳定与增长公约》规定的3%的界限。低经济增长带来了就业方面的巨大压力。到2002年2月，德国失业人数达到470万人，失业率为11.3%。84%的德国人认为就业问题是首要的社会问题。德国社会负担日益沉重，福利开支一直占GDP的很大比重，失业进一步导致养老保险缴费减少和失业保险金增加。

最后，德国的统一使养老保险负担加重。民主德国于1992年正式并入联邦德国，民主德国的养老保险体制也相应地向联邦德国靠拢。民主德国原来实行的是国家养老保障模式，职工个人不缴纳养老保险，养老金水平明显低于联邦德国。民主德国原来不存在失业问题，德国统一后，东部的经济结构开始调整。国有企业的大规模改造引起大量人员失业，增加了政府在失业保险及养老保险方面的支出。1990~1994年，联邦德国财政转移支付中用于东部养老保险补助的金额累计高达279亿马克，约占转移总额的4%。之后，这种转移支付持续增加，东部标准养老金水平从1990年相当于联邦德国的40.3%靠拢至1998年7月1日的86.7%。

总的来说，作为社会保险制度的发源地，德国一度成为世界上许多国家效仿的典范。二战后，德国对养老保险制度的几次改革对应对后期出现的人口老龄化、出生率下降等严重影响可持续发展的现象起到了一定的积极作用。

---

① 张萱、朱善文：《德国养老保险体制的改革与启示》，《劳动保障世界》2008年第7期，第86页。

（2）医疗保险

德国的医疗保险制度是德国社会保障制度五大支柱之中最具有特色的制度。互助、公平、公正的主导原则及高度自治的管理模式对其他国家的医疗保险制度改革有着重大的借鉴意义。

1883年，德国通过《疾病社会保险法》，标志着德国社会保障制度的形成，也标志着世界上第一个医疗保险制度的产生。德国具有以强制性的法定医疗保险为主、以自愿性的私人保险为辅的医疗保险体系。医疗保险覆盖了90%的德国公民，法律规定，所有就业人员必须购买法定或私人医疗保险，参保人有权在二者之间自由选择（德国医疗保险分为法定医疗保险和私人医疗保险）。目前，德国约有250家公共医疗保险机构，经办机构是德国疾病基金会。这是一个由国家法律监督、自行管理的机构。德国法律规定，凡是月收入低于4050欧元的就业人员必须购买法定医疗保险，高于这个标准的公务员、自由职业者可选择购买私人医疗保险。私人医疗保险提供的医疗服务比法定医疗保险更全面。德国的医疗保险资金主要源于医疗保险费，雇主和雇员各支付50%的费用，投保人的费用按收入高低决定，私人保险公司可自己决定缴费比例。[1]

随着医疗保险发展，德国统一后陆续出现参保人数大幅增加、保险费入不敷出等一些矛盾。为解决这些问题，德国多次进行改革，主要目的在于将医疗保险支出和保险费率控制在合理范围内。改革主要从20世纪90年代开始，后文将对此进行详细的介绍。

2. 劳资关系的发展和改革

西欧各国工人阶级反抗资本主义的斗争有着悠久的历史。受到传统思想的影响，学术界侧重于对工人运动和劳资斗争进行研究。从20世纪初开始，西欧各国的劳资关系逐步走上法治化、制度化道路，各国政府注重劳资关系改善，把它作为稳定生产的重要手段和推广社会福利制度的一个主要组成部分。特别是二战后，西欧形成了较为系统、完善、和谐的涉及劳资关系的制度体系。[2]

---

① 王川、陈涛：《德国医疗保险制度的改革及启示》，《经济纵横》2009年第7期，第105页。
② 曹婉莉：《战后德国劳资合作制度及其社会调控作用》，《绵阳师范学院学报》2005年第3期，第27~28页。

劳资关系向来是反映资本主义社会稳定情况的晴雨表。它是指雇员（包括工人阶级在内的雇佣劳动者）与雇主（资本所有者或管理人员）之间的社会、政治、经济关系。它受到国家法律和国家的经济政策、社会福利政策、社会结构等方面的制约，是资本主义制度自我完善与调控的重要手段之一。现代资本主义社会通过各种法律、制度和工作程序对其进行调整，缓解相关问题以避免激化，达到促进社会稳定和生产发展的目的。德国工会联合会下属的经济与社会科学研究所的学者沃尔夫-莱谢尔提出过测量劳资关系的一条重要标准：劳资双方是采取协调合作还是冲突的方针解决争端。

二战后，德国形成了一种协调的社会伙伴式的调解劳资冲突的模式，成为二战后西方世界中劳资关系处理得最好的国家之一，而这与其独特的"劳资合作"模式不无关系。它主要包括两个方面的内容。

（1）共同决策制度

共同决策制度又叫作职工参与决定制度，是指国家通过专门的立法，使职工享有权利，有组织地参与企业生产过程中的领导和管理工作。它是企业全体职工选举产生的职工代表参加企业职工委员会、参与决定企业管理机制、与雇主分享经济权利的一种制度。

共同决策制度使职工有序、有组织地参与企业管理。其地位由客体变为主体，在一定程度上缓和了劳资对立，避免了有损于企业发展的重大争执和冲突，激发了职工的劳动热情，培养了职工的主人翁意识。共同决策制度使经济民主化、劳动人道化得以推行，职工和雇主在许多方面进行共决，为社会安定和经济发展共同承担责任。它是德国形成劳资之间的新型关系的重要支柱之一。

（2）集体谈判制度

监事会和企业委员会联合决议制度是德国劳资关系双重制度的一个方面，另一个方面是雇主联合会和工会之间对工资和工作条件的协商制度，也就是通常所说的集体谈判制度。

集体谈判是指工会与雇主联合会之间针对工作报酬、工作时间及其他雇佣条件，在适当时间以坦诚的态度所进行的协商和交涉。目的是签订集体协议以规范双方的权利与义务，解决在工作中雇员、雇主共同关心的问题。

集体谈判的参加者主要是代表雇员的工会和代表雇主的雇主联合会两个团体。在德国，雇主联合会和工会都有广泛的社会基础，几乎包括整个产业部门。在德国，"工资水平与工资结构受劳动力供求双方力量对比的影响，完全由劳资双方自主商定，政府不予干涉"。这样，在劳动力市场上就形成了德国特有的、包含雇员和雇主两大社会集团的"二元垄断"。集体谈判制度考虑到了单个雇员力量不足的弱点，把雇员以团体的形式置于与雇主平等的地位。工会与雇主联合会通过和平谈判而不是斗争的方式解决问题，以实现双方利益最大化。随着德国经济的发展，"集体谈判制度成为公众所接受的确认劳动条件的机制和稳定社会关系的手段"。

3. 税收制度的发展和改革

二战后，德国一直奉行"社会市场经济"体制，在战后经济重建过程中逐渐成形和丰富，是若干发达资本主义国家中较为成功的经济模式中的一种，取得了比较好的效果，使德国经济保持了长期的稳定和发展。在这之中，健全的税制起到了积极的作用。

二战后至20世纪80年代末期，联邦德国进行了两次大的税制改革。一次是间接税改革，即1968年把原来的旧的交易税改为新的营业税即增值税，消除了原税制重复征税、妨碍竞争和国际贸易发展的弊端，使间接税更加适应现代商品经济的发展。另一次是所得税改革，在1990年采取降低个人所得税率、取消税收优惠和改革超额累进税率计征办法等多项改革措施。高收入者的税率由56%降为53%，低收入者的税率由22%降为19%，中间收入水平的人的税率也有不同程度的下降，而且在计算上更为简化了。这一税制改革的目的主要是：第一，用减税增强投资能力，增加需求，刺激经济增长；第二，减轻税收负担，有利于刺激提高个人获得收入的积极性；第三，在降税的同时，取消税收方面的补贴优惠措施，有利于使税制适应市场经济的发展；第四，在全国采取低税措施，有利于控制资金流动和防止人才外流；第五，可以简化所得税的计征方法。

但是各方对这次改革是否能达到上述目的存在不同的看法，评价褒贬不一，有的认为，在存在财政赤字的情况下，减少税收将增加财政赤字，如果用增加流转税的办法来弥补财政赤字会变相增加消费者的负担，引起群众反对。

四　成熟创新阶段（20世纪90年代至今）的收入分配

（一）社会保险的发展和改革

德国社会保险制度历经百年有余，起步于19世纪工业化兴隆的年代，这是一个社会主义思想灌输与传播的年代。社会保险毋宁说是一种单纯的强行性国家保险，以确保社会安全，更为深刻的是，社会保险本身就属于社会主义的有机范畴，社会主义要素是多元化的，不仅揭开了资本与劳动的关系之结，而且注解了社会化大生产方式下的社会性存在与社会性解决的辩证关系，其中，社会保险制度的建立应该是这种辩证关系的实证表现。社会保险制度的建立体现了社会主义理念，体现了社会法治的内涵与外延，需长久分析与探讨方得真经。

1. 医疗保险

德国医疗保险的覆盖面从开始的工业部门扩大到其他行业，从较发达地区扩大到贫穷落后地区，医疗保险逐步覆盖几乎所有人群。与社会保障制度相关的政策的出台为医疗保险覆盖范围的扩大提供了动力。医疗保险制度实施伊始，德国医疗保险覆盖率仅为10%。目前，德国只有0.8%的人没有医疗保险。随着医疗需求的增加和医疗服务与技术的进步，医疗保险基金面临很大的压力。20世纪90年代以来，围绕费用控制，德国医疗保险制度进行了多次大的改革。[①]

2. 医疗保险制度改革

（1）20世纪90年代的医疗保险制度改革

这次改革的内容主要包含在1992年的《医疗保险结构法》中。该法主要对全额报销的医疗保险制度进行了重要调整，使保险公司、参保人按比例共同承担医疗费用。1996年的《健康保险费豁免条例》主要针对住院和康复治疗的保险形式进行改革，提高了自费的比例。1998年的《增进法定医疗保险公司之间的团结法令》主要对医院的权利进行限制，目的在于限制以创收性处方为营利方式的医院行为。

---

① 王川、陈涛：《德国医疗保险制度的改革及启示》，《经济纵横》2009年第7期，第105～106页。

（2）2003 年的医疗保险制度改革

2003 年 7 月，德国政府通过《法定医疗保险现代化法》确定改革方案，这次改革被认为是二战后德国社会保障制度的一次较大规模的改革。改革方案已于 2004 年 1 月 1 日开始实施。改革的目标主要是减少法定医疗保险覆盖的项目，增加参保人的责任，即要求参保人为医疗诊治支付更多的费用。改革的主要举措体现在以下几个方面。一是降低缴费率，即降低个人法定医疗保险占净收入的比例，从 2003 年的 14% 降至 2006 年的 13%。二是减少法定医疗保险覆盖的项目，包括镶牙、购买非处方药等，并取消了每四年申请一次为期三个星期的疗养计划。这些措施产生的费用在改革后不再由医疗保险承担。三是取消病假补贴。改革前因病暂时失去劳动能力的投保人可从医疗保险机构领取长达 12 个星期的工资，此后可领取 18 个月的病假补贴。病假补贴的费用是由雇主和雇员共同承担的，而改革方案规定到 2007 年后，免除雇主所承担的部分，雇员将独立承担全部的保险费用。四是规定参保人必须支付的额外费用，如挂号费，即参保人每次看病需要支付 10 欧元的挂号费；药费，即参保人在药房购买药品时，至少要承担药费的 10%，且每一盒药品的自付部分不少于 5 欧元，但不高于 10 欧元；住院费，即参保人每天支付的住院费用由 9 欧元增至 10 欧元，住院费每年最多支付的天数由 14 天增至 28 天，28 天以上的费用由医疗保险支付。此外，2004 年，250 家法定医疗保险公司开始扭亏为盈，大大改善了医疗保险入不敷出的状况。

（3）2006 年的医疗保险制度改革

2006 年健康基金的提出和建立，体现了德国医疗保险制度从现收现付向基金积累过渡的趋势。2006 年 7 月，德国政府相关部门就医疗保险制度改革达成一致意见，其中最核心的内容就是设立一个健康基金。该基金成为医疗保险新的主要资金来源。自 2008 年起，德国公民每人每月应缴纳的保险金由法律规定，雇主和雇员维持当时的缴费比例。所有保险机构从该基金中获得相同的金额。从现收现付制度过渡到基金积累制度是一个漫长而复杂的过程，各医疗机构之间的协调及基金的增值任务使真正进行医疗保险制度改革变得困难重重。同时，该改革计划遭到 65% 的德国公民的反对。在较大的压力下，2006 年 9 月 6 日，德国政府决定将原定从 2007 年 1 月 1 日开始进行的医疗保险制度改革推迟到 2007 年 4 月 1 日。然而，至今，此项改革仍没有真正运行起来。总之，21 世纪初，德国医疗保险制度改革的主要目的在于减少保险费用支出、控制保险成本、稳定保险收入，并适当提高参保人的责任比例。

3. 德国医疗保险制度的特点

（1）主次分明，选择自由

德国实施医疗保险制度的主体是法定医疗保险，但私人医疗保险也占一定比例。德国就业人员可根据自身的收入和喜好，在二者之间自由选择，也可在参加法定医疗保险的基础上，参加由私人医疗保险提供的补偿保险。目前，法定医疗保险公司共约 600 余家，覆盖了近 90% 的德国民众，私人医疗保险公司约有 53 家，覆盖了 9% 的德国民众。这反映出德国医疗保险体系既体现以法定医疗保险为主，又保障就业人员按照自己意志自由选择的权利。

（2）公平与效率的相对平衡

德国医疗保险制度的特点还体现在筹资方面讲究公平的原则，在支付方面追求效率的原则。德国法律规定，所有参加法定医疗保险和私人医疗保险的人员都有权拒绝保险公司进行的任何形式的风险评估，任何医疗保险机构都不能在参保人的年龄、性别、身体状况及家庭成员数量方面设限。此外，所有参加法定医疗保险的人员的家庭和未成年子女可自动成为被保险人，且不必额外缴纳保险费就可以享受与实际参保人同样的医疗保险待遇。这意味着所有参保人的权利都是一样的，体现了医疗保险的公平性。同时，德国医疗保险费用的缴纳由雇主和雇员双方各承担 50%，经济收入是决定参保人缴纳医疗保险费用的唯一因素，与享受医疗保险的程度毫无关系，任何缴纳了占工资一定比例的医疗保险费用的参保人员都有权享受同等的医疗待遇，这使医疗保险基金得以在不同人群中实现互助共济的目标，从而充分体现医疗保险公平的特点。

在强调公平的前提下，德国医疗保险制度也注重效率。德国政府积极鼓励进行多元竞争和强调进行自我管理。德国医疗保险制度在自主经营、自我管理和自负盈亏的政策指导下，鼓励各医疗保险机构进行竞争，使参保人可自由选择参保机构来刺激竞争和削弱法定医疗保险机构的权力；自我管理原则体现在各医疗保险机构必须自主经营、自负盈亏方面，政府只有监督的责任，并赋予所有参保人监督和管理的权利。因此，自我管理原则能更多地考虑相关者的利益，直接、清楚地表达对医疗保险的要求。

（3）市场和政府的责任明晰

虽然德国政府在医疗保险制度中起到协调各方利益和控制医疗费用的重要作用，但对医疗保险一直都采用自主管理、鼓励竞争的模式，强调社会互助，政府不参与与医疗保险制度相关的具体事务，政府的主要作用是设计制度和制定相关法律。当发生医疗保险纠纷时，政府进行调节及仲裁。德国政府的协调能力使德国医疗保险制度得以顺利发展和完善。因此，德国的医疗保险制度既体现了政府干预又与市场调节相结合的政策取向。

4. 养老保险制度

德国作为社会保险制度的发源地一度成为世界上许多国家效仿的典范。20 世纪 90 年代以来，经济发展减慢、人口老龄化、出生率下降等因素严重影响德国养老保险制度的可持续发展，因此，德国政府对养老保险制度进行了数次改革，具体列举如下。

①1992 年改革。区别于二战后养老保险制度的两次改革，这次的改革首先是使养老金、净工资（净薪水）实现了指数化，取代了其原先与总工资（总薪水）的挂钩，并且逐步延长了失业者、残疾者和妇女的退休年龄，德国的统一增加了联邦德国向民主德国养老保险的转移支付，进一步增加了德国养老保险的负担。据估算，如果不采取任何措施，到 2035 年，德国养老保险缴费就将达到总收入的 40% 或者养老金水平将下降到原来的 50%。[①]

②2001 年改革。当年，政府第一次承认养老保险无法支付足额的养老金，个人有责任承担相应的养老责任。养老保险制度改革的主要内容包括将原来单一层次的法定养老保险制度发展为多支柱的养老保险制度，通过修正总指数削减第一支柱的养老金，通过津贴和税收减免强化实施基金积累制的第二支柱和第三支柱的养老保障体系。这次改革有三个目标。第一是稳定费率以应对因人口结构发生变化带来的压力，抑制非工资劳动力成本上涨，维持代际负担公平。预计 2001 年与 2030 年的养老保险费率分别抑制在 20% 以内和 22% 左右，收入替代率将从 70% 逐步降至 67%~68%。第二

---

① 张萱、朱善文：《德国养老保险体制的改革与启示》，《劳动保障世界》2008 年第 7 期，第 86 页。

是确保养老金水平长期稳定。对与收入变化相关的计算过程进行调整，将总收入的4%存入新的私人补充养老金计划。第三是普及私人养老金储蓄。减少的公共养老金有望通过补充养老金来弥补，为了达到这一目标，可以对补充养老保险给予推迟缴税和税收抵免等优惠，或向私人或职业养老金直接提供津贴。

此次改革为了鼓励补充养老金体系的建立而采取了一系列激励措施：直接养老储蓄津贴、税收抵免特别支出、延期纳税等。职业养老金改革方面并没有规定职业养老金和个人账户的角色，只是为了强化职业养老金，引入额外津贴。这次改革最重要的变化是部分薪金直接转化为养老金计划缴费。不管费用是由雇主还是由雇员来提供，既可以基于总工资确定又可以基于净工资确定。如果是基于净工资，2008年以前所转换的薪金可能无法享受延迟缴税，但是可以从社会保障缴费中得到部分豁免，因而存在一个较大的隐性津贴。如果是基于总工资，只要职业养老金满足某个标准，则缴费可以享受和向私人账户缴费一样的直接储蓄津贴或税收减免，而且这个标准不会比个人养老金计划更为严格。缴费规则的应用取决于已选择的投资方式以及相应的激励因素。在德国，集体协商条款具有直接转换薪金的优先权。受集体协商条款约束的雇员只有当条款是从集体协商的角度提出时，才有权将支付额转换为养老金。这一规定确保了雇主和工会能够将相关规定应用于职业养老金计划。

③2004年改革。第一，将"可持续因子"纳入公式。可持续因子主要反映全社会养老保费缴纳人数与全社会养老金领取人数之间的相互关系和变化趋势，即整个养老保险系统的赡养比率，这是决定养老金发放标准最为重要的长期指标。它不仅可以反映人口寿命的变化趋势，也可以反映整个社会人口的多种动向（包括出生率、移民人口等）和劳动力市场的变化趋势。第二，提高退休年龄。2030年以前将德国的法定退休年龄由65岁提高至67岁，以应对人均寿命延长的趋势。改革委员会认为，德国人均寿命的延长给养老保险系统带来巨大的支付压力，提高退休年龄至少可以抵消2/3的支付压力。该建议在获得立法机构批准后，于2011年付诸实施。

（二）工资制度的发展和改革

德国多年来实行工资自治制度，主要是指工会与雇主联合会在不受国家干预的情况下自由签订工资协议。该协议已成为实现国家工资政策的重要手段，履行重要的经济、政治和社会职能。工资协议的主要职能如下。①保护职能。工资协议能够保障劳动者在收入和劳动条件方面享有基本标准。②组织职能。工资协议各参与方和有关利益代表机构都能对劳动条件和劳动效率施加影响。③生产职能。工资协议鼓励企业在争取技术进步和生产过程中不断创新，并避免雇主盲目降低市场成本。④稳定职能。协议能够在经济危机和形势恶化时阻止工资缩水和无端延长工时，能够防止因需求和购买力下降进一步加剧经济衰退。⑤整顿职能。协议能够避免因竞争而对工资、工时和劳动条件等产生不良影响，并使职工和企业对此保持高度预见性。⑥调解职能。协议规定要避免雇主和工会间的工资谈判久拖不决，应限期完成。①

从 20 世纪 90 年代初开始，德国推行工资政策的条件发生了变化。首先是劳动关系发生了变化。其次企业为了提高劳动集约化程度向工人进一步施压；同时，政府实行新的货币政策等。这些都迫使工会为了更好地维护工人的权益而努力加强自身建设，不断改进工作。例如，其为了适应形势发展的要求，特别加强了对工人的技能培训，并更加关注提高劳动效率等。

工资协议分为三种类型。

第一，履行调解职能的工资协议。这类协议对工资变动产生的问题和工资增长率等做出了规定，工资增长率的有效期一般为 12 个月。这项规定是工会（例如，五金工会）长期斗争的结果。工会强调，工资的增长可以抵消生活费的提高，应使工人切身感受到经济发展带来的好处。德国的许多工业部门，如金属加工业和电器工业等部门已经改变了以往劳动报酬标准不统一的情况，针对工人实行统一的劳动报酬标准。

第二，工资标准框架性协议。该协议规定了不同工种职工工资或报酬的标准，以及支付劳动报酬的原则，如对有特殊贡献者支付奖金或补贴的原则等。德国的多数产业部门签订这种框架性协议，以供各企业和相关工种在规定自己的劳动报酬标准时参照。协议的有效期为数年。

第三，共同工资协议。该协议主要用于调解以下问题：工时长度、休

---

① 青草：《简述西欧的社会保障体制及德国工资制度》，《中国工会财会》2014 年第 1 期，第 41~42 页。

假期限、劳动关系延续、加班费、夜班费等。协议的有效期也可以为数年。

工资协议的有效范围按以下原则规定。①地区原则。例如，规定工资协议适用于全国或者部分区域等。②产业原则。例如，规定某些工资协议只适用于金属加工业、电器工业、冶金工业、铸钢工业、纺织业、缝纫业等。③个体原则。例如，规定某些工资协议只适用于工人或职业学校学生。

2012年，由德国五金工会参与签订的地区工资协议约有2500个。此外，还签订了只对部分企业有效的工资协议。如果某些雇主未加入雇主联合会，那么他们应该在本企业里签订特别工商工资协议。如果企业面临破产和改组（改造）等情况，那么可以签订特别工商工资协议。截至2012年底，经德国五金工会参与签订并注册的工资协议有8123个，其中，845个是在2012年签订的。

举行工资问题谈判是推行工资政策的重要内容。以德国五金工会为例，参加工资谈判的各方代表是工会、雇主联合会和企业主。参加地区工资谈判的工会代表团由州工会领导人率领。其成员为专为谈判组建的工会工资问题委员会成员，他们均由地方工会选举产生。人数众多或较有影响的企业工会都应有代表参加。

德国五金工会除争取到参与分配企业利润的权利外，还取得了其他一些成果。如使金属加工业和电机工业部门的工作时间从每周48小时（20世纪50年代初）缩减到每周35小时（自1995年起），工人每年可享受30个工作日的带薪假，享有生育奖励，因病丧失劳动力可保留工资，年老退休后可获得退休保障，暂时离职者可保留工作岗位，可签订跨部门联合框架工资协议等。

多年来，德国为推行工资政策经受了不少考验，工会进行了不少的努力。一是德国统一后，工会积极参与缩小东西部职工收入差距的活动。二是由于经济领域竞争加剧，原有的工资和生产标准等受到很大的冲击。雇主趁机加剧了对工人的盘剥。为了反对雇主的图谋，德国五金工会等在2004年积极推动签订特别工资协议，规定企业要对执行工资政策承担更大的责任。三是近十多年来，由于种种原因，签订地区工资协议的范围有所缩小。例如，西部地区工资协议的涵盖面占比从74%缩小到62%，东部地区从50%缩小到25%。这说明许多雇主减少了签订和履行工资协议的职责和活动，甚至有些地区还增加了极力拒签工资协议企业的数量。为了改变这种情况，工会采取提升工会组织率、加大工会维权力度、完善工会活动等措施。结果迫使雇主不得不继续与工会签订和共同执行工资协议。

在经济和金融危机时期，德国五金工会为了落实工资协议内容，推行维护劳动者权益的新形式的工资协议——产业特别工资协议。该协议规定，雇主不得随意解雇工人和调动他们的工作，也不得任意安排他们从事临时工作，从而保障了工人的就业权利，使多数临时工能享受到与固定工一样的待遇。

另外，德国五金工会还积极参与有关产业国际工会（包括欧洲产业工会）组织的活动，努力参与制定共同战略和协调行动，特别是与工资有关的活动。德国五金工会成员认为，工资问题是工会的重要工作领域，不仅关系到劳动者的切身利益，也与工会的社会影响和地位具有密切关系，必须高度重视。在解决工资问题的过程中，既考虑到国家的经济形势、劳动生产率和通货膨胀变化的情况，也力求使工人工资的合理要求得到满足。

（三）税收制度的发展和改革

1991 年以来，德国进行了一系列税收方面的改革，主要目标是"保持德国工业基地地位"，增强德国对本国企业和外国企业的吸引力，防止企业外流。具体政策手段是提高间接税率，降低直接税率，降低直接税率所减少的收入部分通过取消税收优惠和特殊规定补充，从而扩大税基以实现平衡。20 世纪 90 年代以来，税收结构调整表现为直接税所占比重下降，间接税所占比重上升。1991 年和 1992 年，德国开征团结统一附加税（联邦直接税）导致直接税所占比重提高；1993 年，提高增值税和取消团结统一附加税又使间接税有所增加；1995 年，虽然德国再次征收团结统一附加税，但严重失业导致所得减少和儿童补贴改变，直接税所占比重下降。1996 年以来，税收改革的主要目标是减轻企业的税收负担，包括取消营业资本税、降低遗产和赠予税税率、提高免税额度、提高特别折旧的额度、延长退税的期限、提高最高退税额度和改善企业雇工方面的税收条件等。1999 年，德国提出税法修改案，旨在简化征收程序，减少税负和完善税制，包括降低所得税税率、废止或减少税收优惠、提高增值税税率等。[①]

---

① 邓远军：《德国税制概况与借鉴》，《扬州大学税务学院学报》2002 年第 4 期，第 34 页。

进入 21 世纪后，德国各党派达成共识，即为促进经济增长，增强德国经济在世界上的竞争力，迫切需要进行一次重大的税制改革。2000 年 1 月 1 日，有关德国将于 2001 年 1 月 1 日生效的下一步税制改革草案第一版出台。这是自 1977 年以来最为激进的减税改革，核心是沿着 20 世纪 90 年代初期以来的减少直接税的改革路线，用减少所得税来提升投资能力，增加需求，刺激经济增长，增强国际竞争力。主要内容如下。

（1）降低所得税负担。个人所得税在 2005 年之前按照应税所得的每个级次逐步调低，最高边际税率从 1999 年的 53% 调到 2000 年的 51%，2001 年为 48.5%，2003 年为 48%，2005 年为 45%。目前，按个人所得税款 5.5% 征收的团结统一附加税仍保持不变。公司所得税税率降为 25%（这一税率在欧盟国家中是较低的），这对留存收益和已分配收益均适用，以解决"两率制"虽然公平但理解和操作起来比较复杂的问题，并消除对公司将已税利润再投资的歧视做法，使公司更好地保留利润。

（2）取消归集抵免制，由一种对公司和股东分开课税的"古典"公司税制予以取代，以适应经济国际化的需要，降低操作上的难度。因为在归集抵免制下，公司所得税的抵免无法延伸至非居民股东方面，德国居民对于已支付的外国公司所得税无法进行抵免。换言之，该制度对非居民投资和外国投资实行歧视待遇。这对于日益深入的全球化和欧盟一体化是不合理的。同时，归集抵免制要求公司长期保留税后可分配利润的分析账户，以确定分配的股息原适用税率和来源，从而保证在股东层面抵免的准确性。这无疑在技术上提出了很高的要求，增加了征税方和纳税方遵从税法的成本。归集抵免制还需要与综合个人所得税制配合考虑才能实现所得税的一体化，这对实行分类与混合所得税制的国家无疑是一个制约。

（3）为了避免取消归集抵免制导致公司内部出现不同的税负水平，对股息课税进行优惠以消除国内的重复课税。如对公司所获股利提供 100% 的免税优惠，个人只需将其收到股利的 50% 包含在应税所得之中，与股利相联系的支出只就其 50% 在税前列支。对来自国内子公司股份转让的资本利得采取重大减免措施，对公司转让股份而产生的资本利得也进行 50% 的税前扣除。

对由上述改革所造成的税收收入减少主要通过资本弱化规定的强化和

折旧率的调整来补偿。根据这一改革方案，德国公司股利的最终税负情况如表 4-3 所示。

表 4-3　德国公司股利的最终税负情况

单位：%

项目	比例
课征经营税后的公司利润	100
公司所得税（25%）	25
税后利润（全部股息）	75
股东应纳税的股息所得（50%）	38.5
个人所得税（48.5%，2002 年假设综合最高边际税率）	18.2
股息总税负（25%＋18.2%）	43.2
税后净所得	56.8

注：目前个人所得税的最高边际税率为 48.5%，与股息总税负存在不协调的问题。

　　根据税改法案，个人所得税的最高边际税率在 2005 年降为 42.5%，与公司税税率基本达到均衡。

　　2002 年 1 月，德国对运行了 50 多年的基本税制进行了翻天覆地的改革。戈哈德决心取消对企业出售资产的资本利得税（不再需要符合特定的持股水平或从事的经营活动符合限定条件，过去要求最低持股 10%）。这一大胆的决定将解开企业因交叉持股所引发的错综复杂的"迷宫"，而这恰恰是 19 世纪特别是二战以来德国企业的一个特点。投资银行家认为，这一里程碑式的改革将释放出至少 2250 亿美元的资本，并削弱德国庞大的银行和保险公司在工业战略决策中的影响力，鼓励企业对主营业务进行投资，并提升股票市场的流动性。同时，这将使低效率企业不再受到大股东的保护，而不得不关注小股东的利益。这一改革使金融机构出售资产和收缩主营业务，使德国社会市场经济模式更类似于自由放任的美国和英国模式。为此，德国企业界和劳工领袖联合起来，共同保卫著名的"莱茵河资本主义"，政府也给予大力支持，通过立法使企业在税改前的反恶意收购中有更多的防御手段。避免使经济模式与美国的模式类似，德国还有很长的路要走。

第二节 德国的社会结构

随着德国收入分配结构的变迁，社会阶层结构也在不断发生变化。本节对德国社会阶层结构的研究，以时间为基准分为三个阶段：19世纪末至二战前、二战后至20世纪70年代前、20世纪70年代至今。

一 德国社会阶层发展阶段的划分

1. 19世纪末至二战前

社会结构的变迁会导致社会阶层出现变化。工业革命完成之后，随着经济不断发展，农业人口不断减少，中产阶级的雏形开始出现。自19世纪以来，中产阶级逐步发展壮大，已经成为发达资本主义国家社会阶级结构的重要组成部分。

20世纪初期，德国成为仅次于美国的工业强国，第二次世界大战前的德国的阶级结构方面呈现典型的工业社会特征：社会下层的工人阶级是规模最大的社会群体，手工业者、小商人等中间阶层次之，处于社会顶端的是极少数的资产阶级。这一时期的中产阶级还处于发展时期，呈现不断壮大的趋势。

2. 二战后至20世纪70年代前

二战后，随着生产力快速发展，资本主义国家发生了第三次科技革命，它引起发达资本主义国家产业结构发生重大变化，表现为以重化工业为主的产业向技术密集型产业、高技术产业特别是以服务产业为主的产业的转移，进而使各资本主义国家的社会阶级结构发生显著的变化，其中最引人关注的变化就是中产阶级队伍的发展壮大，及其成为社会结构的重要群体，主要变化如下。

一是由于科学技术迅速发展，生产规模日益扩大，德国的产业结构发生重大变化，表现为传统产业部门在社会生产中的比重日益降低，即第一产业和第二产业所占比重持续下降，第三产业所占比重大幅提高，这从总体上推进中产阶级队伍快速扩大。

二是生产力的大发展使生产进一步社会化，促使生产分工和社会分工进一步扩大，社会协作进一步加强。在当代资本主义社会（包括德国）出现了许多新的行业、新的部门，从而在引起职业结构巨大变动时，德国涌现出众多的新工种和新工作岗位，即随着生产资料管理权与所有权分离，德国出现了一些不拥有或较少拥有生产资料的所有权但拥有对工人劳动的支配权和对生产资料的日常控制权的人，如"经理""管理人员""技术人员""专业人员"等。正是在这些新的领域形成了不同于传统产业中无产阶级的新型雇佣劳动者，他们往往是"中产阶级"的代名词。

三是二战后，德国垄断资本主义获得了较快的发展，垄断资本主义的发展导致凯恩斯的国家干预主义盛行，其要求扩大国家职能，加强国家和政府指导、参与和干预经济及社会活动的能力，这就使从中央到地方各级政府的职能部门增加，政府雇员数量大幅增加。相当一部分政府雇员是以"中产阶级"的身份出现的。

四是在垄断资本主义背景下，中小企业大量存在，这使中小企业主和自由职业者等"老中产阶级"的人数呈现相对上升的趋势。在德国，"扶植小型企业是促进被政府看作社会稳定因素的中产阶层的普遍的相当广泛政策的组成部分。各种扶植中小手工业和工业企业的国家纲领目的在于使这些行业在不同的起点条件下可以得到平衡"。①

二战后，德国的社会阶级结构发生了明显的变化，主要特点是传统产业工人数量减少和职员、公务员等新型雇佣劳动者规模壮大，中产阶级已经成为一个重要的社会群体。

3. 20 世纪 70 年代至今

20 世纪 70 年代以后，德国社会结构发生了重要的变化。主要表现为传统产业工人数量进一步减少，职员、公务员等成为人数最多的社会群体。由于二战后资本主义国家赢得了 20 年相对和平发展的"黄金时代"，科学技术突飞猛进，把 20 世纪四五十年代兴起的第三次科技革命推向深入，西方发达国家掀起了一场以电子信息、生物工程和新材料技术等高技术为中心的科技革命。它使以信息通信和提供各种服务为主要内容的第三产业迅猛发展，该产业迅速成为西方国家的支柱产业，使大量劳动力向服务行业和行政职能部门转移。本阶段德国社会结构具有以下较为明显的表现。

一是随着科学技术、知识信息和科学管理成为重要的生产力，社会对

① 王存福：《论中产阶级与德国社会民主党的转型》，《德国研究》2006 年第 2 期，第 32 页。

这些高档次专门服务的需求日益增加，计算机软件服务、信息咨询和处理等新兴的提供专业知识和技术性服务的行业应运而生，发展迅速。

二是文娱、体育、旅游、保健、教育等为有关人的发展和现代生活服务的部门发展得较快。

三是组织和管理社会经济生活的政府部门成为第三产业的重要组成部分。1960 年，联邦德国第三产业产值在国内生产总值中的比重为 39.8%，1971 年上升为 43.7%，第三产业的就业人数在 1975 年超过了工业就业人数，1980 年占全部就业人数的比重达 50%。1995 年，第一、二、三产业就业人数所占比重分别为 3.2%、35.9% 和 60.9%。

这说明到 20 世纪八九十年代，像其他高度发达的西方工业化国家一样，联邦德国第三产业已经占据经济发展进程中的主导地位，与此相适应，第三产业的从业人员已经超过第一、二产业的从业人员。第三产业中的就业人员绝大部分被认为是中产阶级，这标志着德国中产阶级的数量已排在阶级就业人口数量的首位，即中产阶级成为社会的主流阶层。

总的来说，二战后，联邦德国的社会阶级构成有两大变化。[①]

第一个显著变化是，曾经作为德国社会最大阶级的工人阶级，在 20 世纪六七十年代以后剧烈收缩，失去了规模最大阶级的地位。据统计，1950 年，联邦德国有工人 1196.7 万人，占从业总人数的 50.9%；1980 年下降到 1137.2 万人，占从业总人数的 42.3%；1990 年下降到 1097.4 万人，占从业总人数的 37.4%；1999 年进一步下降到 975.8 万人，占从业总人数的 32.9%。基于这样一种发展趋势和状况，有德国历史学家指出，传统意义上的工人阶级已经变成德国社会的"少数"。在工人阶级规模不断缩减的同时，工人群体内部出现分化。工人群体的顶端形成了一个由工厂内的部门领导人、装配线负责人、工头、受过特别教育的专业工人等组成的上层集团。这一部分工人的业务能力较强，收入也较多。根据 1998 年联邦德国经济研究所的一项统计，联邦德国工人群体中每月净收入在 3000 马克到 4000 马克者占 3.3%，4000 马克以上者占 0.4%。较好的待遇使他们脱离传统意义上的下层工人阶级，成为中产阶级的一部分。工人群体中的下层职员仍

---

① 邢来顺、韦红：《联邦德国阶级结构的变化及其影响》，《浙江学刊》2009 年第 3 期，第 51 页。

占绝大多数，他们提供的劳动以传统的体力劳动为主，他们属于所谓的"蓝领阶层"。但是，由于工种的不同，他们实际上也存在一定的社会地位差异。一些对技术水平要求较高的工种，如电焊工、翻砂工、钳工、车工等，收入状况较好，工作也较稳定。处于最下层的是建筑工人、码头工人、水手等从事重体力活动的工种，收入相对较少，晋升机会很少，他们是事实上的社会最下层。

第二个显著变化是，原先处于上层资产阶级与下层工人阶级之间的中间阶层迅速发展壮大，超越下层工人阶级群体，成为德国社会的主要群体。

二　德国中间阶层发展的特点

从 20 世纪 70 年代以来的发展趋势看，联邦德国（德国）中间阶层的变化呈现两大特点。

1. 中间阶层规模迅速扩大，成为社会的主体人群

收入和职业分布状况的变化鲜明地反映了这一趋势。就联邦德国的收入结构看，20 世纪 70 年代后，中、高收入者已经成为社会就业群体的多数。据统计，1970 年，月收入在 800 马克以下的低收入者，在工人中占 57.1%，在职员中占 21.7%，在官员中占 13.3%，在独立经营者中占 17.9%；月收入为 800~1800 马克的中等收入者，在工人中约占 42.7%，在职员中占 67.5%，在官员中占 72%，在独立经营者中占 48.9%。1980 年，中高收入阶层数量进一步增加。以男性为例，在工人中，月收入在 2000 马克以下者占 21.24%，月收入为 2000~4000 马克者则占 77% 以上；在职员中，月收入在 2000 马克以下者占 8.63%，月收入为 2000~5000 马克者的占比则超过 83%。20 世纪末，联邦德国税后净收入在 1800 马克以上者已经占 70% 以上，民主德国净收入在 1800 马克以上者的占比接近 57%。德国已经进入普遍富裕的发展阶段，拥有较高收入的"中层"人群已经成为社会的主体人群。在一些学者的眼中，收入和生活水平基本拉平正在使德国形成"单一阶级的社会"。

在职业分布方面，具有中间阶层职业特点的就业群体成为主导性就业群体。在联邦德国的就业职位中，1960 年，官员和职员占 28.1%，独立经营者占 12.4%；1970 年分别占 36.2%、10.4%；1980 年分别占 45.7%、8.6%；1991 年分别占 51.6%、8.1%。从以上数据的统计中不难看出，20 世纪 70 年代以后，官员和职员、独立经营者等"中层"管理和服务人员已

经发展为联邦德国的主导性从业群体。

2. 中间阶层内部结构出现重大调整

小农场主、小企业主、手工业者、独立经营者等传统中间阶层所占比重不断下降，以管理人员、政府官员、专业技术人员等职员为主体的新中间阶层成为主体。从实际从业人数看，新中间阶层的增长幅度相当惊人。1970年，官员和职员等新中间阶层就业人数为924.9万人；1980年，相应的统计数据为1226.3万人；1990年，相应的统计数据为1520.1万人。

需要指出的是，在新中间阶层，部分下层职员与上层技术工人在收入上并无很大的差别，有时前者较后者还略少。所不同的是，下层职员较上层技术工人有更多的晋升机会，从事的工作类型也更具专业性和知识性，换言之，前者的社会生存状态较后者更优。中间阶层的规模迅速扩大，改变了原先以工人阶级为主体的现代工业社会的阶级结构。有学者因此将这一变化视为20世纪下半期德国社会转型的"最重要的结构性标志"。

与二战前德国社会相比，二战后联邦德国在阶级结构方面唯有一点没有变化，即始终存在一个人数极少的顶级资产阶级阶层。从财富的角度来看，这一阶层包括一些大企业主、受聘大企业的总裁以及在政治、经济、金融、法律等重要领域拥有极高声望的人物，他们的收入水平很高，非其他阶层所能企及。根据20世纪80年代初的一项调查统计，这一阶层人数占总人数的2.56%，收入却占国民收入的25%。从社会和政治地位看，这一阶层占据社会各领域的关键位置，权势极大。他们包括工业界领袖、政界高官、公共管理部门的首脑、大的研究机构的领导、高级法官、律师、主任医师以及部分大学教授。这一阶层通常有钱有势，是国家和社会各项政策的直接或间接决定者，因此其被称为"权力精英"。

上述阶级结构的变化并没有从本质上改变德国社会的属性。虽然传统意义上的工人阶级人数有所减少，中间阶层发展为德国的主体人群，但中间阶层的新增人员多为管理人员和专业技术人员，受雇于人，以工薪为生，因此被称为"雇佣的中间阶层"。就此而言，他们只是拥有专业知识的脑力劳动者，是生存状态较好的"白领工人"，在某种意义上是"工人阶级的一部分"。因此，德国社会中劳动阶级的人数并没有改变。处于社会顶端的少数大资本家及权力阶层的存在表明，德国仍然是受资产阶级控制的资本主义国家。

第五章　法国收入分配制度
和社会结构

第一节　法国收入分配制度的演变

法国的收入分配制度基本上是按照资本主义经济制度的分配规律来进行的，即按照劳动—工资，资本—利润、利息，土地—地租，以及逐步建立和完善社会保障来实现的。

一　萌芽孕育阶段（1789 年大革命至 19 世纪末）的收入分配

本部分以医疗保险为例进行分析。法国医疗保险制度是按照社会团结、互助共济的原则，依据该国立法强制建立起来的一种医疗保障制度，是该国社会保险体系的一个重要组成部分，其由来可追溯到 19 世纪末期。

19 世纪末 20 世纪初，该国劳动者为了争取自身的生存权利和劳动保障权利，进行了无数次不屈不挠的示威和斗争。这些群众运动震撼了当时的法国当局，迫使其实施和颁布了一些包含疾病社会保险措施的条令。[①] 如在1910 年，法国政府即已就老年、残疾、死亡方面的社会保障进行了立法，后于 1945 年、1967 年、1971 年、1975 年、1980 年进行修改和完善。1928年，法国政府就"疾病社会保险"首次进行立法。二战后，法国于 1945年、1956 年、1967 年、1971 年和 1980 年分别进行修改和完善。1905 年，法国政府针对"失业保险"首次进行立法，以解决雇员"失业保险"问题，其后于 1958 年、1967 年（1958 年失业保险劳资协议的延伸）、1972 年（60

---

① 李国鸿：《法国医疗保险制度改革评析》，《国外医学》（卫生经济分册）2007 年第 3 期，第 102 页。

岁及以上失业者保障收入)、1974 年(农业)和 1984 年予以修订和完善。1898 年,法国政府首次就"工伤保险"进行立法,后于 1946 年及 1972 年两次进行修订。为解决"家属津贴"问题,根据普遍保障的原则,法国政府于 1932 年首次进行了修正,给予多子女家庭及低收入贫困家庭津贴补助。

二 现代制度形成发展改革阶段(20 世纪初至 20 世纪 80 年代末)的收入分配

1. 社会保险的发展与改革

法国现行的社会保险制度是在 1945 年第二次世界大战后逐步建立和完善起来的。对其独到之处归纳如下。[①]

①社会保险范围广

法国的社会保险范围广有两层含义。一是保险覆盖面广。法国的社会保险基本上是全民保险,从城镇到农村、从本国国土到海外领土的所有劳动者都被列为社会保险对象。二是保险项目齐全。目前,该国社会保险有疾病、退休、家庭补贴、失业、工伤和补充养老等种类,基本实现了公民从出生第四个月起就有生养病残老逝等方面的社会保险。

②社会保险体制多样化

法国的社会保险体制比较复杂,主要根据不同的行业、职业特点确定不同的保险体制。现行的保险体制可以分为四大类:一是普通体制,对象为私企的工薪人员;二是特殊体制,对象为公职人员、军人、国营铁路职员、邮政职员等;三是农业体制,对象为农业工人以外的农村人口;四是辅助体制,对象为非农业、非工薪人员,如个体工商户。

③社会保险基金收支机构分开

为对社会保险基金收支机构进行管理,法国设立全国社会保险基金会及各地区社会保险基金会。

社会保险基金的收缴主要由各地区社会保险基金会负责。法国社会保险基金由雇主和雇员双方负担,分别按照不同的比例,将保费送到本地区社会保险基金会,再由各地区社会保险基金会统一将其放入全国社会保险基金会。

---

① 尹志远:《法国社会保险制度的特点》,《中国人事》1995 年第 6 期,第 46 页。

社会保险金的支付主要由疾病基金会、养老基金会、家庭补贴基金会具体负责，由全国社会保险基金会根据保费的收缴情况和各类保险金的支付需求，将相关费用分别划到几个专门负责支付保险金的基金会，再逐级下拨，由就近的专门保险机构负责付给每个被保险者。

④社会保险待遇具有较强的法律保障

法国将社会保险待遇作为每个劳动者应享有的权益，在有关的法律、法规中进行明确的规定，最重要的一点就是，在任何一种保险体制下，劳动者既要享受保险金，同时必须缴纳保险金，这体现了权利和义务相结合的原则。另外，保险金受到法律的特别保护，使用保险金必须按照法定权利进行处理，对保险金的发放标准和调节办法一旦做出定论，就不能随意改变，这体现了司法稳定性的原则。

⑤社会保险管理机构独特

法国政府成立信托局以负责法国社会保险管理工作，这在世界上是独一无二的。法国信托局是与银行、国家预算部平行的机构，建有社会保障、银行、保险等多种职能集团。法国信托局在法国的政治和经济生活中具有重要的地位和作用。由这样的机构负责社会保险管理工作：一是提高了社会保险的可靠性；二是提高了社会保险的信誉度；三是有利于实现社会保险保值增值。

对不同社会保险的发展和改革的分析如下。

（1）养老保险

二战以后，法国的养老保险制度发展面临的背景如下。①

①社会福利超前发展

第二次世界大战后的 30 年，法国经济快速增长，其时，法国人过分强调社会福利，致使社会保险支出规模日益庞大，几乎发展到了失控的地步。养老保险金的增长速度快于工资的增长速度，最终导致社会养老保险体系"入不敷出"。

②经济长期不景气，失业严重

20 世纪 70 年代发生的石油危机，使法国经济一蹶不振，长期在低谷中徘徊，这从根本上动摇了福利国家的财政基础。失业情况非常严重，失业

---

① 沈国华：《法国的养老保险制度及其改革》，《外国经济与管理》1997 年第 5 期，第 39~40 页。

率高达 12%，有 300 多万人的工作没有着落，他们按规定无须缴纳养老保险费，失业时间仍纳入工龄。这些因素使法国人引以为豪的社会福利制度，特别是社会养老保险制度开始失灵，社会保险支出（包括养老保险金支出）以惊人的速度增长，使财政面临沉重的负担。

③人口老龄化

法国已经进入老龄化社会。目前，法国 65 岁以上的老年人占总人口的 14%，绝对人数高达 900 万人，法国现在的就业人数仅为 2200 万人。

面对养老保险方面日益突出的问题，法国各界基本达成共识：法国的养老保险制度与其他社会福利制度一样，到了非改不可的地步；基于公平和效率原则，养老保险必须从由在职人员负担改为由全社会纳税人负担。为此，法国采取的措施主要是削减开支、增加收入，包括开征新税和提高税率。

早在社会党执政时期，法国就开征了一种被称作"一般社会保险税"的税，几乎针对所有形式个人所得征收该税，纳税人是所有缴纳所得税的家庭成员。因此，约 50% 的法国家庭须缴纳此税。在左右翼共治时期，法国政府将一般社会保险税的税率翻了一番。之后法国又开征一种名为"社会债务偿还税"的新税种，以一般社会保险税的课征所得为税基，税率为 0.5%。由新税种筹集的资金专门用来偿付社会福利债务，其中当然包括社会养老保险赤字，并设立专门机构负责管理。

在削减社会保险开支方面，近三年来，由国家提供的养老津贴有所减少。在法定基本养老保险方面，法国政府虽然没有改动法定退休年龄，但享受养老保险金者必须在私营部门工作并缴费 37.5 年，此规定年限将逐步延长至 40 年，并将原来按本人 10 年最高工资收入的平均数计算养老保险金的规定改为按本人 25 年最高工资收入的平均数计算。此外，各补充养老保险计划将减少由于家庭原因（如配偶无收入等）发放的养老金补助，以提高个人的自给能力，减少对国家补贴的依赖。

与此同时，法国政府采取一些旨在鼓励商业性养老保险事业发展的措施，以便从根本上减轻社会性养老保险事业的压力，如允许参加商业性养老保险而支付的保险费从应税所得中扣除；某些种类的寿险收益可享受免缴个人所得税的优惠；等等。

（2）医疗保险

法国的医疗保险制度是按照社会团结、互助共济的原则，依据该国法律强制建立起来的一种医疗保障制度，是该国社会保险体系的一个重要组成部分。

1956 年，法国政府颁布了《社会保障法》，对 1928 年首次立法时确立的"疾病社会保险"内容进行了修正与完善。1971 年，法国政府颁布了《医院改革法》。1975 年，法国政府颁布了《关于残疾人的指令》，并通过了包括老年人疾病保障内容在内的《法国第七个经济和社会发展计划》。这些法规等逐步明确了医疗保险的作用与内容，促进法国医疗保险制度完善，进一步促进医疗卫生事业发展。

法国政府通过立法的形式，规定全体国民，包括企事业单位雇员、公务员、工人、农民、自由职业者及退休人员均被社会保险体系覆盖，必须参加法定的基本医疗保险。同时，这明确了法国医疗保险的组织机构、管理方式、筹资途径及保险范围等，从而使该国医疗保险逐步规范化和法治化。经过多年努力，目前，法国已建立和形成了以基本医疗保险为主、补充医疗保险并存的多层次医疗保险体系。其中，全体国民必须参加法定的基本医疗保险，而补充医疗保险由人民视经济状况和自身条件自由选择。

目前，法国医疗保险制度覆盖率为 99.2%。医疗保险大体上可分为两大类：一般保险，参加这一类保险的人数约占参保总人数的 80%；特种保险，参加这一类保险的人数占参保总人数的 20% 左右。

根据参保对象的不同，法国医疗保险可以分为以下三种类型：一是领薪者医疗保险，涉及政府公务员、企事业单位雇员及低收入者等；二是非领薪者医疗保险，涉及个体工商业者、自由职业者及手工业者等；三是农村医疗保险，涉及农业从业人员及农业经营人员等。

法国医疗保险基金筹集主要有以下三个渠道：①参保者个人缴纳一部分；②企业雇主缴纳一部分；③各种社会性资助补贴一部分。此外，国家给予一定的财政资助（但近年来逐年减少），政府以渐进的方式淡化国家财政资助作用，强调进行医疗卫生改革，以逐渐从财政资助中抽身退出。

根据法国医疗保险制度规定的保险费率，参保者个人按工资收入的 6.8% 缴纳，雇主按雇员工资的 12.8% 缴纳，雇员的保险金由雇主从工资中统一代扣代缴。

养老金的领取者和失业人员也要缴纳医疗保险费，他们要缴纳养老金的 1.4%；若领取的是私人养老金，则缴纳养老金的 2.4%；失业者应缴纳最低保障收入的 2%、失业救济金和培训津贴的 1%。

由于法国医疗保险制度本身存在某些弊端，再加上受到近几十年来经济停滞不前、通货膨胀日趋严重等因素的影响，法国医疗保障面临严峻危机，医疗保险制度暴露出某些问题与不足，主要表现如下。

①医疗卫生费用上涨速度过快，医疗保险支出持续增长

法国医疗保险体制过度注重高保障、高福利，过度注重向人们提供更好的医疗保健服务而疏于考虑支付能力。这样极易造成部分患者滥用保险、滥用药物、滥做检查等医疗服务需求过度膨胀现象，进而导致该国医疗费用支出持续增加。

根据统计资料分析，1950 年，法国医疗卫生费用支出占 GDP 的比例为 3.4%，1960 年增至 4.7%，1970 年增至 6.4%，1980 年为 7.6%，1990 年达到 8.8%，目前已达 10%。据研究，1975~1990 年，法国医疗卫生费用支出对 GDP 的弹性高达 1.79。1995 年，法国医疗保险费用支出为 5464 亿法郎，1996 年已达 5598 亿法郎。人均医疗卫生费用支出在 1950 年为 974 法郎，1975 年为 1800 法郎，1995 年已高达 11500 法郎。[①]

目前，法国医疗保险支出占社会保险支出的 34.6%，仅次于养老保险支出（44.1%）。尤其是 10 多年来，由于法国经济发展迟缓，失业人口不断增加，人口老龄化速度加快，法国医疗保险制度面临严峻的挑战，这已成为该国社会各界关注的焦点。

②医疗保险制度不够完善，缺乏竞争和利益约束

法国医疗保险制度尚不够完善，标准不统一，法国除覆盖主要人口的共同保险制度外，还有一些行业的小制度，难以被纳入共同制度。按行业建立的各种保险制度，不但参加人数偏少、共济面小，而且往往随着行业的衰退而出现问题，如煤矿业，因行业退化，老工人很多，新工人没有多少，保险缺口很大。这种多种制度并存的现象造成医疗保险支付标准无法统一，不利于政府对整个医疗保险进行统一的管理。

在法国，各项具体的医疗保险主要由各医疗保险基金组织实施和运营，保险基金组织主要依据发生的医疗保健服务内容、数量、价格，向医疗机

---

① 李国鸿：《法国医疗保险制度改革评析》，《国外医学》（卫生经济分册）2007 年第 3 期，第 104~105 页。

构支付报酬。由于缺乏有效的控制医疗资源利用的激励措施，供方、需方和第三方在医疗费用的控制方面尚未建立起完善的约束机制，三者在支付医疗费用时没有相互制约的利益关系，供需双方缺乏成本意识，致使出现过度需求和过度供给的现象，造成医疗卫生资源浪费。如该国对医生按服务项目支付的方式常常刺激一些医生提供过度的服务以获得补偿。此外，一些患者不根据病情的需要而要求医生提供一些并非必需的、昂贵的医疗服务，这也导致医疗需求增长，医疗保险费用连年走高。

③医疗卫生资源配置不当，利用效率不高

目前，法国医疗卫生人口资源配置不当，且地理分布不合理。大城市医生数量过多，农村及边远地区医生短缺；巴黎及以南地区的医生数量较多，而巴黎以北地区就相对缺乏。法国医务人员数量比 20 年前翻了一番，每千人拥有的医生数为 2.7 人，仅次于德国，高于美国的 2.3 人、日本的 1.6 人、英国的 1.4 人。法国每千人拥有的床位数亦是欧洲各国中最多的，但其利用效率较低。这种医疗卫生资源配置不当的现象已成为该国医疗保险面临的一个严重问题。这种资源配置不当造成该国城市与农村之间、不同地区之间人群的卫生健康状况存在差异，具体表现在城乡之间发病率和死亡率的差异上。

④医疗保险基金入不敷出，赤字居高不下

法国医疗保险费用主要来源于该国社会保险资金。在各个社会保险项目中，医疗保险费用增长得最快。由于该国医疗保险费用的急剧增长，医疗保险基金入不敷出，赤字严重。从 1975 年以来，法国医疗保险进行了 17 次大大小小的改革，但医疗保险基金入不敷出的现象仍无改观，根据统计资料，1993 年，法国医疗保险基金赤字为 276 亿法郎，1996 年达到 341 亿法郎。赤字增加的原因是多方面的，有医疗保险费用支出增长过快的原因，也有医疗保险制度本身尚有缺陷与不足的原因。法国经济自 20 世纪 70 年代末期以来长期停滞不前、通货膨胀严重，日趋严重的人口老龄化及医疗服务成本快速增长也是造成该国医疗保险基金入不敷出、赤字增加的重要原因。

根据统计资料，二战结束至 1974 年，法国国民经济年均增长率为 6%，但 1975～1994 年的年均增长率仅为 2%。在经济高增长的年代里不成问题的社会保险支出，到经济增长缓慢的年代就是千钧重负，社会保险面临严重困难。法国为弥补赤字，只得一再提高医疗保险的缴费率。但由于该国目前的社会保险工资税税率已处在高位，各险种缴费率合计已超过工资的60%，再提高医疗保险缴费率将对劳动力市场的正常运作产生不利的影响，进而影响经济增长。

2. 劳资关系的发展和改革

法国的劳资关系在许多方面与其他发达资本主义国家不同，法国的劳资关系比别的国家更加对立和更具意识形态色彩。不同利益组织内部及相互之间存在不同程度的分裂和竞争：不仅谈判对手之间很难达成协议，而且各利益组织之间缺乏协调，因而常常需要借助政府、劳动法规进行调节和控制。

总体上讲，法国劳资关系具有如下几个基本特征：工会力量薄弱，内部存在意识形态上的分裂，政治性和对抗性强；雇主进行专制的家长制管理，不愿意接受工会，雇主与工会的对抗性强；集体谈判体制相对薄弱；法律法规的作用和政府在调解雇佣关系方面的作用相对突出；政府与大型企业之间的关系密切。[①] 劳资关系涉及政府、资方和劳方三个利益主体。

（1）法国的政府干预

二战后法国的历史分为两个共和国时期：法兰西第四共和国、法兰西第五共和国。1958年，戴高乐将军上台标志着法兰西第四共和国结束、法兰西第五共和国开始。自此之后，法国政府在经济生活中扮演十分重要的角色，尤其是在劳资关系中发挥了比其他西欧国家政府更大的作用。具体来说，法国政府的作用主要如下。其一，法国政府不仅对公用事业的劳资关系进行了明确的规定，而且通过产业政策向公有部门施加压力，以作为提高产业的集中程度、实现资本国有化的手段。此外，法国政府常常通过先在公有企业中进行劳资改革以为其他经济部门的改革树立榜样。

法国政府在劳资关系领域制定劳动法规，在某种程度上，政府影响集体谈判的议题、法律效力、级别以及覆盖面。例如，1981年的社会党政府在两个月的时间里修订了1/3的劳动法规（《劳动法典》），明文规定每周工作时间从40小时减少到39小时，法定退休年龄从65岁降到60岁，法定

---

① 李楠：《战后法国劳资关系的变化及对我国的启示》，《法国研究》2002年第2期，第149~150页。

年休假时间从 4 周增加到 5 周，其目的就是要加强雇员和工会对企业决策的参与，为企业和谐的劳资关系奠定制度基础。

其二，政府还影响集体协议的实施范围。从产业方面来说，集体协议可以覆盖某个产业以及多个甚至全部私有部门；从地域方面来说，集体协议的实施范围可以为全国范围、地区范围。可见，法国政府借助劳动法规，通过强制实行某项规定的形式，在劳资关系中发挥重要作用，因此，其被人们称为"法国的国家社会主义"。国家干预对协调劳资关系的作用是明显的：维护雇主的自主权，消除了雇主的忧虑。雇主担心集体谈判会影响他们的自主权，确信通过政府干预而进行的政治游说较与工会进行直接谈判获利多而损失小。另外，在西欧各国中最激进的法国工会一直认为集体谈判是阶级合作的一种形式，政府的干预可以消除工会因与雇主达成协议而带来的压力，并将承担接受不受欢迎的措施的责任转移给政府。当然，政府干预劳资关系也会产生一定的不利后果。一是容易导致出现制度上的僵局。各个利益组织在集体谈判和劳资合作方面的无能使政府介入劳资关系领域，而政府由于承担了几乎全部的职责，致使资方和劳方在劳资谈判和协作方面的表现乏力，进而导致政府进一步介入。二是政府制定的劳资关系法令并不总是能够产生预期的效果，比如，法国《劳动法典》明文给予雇员相应的权利，而实际上资方仍然拥有相当大的自主处理权限。三是《劳动法典》中存在明显的向个人权利倾斜的倾向，比如，罢工权是可以被个人直接行使的合法权利，每个人都有权选择罢工或者不罢工。

（2）法国的雇主协会

19 世纪 40 年代，先是基于保护法国经济而对抗外来竞争，后是为了抵制工会而发动和组织雇员，法国产生了雇主协会，并于 1945 年成立了法国雇主协会全国委员会。

（3）法国工会

法国工会的组织率一直很低，在 20 世纪 80 年代出现了欧洲及法国历史上最低的组织率。1990 年，只有 8.5% 的雇员是工会会员。这种会员数量的急剧下降其实说明法国经济呈现分散化的发展态势。

此外，政府干预阻碍了法国集体谈判机制的发展和完善，降低了集体谈判的重要性，进一步削减了工会的作用而非提升了工会在集体谈判中的地位。例如，所有为签订集体协议的雇主工作的雇员，只能由一个得到承认的工会代表他们签字，否则该协议无效。这提升了工会的多样性。法国工会运动中存在的组织率和战斗性方面的危机，使工会陷入了恶性循环，薄弱性使它们不能取得实质性结果并在企业内部增强集体力量，这反过来使它们无法在雇员中赢得更多支持。

3. 收入分配的发展和改革

法国在发展过程中制定的调节收入分配、缓和社会矛盾的政策和措施，在一定程度上维持了社会的稳定。目前，法国执政党在财富分配领域已建立起较完备的制度和体系，主要内容如下。

（1）实施较为公平的税收制度。一是法国在建立税收制度时确立了兼顾公平、富者多缴、贫者少缴的原则。对所得税采取高额累进制：税率为16%~21%，最高税率可达56.8%。二是征收大宗财富税（团结互助税），即对拥有超过一定数量的个人动产者和不动产者征收大宗财富税。三是征收遗产税和财产赠送税。四是征收增值税。其特点是，日常生活消费品的税率低，高档商品的税率高。五是征收消费税。对酒类和含酒精饮料、烟草、娱乐设施、贵金属制品（金、银、白金等制品）等征收消费税。

（2）构建涵盖全民的"从摇篮到坟墓"的社会保障体系。法国人既包括自立人口也包括非自立人口，既包括领工资者也包括非领工资者，既包括城市人口也包括农村人口，他们"从摇篮到坟墓"都能享受医疗和生育保险、退休保险、家庭补助三大社会保险，该保障体系逐步法治化和制度化。

（3）设置失业保险。这包括发给被解雇的失业者的基本津贴；发给由于经济原因被解雇的失业者的特别津贴；失业者在终止领取特别津贴或基本津贴后仍然找不到工作的可以领取权益终止津贴；发给初次进入劳动力市场的青年、求职的寡妇、求职的犯人、求职的回国侨民、求职的避难者定额津贴；根据上述规定在享受失业救济年限期满后仍然失业的人员可领取团结互助补贴。

（4）确立各行业应及时调整的最低工资。它不仅与物价指数挂钩，而且根据工人实际平均工资的变化而变化，年终还要对最低工资者的购买力进行评估，从而使最低工资能跟上其他工资增长的步伐。

（5）对农业和农民的财富进行再分配。在促进法国农业现代化、农业生产力和产量提高方面，法国左右翼执政党的财富再分配政策起着极其重要的作用。例如，在生产领域，用优惠的税收政策支持农业基本建设，促进实现农业现代化。农作物、畜产品和加工品都有补贴，农作物按面积补，牲畜按头数补，葡萄酒按质量补。在流通领域，在农产品售价连最低价都达不到时，政府将给予补贴，或由政府委托有关部门收购，并储存起来，待市场恢复时再出售。农产品以国际市场价外售时，应以低于国内市场的差价进行补贴。在生活领域，专门为农民建立低收费、高补贴的社会保障组织——农业社会互助会。同时，努力争取欧盟推行有利于法国农业和农民的补贴。目前，法国政府和欧盟对法国农业和农民的财富再分配金额已经占到法国农民纯收入的 25%。[①]

（6）对落后和边远地区的财富再分配。20 世纪 60 年代，法国政府开展了大规模的领土整治工作。1963 年，法国设立了领土整治与地区行动专门委员会，其职责是进行大规模整治工作并推进对落后和边远市镇的建设。随后，法国政府增设了计划与领土整治部，进一步提高领土整治在政府工作中的地位和作用。1999 年，法国颁布了《领土整治和持续发展引导法》，重点发展落后和边远地区的公用事业。

20 世纪 90 年代，法国是欧盟扶贫基金和结构基金主要的受益国之一，在落后和边远地区领土整治的资金投入总额中，欧盟给予的财政补贴占 25%~75%。通过长期不懈的以领土整治形式进行财富再分配，法国落后和边远的地区从根本上改变了面貌，多数当地法国人走上了致富之路，过上了殷实的生活。

（7）利润分红制度。它规定在 100 人以上的企业中，如果雇主年终获得占资本 10% 的利润，则必须拿出一部分给予职工。

（8）确保融入社会的最低收入。凡年龄在 25 岁以上生活处在极其贫困状态的法国人均可申请并获得这种保障金。

（9）社会救济。它是对进入劳动力市场而找不到工作的青年、残疾人、老年人、病人、离婚者、负债的家庭人员等，没有享受社会保险或者领取的社会保险不能满足最低需要而成为新赤贫者进行的救济。

---

① 吴国庆：《法国执政党关于财富再分配与社会和谐的实践》，《政协天地》2005 年第 7 期，第 29~30 页。

（10）慈善事业。法国执政党和民间组织建立了许多慈善基金会和慈善机构，专门收容流浪者和临时陷入困境的人，利用社会财富进行第三次再分配。

4. 财富再分配的效果

（1）有效保障了中低收入群体的生活。法国的财富再分配制度和体系为所有的法国人提供了一定的生活保障，让所有的法国人都享受到财富再分配的成果。目前，在一般法国家庭的年纯收入中，从财富再分配中获得的收入已经占到1/3。财富再分配的重点向弱势群体倾斜。法国社会的弱势群体包括：低收入者、失业者和长期失业者、独身妇女和单亲家庭妇女、多子女家庭成员、退休者和孤寡老人、被社会排斥者。他们从财富再分配中所获得的收入占其年收入的一半甚至全部。对农业、农民以及落后和边远地区在财富再分配上推行"多予少取"的方针，促进了法国农业的现代化发展，确保法国农民拥有稳定的收入和生活，也使落后和边远地区从根本上改变了面貌。

（2）形成了有利于社会稳定与和谐的"橄榄"形社会结构。目前，法国社会中富有阶层和穷人阶层都是少数，占法国人口的15%~20%；绝大多数居民属于中等收入阶层，占法国人口的80%~85%，这形成了富有阶层和穷人阶层"两极比例小、中等收入阶层比例大"的"橄榄"形社会结构。一个庞大的中等收入阶层的存在，是法国社会得以保持和谐稳定的重要因素。法国历来是一个包括阶级斗争和劳资冲突在内的社会冲突十分激烈的国家。20世纪80年代以来，除了个别年份外，社会冲突日趋减少。

5. 税收制度的发展和改革

20世纪70年代，法国的税收政策主要是为了解决日益增长的公共开支和十分突出的再分配问题。这些问题在20世纪80年代初更加突出了。因此，税收对经济效益的影响在1984年成为人们关注的问题，法国政府采取措施限制课税负担，并取消了那些被认为是对经济效率极为不利的税收条款，且从1986年开始实施这些措施。

20世纪70年代的改革的重点是再分配。20世纪70年代，税率呈上升趋势，这是法国政府为了支付不断增长的社会保障和公共开支置债务于不顾而采取的措施。课税负担的增加主要表现为增加社会保障税，特别是雇主缴纳的税。法国政府在这一时期强化了税制的累进性，其后果是税收收入增加了。这种措施主要是通过取消过去所使用的社会保障税最高限额和在计算所得税税基时对工资收入者的扣减设置最高限制予以实施。20 世纪 70 年代，法国各党派对税收政策都很关心，虽然对这些措施已经讨论过，但左派反对党认为税制的累进体系不完善，换句话说，他们认为，课税负担对穷人来说太重，而对富人来说太轻。

20 世纪 80 年代初的改革强化了再分配。1981 年左翼联盟政府上台后，累进制的发展更快了。最高的边际所得税税率从 60% 上升到 65%，同时开始在较高的累进所得税基础上征收累进附加税。法国对各种被认为是对管理人员或经理有利的企业开支收取特别税。

20 世纪 80 年代初，税收政策所追求的目标的一个例证是实施了"大宗财产税"制度。法国税收制度以前并不包括涉及资本和财产的直接税。然而，其对大宗财产一般征收很重的税，有时还要多征收几次，特别是当财产以土地或房屋形式从上一代传给下一代时，或者是在所有者从财产中获得收入时。

1983~1984 年的改革主要强调效率。在人们谈论税收制度再分配的潜力时，高课税负担和高边际税率的缺陷越来越明显了，特别是在国际竞争日益激烈的环境下。1984 年，法国政府决定减轻课税负担，计划在 1985 年减少占 1% 国内生产总值的税收收入。其中 1/4 是取消了过去为社会保险筹资的按比例的所得税，1/4 是对所得税打折扣，1/4 是对职业税打折扣，上述这些扣减损失由中央政府预算负担；1/4 是由采取各种小规模措施取消的。这只能稳定税率，政府如果控制不好税收和国内生产总值的平衡，就很容易引起混乱。

法国政府在 1985 年决定把公司所得税税率从 50% 降到 45%。对于讨论结果，人们已经清楚了，降低税率涉及特殊投资税补贴，如加速折旧补贴。这种选择是在税收补贴可能偏向经营者的决策而不是偏向一种中立的税制目标的基础上做出的。[①]

对于 1986~1988 年的税收政策，1986 年大选后上台的政府决定进一步削减总课税负担，纠正失误，减少由税收制度本身造成的效率损失。法国

① 蓝瑛波：《法国税收制度改革综述》，《世界经济与政治论坛》1993 年第 7 期，第 36~37 页。

政府计划在 1986~1988 年减少 700 亿法郎的税收收入（此项计划已实施）。这些措施的目的是在考虑到平等的同时提高效率，最重要的有以下几项措施。

①把削减到 45% 的公司所得税扩大到全部利润上，这样一来，到 1988 年，公司所得税税率就会降到 42%。降低税率的副作用是对已分配利润重复课税减少了，因为个人所得税的课税津贴来自股利份额，而不是公司所得税份额。②改进抵前亏损系统和固定群体的税收体系以使公司所得税制度变得中立。③减少对某些公司的开支征收的特别税，直到 1988 年取消特别税。④削减职业税。⑤所得税最高边际税率从 65.0% 降至 58.0%，进而降至 56.8%。⑥家庭税更趋平等，对已婚夫妇的税收减免金额增加了。虽然这一措施受到人们的欢迎，但是它不乏降低税基和使纳税人数量减少之虞。⑦统一的利息和免税限制点及根据家庭成年人数最高点予以确定的计算办法对家庭更合理，对企业资金决策更为中立。⑧颁布特别储蓄法。这项法律的主要条款是提高免税上限，取消税前利息，递延并减少退休储蓄税。⑨取消收益率低、不正常的"大宗财产税"。⑩小汽车的附加税率不同于欧洲的平均税率，从 33.3% 降至 28.0%，通信费用包括在附加税基中，这样公司可以扣减服务税，对专业运输者所使用的燃料的附加税也应扣减。

与西方主要资本主义国家相比，法国现行的税收制度具有三个主要特点。

一是高水平的税收负担率。[1]

1985 年，法国的社会保险税收收入大约相当于国内生产总值的 46%，远高于美国、日本、联邦德国、英国、意大利等国家。与之相近的只有荷兰、瑞典和丹麦几个北欧国家。出现这一情况的主要原因如下。

在 1973 年第一次石油危机前的近 20 年的时间里，法国经济的年平均增长率为 5%~6%；在这样比较高的增长率的情况下，稳定增长的税收收入支持日益增加的公共支出而没有增加财政赤字。在两次石油危机以后，1980~1985 年，法国经济的年平均增长率只有 1.1%，公共支出没有相应地减少，相反，由于出现高失业率，法国被迫增加失业救济金，不得不提高税收的

---

[1] 丁森：《法国税收制度的特点和改革的设想》，《西欧研究》1989 年第 6 期，第 42~44 页。

总负担率（至2.8%），其高于联邦德国（1.1%）和日本（0.8%），与英国（2.7%）不相上下。

二是高比例的社会保险税。

自20世纪70年代以来，由于社会保险和福利事业的发展，法国社会补贴的增长速度快于国内生产总值的增长速度，年平均增长率为7%~8%，1980年，社会保护费用已达国内生产总值的1/4，这种高额的社会补贴主要是靠高比例的社会保险税来支撑的。社会保险税按职工的工薪总额计征。1985年，雇主的缴费率为38%~42%，雇员的缴费率为15%~17%，合计占工薪总额的57%左右。社会保险税占国内生产总值的比例由1965年的11.2%提高到1985年的20.8%（见表5-1）。

表5-1 法国1965~1985年社会保险税占国内生产总值的比例

单位:%

类别	1965年	1975年	1977年	1980年	1983年	1985年
雇主缴纳	8.9	11.1	11.7	12.3	13	—
雇员缴纳	2.3	3.3	3.8	4.9	5.2	—
合计	11.2	14.4	15.5	17.2	18.2	20.8

资料来源：笔者根据OECD财政事务委员会的报告和美国出版的《世界税制改革》一书中的数据编制而成。

表5-1表明，1965~1985年，法国的社会保险税占国内生产总值的比例增长9.6个百分点。就是这样高的比例，在1985年还无法负担社会保险和福利费用。与OECD其他成员相比，1983年，24个OECD成员的社会保险税占国内生产总值的比例平均（非加权数）为8.3%，法国为18.2%，高出OECD成员约10个百分点，比素以福利国家著称的瑞典（13%）还高出5.2个百分点。

三是间接税收入多于直接税收入。

自20世纪70年代下半期以来，法国的间接税收入占税收总额（不包括社会保险税总额）的60%~65%，直接税收入占35%~40%。目前，间接税的主要税种——增值税的收入约占国内生产总值的9%，居西欧国家之首。课税对象包括绝大部分商品和劳务收入，不予扣抵的主要项目有小汽车、某些燃料产品以及免费劳务等。目前，名义税率有4级，低税率有5.5%和

7%两级，标准税率为 18.6%，高税率为 33.3%。但在实际征收时对有些项目给予折扣，在低税率中又有 2.1% 和 4% 两级。法国是欧盟中税率级次最多的国家，这主要是出于纠正增值税的累退性的社会原因，但由此提升了管理的复杂性和在欧盟内部协调间接税的难度。

直接税中，个人所得税收入占国内生产总值的 6%，公司税占 2%，低于美国、日本及多数欧洲国家，但个人所得税的边际税率相当高，用全部所得税计，最高超过 70%，1986 年以后，其被逐年调低。这样就形成了高边际税率、低税收收入的情况，主要表现是：①税率的高度累进性，使平均税率远低于边际税率；②从课税基数中扣除了比较高的社会保险税及其他项目后，实际计税基数比较狭窄；③因税率的高度累进性而不得不以"消费单位"为基础计算个人所得税。这些因素造成所得税负担相对集中，大部分人只缴纳少量税款，近一半有收入的人不纳税。

与西方主要资本主义国家的公司税制相比，法国的公司税制没有根本性区别。50% 的比例税率从 20 世纪 60 年代沿用到 1985 年，在 1986 年以后开始降低。1975~1984 年法国的税收情况见表 5-2。

表 5-2 1975~1984 年法国的税收情况

单位:%

年份	税收收入占 GDP 比重	合计	所得和利润课税			社会保险税			商品和劳务课税		
			小计	个人所得税	公司税	小计	雇员缴款	雇主缴款	小计	增值税	其他消费和货物税
1975	37.4	100	17.5	12.2	5.3	48.4	18.8	29.6	34.1	23.3	10.8
1980	42.5	100	18	12.5	5.5	51.9	13.5	38.4	30.1	21	9.1
1984	45.5	100	17	13.0	4.0	54	15.5	38.5	29	19.9	9.1

资料来源：《1997 年美国统计摘要》。

个人所得税税率的高累进性、社会保险税在税收总额中的高份额、雇主缴费高出雇员缴费 1.5 倍左右都说明法国的税制具有比欧洲其他国家更高的再分配性质。就累进性来说，个人所得税的累进性虽高，但税额只占税收总额的 13% 左右，这在一定程度上为社会保险税和增值税的累退性所抵销。

此外，法国税制的另一特点是，绝大部分税收收入集中在中央一级。1981 年 9 月，在政府颁布"权力下放法"前，国家税占 81%，地方税占 19%。此后，地方税占比逐步提高到 25%～28%。地方税税种主要是土地税、房地产税和行业税等，没有设立地方所得税、公司税和消费税等。这是在进行国际比较时应予以注意的。

三 成熟创新阶段（20 世纪 90 年代至今）的收入分配

这一时期社会分配制度突出表现在社会保险的发展与改革方面。

1. 养老保险

法国的养老保险体系由三个层次组成，即第一层次的法定基本养老保险、第二层次的补充养老保险和第三层次的商业性养老保险。法国养老保险规模十分庞大。1995 年，法国的养老保险总收入高达 9770 亿法郎。

第一层次，法定基本养老保险包括私营部门工资劳动者的养老保险计划、农业劳动者的养老保险计划、公务员和公营部门工资劳动者的专门养老保险计划，以及手工业者、工商业者和自由职业者（后三者合称非工资劳动者）的养老保险计划。如果再加细分的话，私营部门工资劳动者和农业劳动者的养老保险计划占 32%；公务员和公营部门工资劳动者的专门养老保险计划占 25%；非工资劳动者的养老保险计划占 8%。

第二层次，补充养老保险的收入为 2310 亿法郎，占法国养老保险收入的 23.5%。

第三层次，商业性养老保险的收入为 1130 亿法郎，约占法国养老保险收入的 11.5%，其中，个人养老保险收入为 1000 亿法郎，企业为员工集体投保商业性养老保险的费用为 130 亿法郎。

法国各类养老保险的收入相当于当年法国国内生产总值的 12.1%，在欧盟各成员国中排名第二，仅次于意大利（13%）。法国养老保险制度如图 5-1 所示。

在人口老龄化压力不断增加的情况下，在 1991 年的白皮书发布之后，法国政府进行了一系列养老保险制度方面的改革。

①第一层次的改革。1993 年，法国政府开始对第一层次的养老保险制度进行改革，其目标是减少养老金的支付额。1993 年的改革建立了一个"老年互助基金"。1995 年 10 月，法国政府致力于使适用于公共和半公共部

门的雇员的基本养老保险制度和一般基本养老保险制度取得一致。①

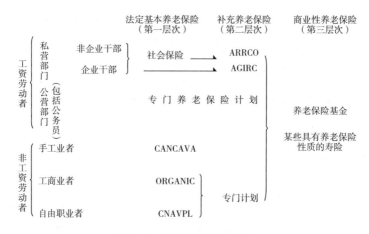

图 5-1　法国养老保险制度

资料来源：沈国华《法国的养老保险制度及其改革》，《外国经济与管理》1997 年第 5 期，第 37~38 页。

2003 年初，法国政府再次进行改革（称为 Fillon 计划），改革目标仍然是希望将特别制度与一般制度结合起来。采取的措施和 1995 年一样，将在退休后能以最高利率领取福利的缴费时间从 37.5 年调整到 40 年，只不过实现时间推迟至 2008 年。

②第二层次的改革。20 世纪 90 年代，政府修改了针对私营部门雇员的强制补充养老保险制度，增加缴费额以及降低领取的保险金。这种改变实际上是调低了替代率，在 5 年之内减少了管理者 20% 的权益，减少了非管理者 17.5% 的权益。

2003 年 3 月，法国政府建议建立一个针对店主和实业家的强制性补充养老保险制度。

③第三层次的改革。从 1994 年开始，法国政府针对非强制性的补充养老保险进行了一系列的改革（见表 5-3）。

---

① 冯頔：《法国养老保险制度改革对中国的启示》，《现代经济信息》2009 年第 17 期，第 65~66 页。

表 5-3　法国第三层次改革概况

年份	改革对象	目标或措施
1994	Madclin Law	对于参与补充性退休计划的个体经营者给予税收优惠；养老金必须以年金的形式缴纳
1997	退休储蓄计划	退休储蓄计划是非强制性的，确定缴费制；雇主与雇员的缴费是免税的；以年金的形式缴纳；对所有参与普遍养老金制度（或者农业部门养老金制度）的私营部门的员工适用。对于保险公司运营管理的制度最终在 2002 年被废除
2001	公司内部储蓄计划（非强制性工资储蓄计划，被认为是私人养老金计划的替代品）	鼓励中小型公司建立储蓄计划；允许其以行业或者地域为条件建立联合的公司储蓄计划；鼓励、建议设置更长的储蓄时间，储蓄超过 10 年可以享受税收优惠政策
2003	退休储蓄计划	其适用于所有雇员而不仅仅是私营部门雇员；雇员或者独立参与该计划，或者通过雇主参与该计划，或者通过专业机构参与该计划；以年金的形式缴纳；享受一定条件下的税收优惠政策。退休储蓄计划将 2001 年的非强制性工资储蓄计划转变为针对退休的非强制工资储蓄计划，新的计划中的参保者可以选择以年金发放的形式或一次性发放的形式领取养老金

我们对法国在 20 世纪 90 年代及 21 世纪初为应对养老金支付危机所实施的一系列改革措施的总结如下。

（1）开源节流，降低替代率。这主要针对第一、第二层次的改革，也就是增加财政储备，减少养老金的支付。例如，几次改革中都涉及延长缴纳分摊金的年限，以及在 1999 年建立储备基金。以上措施是为了有针对性地解决法国面临的财务危机，但在实施过程中遇到了很大的阻力。因为改革最终的结果无疑是直接降低民众的福利水平，基于福利刚性，改革自然会遇到很大的困难。

在全球大的经济环境背景下，随着人口老龄化加剧，养老金要负担的退休人口越来越多，养老金储备的增长跟不上退休人口的增加，在现有养老金水平很难下调的情况下就会出现财务危机。解决这一问题的关键不在于养老金的筹集与支付模式的具体化。从社会制度层面来讲，抛开养老金水平的刚性要求、适当降低福利水平、提高缴费率是直接的办法，可以取得一定的成效。

（2）由于根据行业的划分建立企业年金，鼓励有条件的企业发展企业年金，法国养老保险体制的发展已经非常成熟，第二层次的强制性补充养老保险的覆盖率接近100%。法国为建立完整的补充养老保险体系，从不同的行业入手，根据部门的不同特点建立不同的养老保险计划，例如，在2003年3月，法国政府建议建立一个针对店主和实业家的强制性补充养老保险制度。根据行业的划分建立强制性补充养老保险是符合法国国情的。

（3）逐步提升非强制性补充养老保险的覆盖率。综观法国对养老保险体制整体的改革，鼓励进行第三层次的发展无疑是改革的一个重心。

补充养老保险是为了解决制度失衡问题、缓和因替代率下降而引发的矛盾、保证职工退休后的生活水平不下降的一项重要措施。从法国对这一层次的养老保险的建立和改革当中，我们可以看到可取之处，如前所述，法国近几年建立了一系列可选择的储蓄计划，这能够使有能力的人根据自身需求选择储蓄计划，提高自身的保障水平。政府还为了鼓励人们加入这些储蓄计划，给予一定的税收优惠。

总的来说，法国的养老保险体制形成了有一定选择性的多层次保障结构，基本实现了对全体从业人员的覆盖，没有建立统一的养老保险制度，而是根据不同归属的部门、不同行业的部门、不同的就业形态提出有差异性的养老保险计划。从20世纪90年代至今，针对三个层次的一系列改革致力于降低替代率，完善补充养老保险，这是法国在面临人口老龄化的情况下完善养老保险制度的应急之举。

2. 医疗保险

法国第一部关于社会保障的法律颁布于1898年，比较完善的社会保障体系的建立出现在第二次世界大战后的1945年，社会保障体系真正走向成熟的标志是于1961年1月21日和1978年1月2日颁布的两部关于社会保障的法案。

进入20世纪90年代，法国开始了新一轮社会保障体系的改革，最终在1996年4月24日颁布了新的社会保障法案，这也就是今天的法国社会保障体系的基本法律框架。[1]

在医疗保险中，医疗保险局一般报销医疗费用的 70%、药品费用的 65%。各行业自主创办的互助性补充保险报销剩下的费用，构成"补充保险"或"补充的补充保险"等。社会低收入者或无收入者（包括难民和偷渡者）如能出示低收入或无收入证明，社保局便会给予申请者一份免费的"补充保险"，以支付剩余的 30% 的医疗费用及剩余的 35% 的药品费用。

近些年来，法国平等的社会保障体系面临债台高筑、赤字大大超过预算的窘境。基于此，2004 年，法国政府对医疗服务模式和医疗疾病保险支付手段开始进行改革，颁布了一系列新法规。

（1）法国医院体系的概况

法国医院有公立医院、定点私立医院和普通私立医院，它们的区别不在于医务人员的技术水平或服务质量，而在于病人自己负担的医疗费用的比例。对于在公立医院、定点私立医院就诊的费用，社保局报销医疗费用的 70% 和药品费用的 65%。对于患者个人所支付的 30% 的医疗费用和 35% 的药品费用，在公立医院、定点私立医院开出患者缴费证明后，患者将此证明寄给其购买了补充保险的保险公司，以获得相应比例的报销。如果患者去非定点私立医院就诊，那么社保局报销医疗费用的比例将非常低。

（2）投保者选择主治医生

投保者必须为自己选择一位"全科医生"，这位全科医生可以是公立医院的医生，也可以是自主执业的医生，投保者将这位医生定为其"主治医生"，16 岁以下青少年不受此约束。投保者所选的"主治医生"应该对投保者的健康情况比较清楚。如果投保者所选的医生是自主执业的医生，那么这位医生就有上门服务的可能性。投保者的个人医疗电子档案由主治医生保管在电脑中。当患者需要就诊专科时，必须先征求"主治医生"的意见。"主治医生"诊断后，若认为有必要则开具许可证明，这样，患者才可以看专科。

---

[1]　李久辉、樊民胜：《法国医疗保险制度的改革对我们的启示》，《医学与哲学》2010 年第 15 期，第 44~45 页。

患者有权直接去看专科或接受另一位非"主治医生"的全科医生的治疗，但后果是原本可以享受的报销比例将被削减20%。专科医生收取投保人的超出全科医生的费用由投保人负担。另外，如果公民在政府规定的限期内没有确定"主治医生"，那么在其加入补充互助保险时，保险机构可能不会报销部分费用。

法国实行了个人 IC 卡医疗制度和"第三方付费制度"，即患者只需支付社保局不予报销的部分（30%的医疗费用和35%的药品费用），如果患者购买了补充保险，那么保险公司将承担全部剩余的部分。

（3）取消公立医院的日常门诊

从 2009 年上半年开始，法国各地公立医院陆续取消日常门诊业务，医院的正常医疗服务模式只保留急诊和住院业务。至此，患者日常就医活动全部转至私人诊所和定点私立医院。这一医疗服务模式的改变使患者的就医模式产生了相应变化，形成了以下政府可主导和控制的患者就医模式：由全科医生到专科医生，由全科医生到公立医院，由全科医生到专科医生再到公立医院急诊科，由公立医院急诊科到公立医院。

（4）法国医疗服务模式和医疗保险支付手段改革的结果

2002 年 3 月 4 日，法国将疾病医疗保险法案、患者权利法案以及医生职责义务法案等多个法案整合在一起，称之为"2002 年 3 月 4 日法案"。目的是明确医生和医疗机构的职责与义务，有效规范医疗专业机构。

这些改革措施的结果一是使投保人有病时可以得到就近、便捷的治疗，且由于主治医生熟悉患者的个人情况，当患者需要去看专科医生或到公立医院治疗时，主治医生可联系办理手续。二是可以减少和杜绝患者无序和重复就诊的情况，减少医疗机构不必要的工作量和财力消耗。三是使政府可以取消公立医院的日常门诊业务，也就是取消政府对公立医院日常门诊业务人力和财力的支出，而将有限的人力和财力集中用于住院患者和急诊患者。这些改革引起各方的强烈反应。法国政府右派执政党"人民运动联盟"是这一改革的倡导者和发起者。主要在野党左派"社会党"是这一改革的反对者。不论是医疗疾病保险制度的改革派还是保守派，都在深入思考这一制度的根本理念和实施办法，试图找出一个各方都能接受的方案，以化解这一危机。

第二节　法国的社会结构

一　社会阶层发展阶段的划分

1. 资产阶级的发展

第一次世界大战后，法国资产阶级开始转向国内进行生产性投资，这使法国经济有了较快的发展，生产和资本迅速集中，形成了以"两百家族"为核心的法国资产阶级。"两百家族"指的是法兰西银行的两百个大股东。他们是法国最大的垄断资产阶级，财产和权力统统由他们的家族支配和承袭，形成了人们所称的"国中之国"。

第二次世界大战后，法国资产阶级内部结构又发生了重大变动。"两百家族"成员相继死亡，在激烈的竞争中破产。至20世纪70年代末，老家族加上"新暴发户"仅有10多家，但其仍拥有10亿法郎以上的财富和资本，再加上新产生的200家最大工业财团，其成为法国社会中的"超级富翁"，占有法国一半以上的公司。在公司日益增多和分散、业务更加科学化和复杂化的情况下，这些"超级富翁"除了继续沿用家族世袭方式控制部分公司外，还采用聘请、考核办法，让精通业务和有经验的人任董事、经纪人、经理、代理人等管理公司。与此同时，法国国家垄断资本主义迅速发展，在国有银行、公司中，法国政府采取上述办法任命国营公司等的领导人。这种聘任制的广泛应用，使这类人员队伍快速壮大起来。他们被资本家或国家雇用，领取工资，按时上下班，对下属彬彬有礼；他们的衣着打扮同办公室一般职员相差无几，有的甚至穿着蓝色工作服。但是，这些领工资者通常持有相当比例的股票，拥有经济特权，实际上就是资产阶级。他们同金融业、工商业和农业资本家、部分上层自由职业者和高级官员一起，组成了法国现代资产阶级，约占就业人口的0.5%。①

法国现代资产阶级的特点是既对国际资本尤其是美国资本有很大的依赖性（外国资本通过投资控制了法国较大的200家公司的1/4），又同国家有着密切的关系。在国际资产阶级和国家的支持和配合下，法国现代资产

---

① 吴国庆：《法国社会阶级结构的变化》，《欧洲研究》1985年第6期，第10~11页。

阶级"统治"法国社会的一切，把越来越多的独立经营者（如农民、手工业者、自由职业者等）变成雇佣工人和其他领工资者，使他们在全国就业人口中的比例由 1968 年的 76% 上升到 1981 年的 83%，总数达 1781 万人。这样，在法国形成了现代资产阶级为一极、工人和其他领工资者为另一极的两极分化局面，且分化日趋明显，冲突日益严重。

2. 工人阶级的发展

19 世纪下半叶至 20 世纪上半叶，法国工人阶级队伍主要由传统工人组成。他们分布在纺织、建筑、食品、造船、煤和铁矿石开采、钢铁冶炼等工业部门，带有手工工场工人的特征：按行业分，他们的文化水平低，手艺和经验较为丰富，并以此分为师傅和徒弟，在生产中独立性较大等。根据 1945 年的统计，法国传统工人约为 400 万人。一般来讲，他们的劳动条件恶劣，工作艰苦，生活悲惨，但阶级觉悟高，组织性和战斗性强。

二战后，法国的工人阶级的发展可以分为两个大的阶段。

第一阶段是在 20 世纪 50 年代之前，法国工人一改 19 世纪小生产者占重要地位的产业结构，产业工人成了法国工人的典型代表，法国工人走向同质化，越来越成熟。法国工人通过自己的斗争，在社会生活中发挥越来越重要的作用。革命的政党和工会组织不断壮大，甚至开始参与政府的权力分配。这一阶段实际上是工人阶级在 20 世纪二三十年代发展进程的继续。

第二阶段是在 20 世纪 50 年代中期以后，是法国工人面貌发生重大转折性变化的时期，也是我们重点分析的时期。经过光荣 30 年的经济发展和技术进步，产业结构和生产结构都发生了很大的变化，社会进入大众消费时代。随着第三产业的比重超过第二产业，第二产业内部机械化和自动化的进展，从 20 世纪 50 年代和 60 年代起，工人阶级发生了深刻的变化。

20 世纪 60~80 年代，法国的内部阶层结构发生了重要的变化。

第二次世界大战后，法国传统工业很快没落，传统工人锐减。20 世纪五六十年代，法国石油化工、汽车、电子、核和航天等新兴工业迅速崛起；法国对部分传统工业进行了技术改造，使之机械化、自动化、合理化和系统化，生产组织和劳动力结构开始改变，出现了新工人。他们按技术水平和文化程度分为熟练工人、专业工人和普通工人。熟练工人或控制电气开关和仪表，或注意电视屏幕和监视生产过程，或保养和维修机器。专业工人技术水平低，文化程度不高，主要在自动流水线上紧张劳动。普通工人的工作更为繁忙，主要是打杂。根据 1981 年的统计，在 700 多万名法国工人中，熟练工人和专业工人约为 600 万人，占 4/5。新工人成为法国工人阶级队伍中的中坚力量。

直接从事物质资料生产的工人已不再是工人阶级的核心，产业工人出现边缘化的趋势。出现这种变化的直接原因是第三产业飞速发展。从法国的就业人口结构看，第三产业的就业人口在二战后迅速超过第二产业，在战后初期，工业和建筑业的就业人口比重与第三产业旗鼓相当，但到了 20 世纪 70 年代中期就已经远低于第三产业。这就意味着，作为第二产业主要劳动力的工人在整个就业人口中的比重下降。1975 年，法国工人有 800 万人，而法国就业人口总数为 1800 万人，工人已经成为就业人口中的"少数"。不过，在 20 世纪 70 年代中期以前，虽然工人在领薪者中的比重略有下降（1954 年达到 61%，1975 年下降至 47.7%），但在绝对数量上还是增加的，这主要是由于这一时期出现了乡村人口向城市迁移的新高峰，许多农民进城当了工人。

工人数量减少的趋势在 20 世纪 80 年代和 90 年代仍旧继续。工人减少幅度最大的是一些传统的工业部门。1976~1983 年，冶金业失去了 1/4 以上的岗位，纺织业的岗位减少了 28%，机器制造业的岗位减少了 27.5%。相关数据还表明，在同一时期，大企业的工人数量减少，而一些小企业的工人数量却有一定的增加。500 人以上的企业工人数量比例从 20.6% 下降到 16.5%，而 50 人以下的小企业工人数量占比从 1976 年的 43.1% 上升到 1983 年的 49.1%。因此，产业工人特别是大企业的产业工人的数量减少了，这极大地改变了传统工人阶级的形象。

办公室的职员的上层与管理人员相近，而下层则与工人没有多少差别，这就在一定程度上模糊了工人与小资产阶级的界限。同时由于大众媒体的发展，工人和社会一般劳动大众的文化特征进一步接近，由此就成为社会有机组成中的一部分。但是工人阶级的这种变化并没有完全改变工人自古以来的三个重要特征：第一是相对贫困化，第二是具有依附性，第三是缺乏安全感。工人的这些变化和守恒通过他们的工作条件和生活条件反映出来。

新工人的成长和壮大改变了法国工人阶级的内部结构，给法国政治生活和工人运动带来深刻的影响。首先，新工人和传统工人之间，在职称、工资和福利待遇、生活水平上均有很大差别。这样使法国工人阶级结构多层次化和复杂化，给统一工人运动带来了困难。其次，传统工人的减少虽然削弱了法国工人阶级在传统工业区的力量，但新工人的发展增强了法国工人阶级在新兴工业区的影响。20 世纪 80 年代以后，工人阶级在法国分布比较均匀，为普及无产阶级思想、推进工人运动创造了有利条件。最后，20世纪 80 年代初期，外籍工人约为 86 万人，其中多数是专业工人和普通工人；女工约为 162 万人；青工在法国工人中的比例也很大。三者占法国工人总数的一半以上，但他们多数干粗活，收入水平低于平均工资水平，受到的压迫和剥削最深重，因而具有较强的反抗精神。

3. 新中产阶级的发展

法国传统"中产阶级"指的是小工业家、小商人、手工业者、农民等，他们拥有少许生产资料，大部分独立经营，一部分雇用和剥削少量工人。

20 世纪三四十年代以前，他们属于法国人数最多的社会集团。随着土地兼并加剧和农业现代化发展，农民数量迅速减少，手工业者和小商人等在同大工业竞争中纷纷破产，法国传统"中产阶级"人数锐减，20 世纪 80年代中期只剩下 300 万人，仅占法国"中产阶级"总人数的 26%。在传统"中产阶级"没落的过程中，以职员、公务员、教师、科技人员、高级和中级管理人员等为主的"新中产阶级"人数开始激增，主要原因是科技的进步，教育文化和服务行业的发展，国家职能的扩大和对经济、社会生活干预的加强。根据 1981 年的统计，仅职员、教师、高级和中级管理人员就达875 万人，占法国"中产阶级"总人数的 70% 左右。"新中产阶级"数量和在就业人口中所占的比重都已超过了其他阶级。

法国"新中产阶级"不占有生产资料，靠出卖脑力劳动和领取工资谋生，但是他们的生活比较富裕，职业比较稳定，文化水平比较高。尽管如此，他们中间还存在很大的差别：高级管理人员和高级公务员在财产、收入、生活条件和思想意识等方面比较接近资产阶级；普通职员不但在工作条件、工资收入、生活状况方面无法与高级职员相比，而且逐渐接近工人阶级，是法国"新中产阶级"的最底层，因此素有"白领工人"之称。由此可见，法国"新中产阶级"也和传统"中产阶级"一样，是一个复杂的、不稳定的社会集团，正在向两极分化。

由于这一阶级在法国阶级结构中的地位显要，影响力日益增强，因而引起人们的广泛关注，其成为法国左右政党努力争取的社会力量。随着新科技革命的发展和新科技在生产中的应用，法国经济结构、生产结构和劳动力组织的重新调整使法国阶级结构发生进一步的变化，从而对法国政治和社会生活产生更为深刻的影响。

从对上面阶级状况的分析中我们看到，工薪化在某些方面表现为"无产阶级化"，这主要指有些农民和小企业主加入工人和低级职员行列。另外，这种工薪化其实表现出资产与权利剥离的情况，或可以说资产与权利的关系更为复杂化。就薪金本身而言，这存在极大的不平等。表 5-4 反映了 1950~1983 年法国社会各阶层工资的比例关系。[①]

表 5-4　1950~1983 年法国社会各阶层工资的比例关系

	1950 年	1962 年	1967 年	1968 年	1973 年	1980 年	1983 年
高级管理者	2.89	3.52	3.63	3.5	3.25	2.6	2.53
中级管理者	1.48	1.7	1.74	1.66	1.56	1.34	1.31
职员	1.03	0.89	0.88	0.88	0.87	0.84	0.82
工人	0.87	0.82	0.8	0.79	0.81	0.82	0.8
总体平均值	1	1	1	1	1	1	1

我们认为，社会成员的工薪化并没有消除阶级的差别，当然也不能简单地用"无产阶级化"来概括。这种工薪化实际上反映了资本和社会地位的复杂关系，显然，在社会成员工薪化的背景下，以占不占有生产资料作为区分资产阶级和无产阶级、统治阶级和被统治阶级的标准已经不合时宜，因为在现在的法国，生产资料占有形式已经是多样化的，有国家所有的，也有个人所有的，还有实行股份制的。有些领薪者，虽然不占有生产资料（如果说工资是出卖劳动力的外部特征的话，那么这些人是出卖劳动力者），但从他们的收入、生活方式和生活水平看，显然，其是应该被列入资产阶级和统治阶级行列的。有些持有一些大公司股票的人，尽管也是拥有一定

---

① 沈坚、戴天华：《试论当代法国社会阶级关系变化的若干趋向》，《浙江学刊》2004 年第 3 期，第 119 页。

资本的人，但从他们的收入和职业来看，其只能被归入工人阶级队伍。

二 法国社会阶级结构发展的特点

20世纪，法国阶级结构方面发生的最重要的变化是社会成员的中间化，处在社会中间阶层的人数正在增加。对于这一现象，许多论著都有论述，但就法国的情况来说，要进行更加具体和深入的分析。大资产阶级的人数虽有增加，但增加的数量并不多，重要的是它的内部分成不同的层次，下层非常接近中产阶级，所以，资产阶级本身也呈现多样性，而处在金字塔尖的其实是少数。工人阶级的人数所占比例在20世纪50年代以后逐渐减少。更重要的是工人内部的分化，由于工业生产技术含量的提高，大量的技术工人和白领阶层出现了，这部分人数在不断增加，在工人阶级中所占比重也在不断提高，其生活条件和工作条件都已经接近小资产阶级。在20世纪的社会演变中，变化最大的是农民。农民的数量随着城市化进程的推动急骤减少，农业经营者的劳动生产率大大提高，生活也随之改善，由于他们相对独立，他们和小企业主非常像，因此，就生活水平和生活方式而言，他们可以与中产阶级的下层比肩。最后，中产阶级的数量在新的社会中并没有出现两极分化，他们的数量不断增加，从原来较低的社会阶层中不断吸收新成员，同时，少部分人进入更高的层次。在这样的趋势下，社会中间阶层的人数增加了，社会的结构从"金字塔"形变为"橄榄"形：虽然中间大，两头小，但两头的距离进一步拉大。表5-5反映了二战后社会流动趋向情况，从中我们可以清晰地看到各社会职业的人口和平均增长率。

表5-5 二战后法国各社会职业的人口和平均增长率

单位：万人，%

	人口				平均增长率	
	1962年	1975年	1982年	1994年	1962~1975年	1982~1994年
农业生产者	304.5	169.1	139.7	76.8	-104.2	-52.4
独立职业	208.4	176.6	165.7	163	-24.5	-2.2
高级管理层和知识阶层	88.7	152.9	175.7	276.8	49.48	4.2

续表

	人口				平均增长率	
	1962 年	1975 年	1982 年	1994 年	1962~1975 年	1982~1994 年
中间职业者	210.1	339.4	396.3	456.5	99.55	0.1
职员	346.6	478.6	548.8	616.9	101.5	56.7
工人	737.6	778	681.5	568.3	31.1	-94.3
总数	1895.9	2094.6	2107.7	2158.3	152.8	42.1

这种趋向从 20 世纪 70 年代中期开始进一步加强，在 20 世纪 80 年代和 90 年代较为明显。[①]

进入 20 世纪后，尤其在二战后，随着新技术革命的发展，法国进入大众消费时代，生产出现第三产业化趋势，国家对经济活动和社会生活的干预加强，国家机器进一步强化，社会出现了新的分工，中产阶级因此得到了新的补充，人数增加，这种情况是马克思主义经典作家难以预料的。

中间等级在 20 世纪最重要的变化是出现了新的重要组成成分，这就是大量的中下层管理人员。

管理人员主要分为两类。一类是技术型管理人员，有工程师和技术员等。另一类是行政管理人员，也即各级公共机构和企业中行政和调度方面管理人员，其中又分成不同的层次，依部门和功能划分，有在工业企业中从事生产技术指导工作的工程师，有在实验室工作的研究人员，有坐办公室的经理和机关行政官员，有商业部门和银行的经理等，还有一些地位类似于管理人员的社会成员，如大中小学的教师（常常被归入管理人员行列）。各种类型成员中又有高级成员和中级成员、主要成员和次要成员之分。

管理人员的产生和增加是工业革命和技术革命的产物，也是政治和行政管理现代化的产物。随着生产的机械化和科学管理方式的引入，工业生产部门和商业部门的经营越来越需要内行的人员和专业人员，因此，技术员和工程师的数量日益增加，他们在生产中的地位越来越重要。第二次世

---

① 沈坚、戴天华：《试论当代法国社会阶级关系变化的若干趋向》，《浙江学刊》2004 年第 3 期，第 120~121 页。

界大战期间，"管理人员"真正得到法律认可，《劳动宪章》规定，企业中建立社会委员会解决劳资纠纷，委员会由工人、企业主和管理人员的代表组成。自此，工程师和"管理人员"就紧密地联系在一起，工程师经常用"管理人员"来指称自己，并认为自己是"生产领域的中产阶级"。第二次世界大战后，"管理人员"已经形成确定的社会集团，工程师在其中发挥决定性作用。正是在工程师的积极推动下，1944 年，法国建立了"管理人员总工会"。在光荣 30 年经济大发展的背景下，由于引进美国科学管理的模式，管理人员队伍进一步扩大，他们不再简单地充当老板的"附庸"。效率提升的前提是进行现代化的管理，因此管理人员占据了生产结构中的中心位置。同时，随着国家管理职能的完善，以及教育事业的发展，国家机关管理人员和教师队伍不断扩大，管理人员集团迅速成为中产阶级的中坚力量，大大改变了中产阶级的传统面貌。管理人员在 1975 年和 1982 年较 1954 年的增长情况见表 5-6。

表 5-6　管理人员数量及占适龄劳动人口的比例

单位：人,%

	1954 年	1975 年	1982 年
高级管理人员（含大中学教师）	434000	1287000	1590000
中级管理人员	1113000	2765000	3254000
管理人员总数	1547000	4052000	4844000
占适龄劳动人口的比例	8	18	20.60

　　社会中间层一直是社会向上流动的通道。社会中间层规模的扩大在一定程度上反映出社会成员向上流动的趋向。同时，大量的社会中间阶层成员在一定程度上构成了社会冲突的缓冲带，成为社会稳定的基石。社会中间阶层在大众中引领消费时尚，在推动社会消费方面的作用不容忽视，因此对社会中间阶层在当代资本主义社会中的地位和发挥的作用应该做出新的评价。

第六章　瑞典收入分配制度
和社会结构

第一节　瑞典收入分配制度的演变

一　萌芽孕育阶段（1850 年至 20 世纪初）的收入分配

1. 劳动工资制度的建立和发展

19 世纪 50 年代以前，瑞典还是一个贫穷的农业国，生产力水平低下，国民生活普遍贫困。19 世纪中叶，瑞典开始了工业革命，逐渐步入初级工业化阶段。

1850~1890 年是瑞典的现代劳工市场制度的形成阶段。大约在 1850 年，瑞典开始了一个以蒸汽机使用和铁路建设为主要特点的技术更新与变革时期。1850~1870 年，蒸汽船和其他技术的引进使瑞典木材出口量翻了五番。受新兴的自由主义思想影响，国家开始放松对经济与商业的控制。1846 年，政府颁布的有关工厂与手工业条例首次肯定了"劳动自由"的原则，主张劳资双方"平等地"就工资和其他雇佣条件达成"个人契约"，以取代重商主义时期国家颁布的工资条例和要求的其他雇佣条件。通过改革，无业人员的流动不再被视为"犯罪"，其不需要被遣送从事强制性劳动或者被押送当兵，人员流动也不再需要通行证。

1864 年公布的经济法规确定了经济自由原则，所有公民都有权组织起来实现经济目标，从而取消对工会和罢工的禁令。当时，工人在一无所有的情况下，不可能对资方的雇佣条件提出任何异议。资方对工人进行家长式管理。工人的工作环境恶劣，每日的工作时间常常超过 15 个小时。因此，其实，"个人契约"实质上是资方单方面控制下的"契约"。随着上述原则的实施，人员流动的可能性大大提升，工人可以"用脚"进行选择，从而形成劳动市场。

建立以个人契约为标志的劳动市场规则是自文艺复兴时期开始的瑞典现代化改革的一部分。这一改革为新兴的资产阶级招募工人提供了方便，从而为瑞典工业化的突破性发展创造了条件。

19世纪末，劳动工资制度由资本家完全主导的个人契约向劳资集体协议转变。劳资集体协议制度的确立是以工会联合会和雇主联合会的成立为基础的。1897年，瑞典工会联合会成立；1902年，瑞典雇主联合会成立。工会与雇主在1906年11月签订劳资集体协议。该协议规定："工会不能做出有关雇佣保护或者包围和关闭工厂的决定与行动，雇主承认工会联合会的权利，但以不能对劳资双方构成威胁为前提。"1906年签订的劳资集体协议是瑞典劳资关系发展史上的一个里程碑，标志着瑞典劳资集体协议制度开始实施。1928年，瑞典政府设立了专门的劳资纠纷法庭，以更好地发挥劳资集体协议解决劳资争端的作用，进而为合理解决劳资争端提供了规范的程序和权威的法律保障。

2. 收入分配制度的发展和改革

瑞典收入分配制度的发展主要表现为福利制度的发展，其所处发展阶段以社会民主党执政为分水岭。

（1）福利型收入分配制度萌芽的社会历史条件

19世纪末20世纪初到社会民主党执政前是瑞典福利型收入分配制度的萌芽阶段。19世纪末20世纪初是瑞典社会的重要转型期，工业化的发展使瑞典经济和社会发生了巨大的变化。在经济发展的同时，各种社会问题逐渐显露出来并日趋严重，这引起瑞典社会各界人士的广泛关注，他们纷纷提出各种社会改革主张，其中，建立社会保障制度成为基本共识，瑞典的社会保障制度开始萌芽，雏形渐显。这一时期的收入分配制度以初次分配为主体。社会保险制度具有自愿性。

第一，工业化促进经济飞速发展。化工技术的广泛应用大大提高了造纸业的生产效率，瑞典发达的木材加工业为纸浆的生产奠定了坚实的基础，造纸业成为带动瑞典经济发展的重要产业。此外，炼钢厂的规模不断扩大，产量大幅提升，机械制造业有了长足发展。瑞典经济快速发展，1861～1890年年均增长2.7%；1891～1915年年均增长6.1%；1921～1940年年均增长

5.4%，国内投资从 5000 万瑞典克朗增加到 4.5 亿瑞典克朗；国民收入从 8 亿瑞典克朗增长到 32 亿瑞典克朗。

第二，社会经济发展使贫困问题等日益严重。工人劳动时间长成为普遍现象，平均每天为 10 个小时，劳动条件十分恶劣。工人收入水平很低，农村人口为摆脱贫困而大量涌入城市，城市面临就业、住房和卫生等一系列问题。这些问题伴随着经济发展而日益严重，这说明财富分配不公是导致贫困的主要因素；在工业化发展中，社会收入调节机制缺失是主要原因。

第三，人口结构出现新变化，老龄化趋势出现。社会经济的发展带来物质财富的增长，人们生活水平的大幅提高和医疗技术的进步共同促使人均寿命大幅延长，1901~1940 年，瑞典人均寿命从 52.6 岁延长到 64.9 岁。同时，瑞典人口出生率下降，导致老龄化趋势更为明显。1910 年，瑞典 65 岁以上人口约占总人口的 8.5%，1930 年上升为 9.0%。人口老龄化水平的提升直接促使养老金制度形成。

第四，经济危机导致失业问题突出。1914~1920 年，瑞典的年平均失业率为 8.7%，1921 年剧增到 26.6%，1922 年又上升到 34.3%。20 世纪二三十年代，瑞典平均工资水平总体呈下降趋势。严重的失业问题促使政府开始探索稳定经济、降低失业率的方法，失业保险制度开始成为社会保障的重要内容。

随着工业化的不断深入和经济社会的发展变化，各种社会问题频繁出现，这对经济结构和社会稳定造成不利影响，直接催生出现代社会保障制度。

（2）福利型收入分配制度萌芽阶段的主要政策

第一，社会救济和劳动救济相结合。瑞典现代社会保障制度的形成以社会救济为开端。1847 年，瑞典政府颁布新《济贫法》，赋予贫民享有社会救济的权利。1862 年，瑞典中央政府赋予地方政府为教育、济贫和其他慈善目的而征税的权力，标志着救济责任开始由教会承担转变为由地方政府承担。19 世纪颁布的《济贫法》将无生活来源的老人和孤儿作为主要救济对象，采取的形式如下。一是家庭收养和寄养。地方政府将无生活来源的老人和孤儿交给其他家庭收养，政府定期向收养家庭发放补助；由政府组织拍卖，将接受救济者寄养到出价最少的家庭，政府向出价者发放寄养补贴。二是群体轮流抚养,即将无独立生活能力的弱势群体,如残疾人、老人和孤儿分别放置在不同的农场,由这些农场的成员轮流抚养。三是济贫机构进行救济,机构主要有贫民院、贫民庇护所和救济院等。除上述三种直接社会救助形式外,还可以采取广泛的间接救助形式,如劳动救济,即通过提供劳动机会的方式,帮助接受救济者通过进行劳动改善生活条件,"家庭帮佣"是瑞典早期进行劳动救济的主要方式。

第二,劳动保护和劳工福利方面,工伤保险和健康保险初步形成。1875年,瑞典政府颁布第一部《公共健康法》;1889年颁布有关劳动安全保护的法令;1901年颁布《工人赔偿法》,强制规定雇主为患病和受伤的雇员提供基本生活保障;1921年通过《劳工福利法》,规定雇主必须履行的改善生产条件、提供保障雇员人身安全和健康的设施的法律义务;1929年通过强制性的《职业病法》,由雇主单方面承担保险费用;1931年将对所有健康保险互助团体的资助和管理转为由国家负责,健康保险制度逐步转变为由国家资助的社会保障制度。

第三,失业保险和养老保险缓慢发展。19世纪80年代,失业者主要借助自愿性互助保险团体获得失业保障。1906年,政府开始对这些互助保险团体进行资助。1913年,瑞典正式建立养老金制度,规定养老金具有普遍缴费性质,18~66岁公民均可以参加。同时,政府对弱势群体进行保护;对无力承担养老金者,政府提供免费的养老救济。

总体来看,19世纪末20世纪初到社会民主党执政前,瑞典收入分配制度开始萌芽,在初次分配领域构建劳资集体协议制度,为工人争取利益。在社会保障方面,社会保险尤其是工伤保险和健康保险的发展最为显著,养老保险和失业保险的发展速度缓慢,且大多以自愿购买为主。这一阶段,劳资集体协议的发展并不顺畅,雇主在劳资集体协议中仍处于强势地位,加之再次分配的调节力度不大,导致瑞典各阶层的收入差距比较大,尤其是1929年的经济危机导致失业率飙升、劳资冲突加剧、贫富差距不断扩大,国民收入分配格局严重不平衡。

3. 社会保险制度的发展和改革

瑞典社会保障制度萌芽于近代出台的《济贫法》。瑞典在1763年颁布了《济贫法》,颁布《济贫法》的目的是解决由贫困引发的一系列社会问题,提供救济的主体以教会为主。随着19世纪40年代瑞典工业革命的推进,瑞典农业社会结构逐渐分崩离析，大批失去土地的农民进入城市，为工业发展提供了廉价的劳动力。这也使城镇工人的处境更加困难。1847 年，瑞典颁布新《济贫法》。在新《济贫法》中，瑞典政府规定接受社会救助是一项公民权利。1862 年，瑞典地方政府开始取代教会从事救济事务。

1884 年，瑞典议员阿道夫·赫丁提出了社会保险法案。赫丁主张通过立法直接干预劳工阶级的生活和劳动，将工人养老保险放在优先位置。在之后的一份社会保险修正案中，其又将农业劳动者包含在内。可见，瑞典政府在最初的养老金制度设计中就已经将覆盖面扩大到劳工阶级和农业劳动者。虽然社会保险法案受到政府保守派的坚决反对，但最终还是在议会通过。这是瑞典社会保障制度发展过程中的一个重要事件。

赫丁提出的社会保险法案通过之后，瑞典政府开始建立社会保险制度。早在 1905 年，瑞典政府就成立了有关养老金问题的专门委员会，该委员会在对瑞典老年问题进行了长达 5 年的调查后提交了一份建设性报告，该报告很快被自由党政府采纳，并依此制定了养老金法案。1913 年，养老金法案在议会通过。该法案规定，瑞典的养老金制度是普遍性缴费养老金制度，所有 18~65 岁瑞典公民都可以参加养老救济，免费养老救济的领取者必须接受收入状况调查。这是瑞典政府在 20 世纪初通过的最为系统的一个社会保险法案，瑞典养老金制度自此正式建立起来。

总的来说，19 世纪 50 年代瑞典进行工业革命之前，瑞典国内对于突发疾病或意外伤害的救助主要通过教会和社会团体展开；在政教分离之后，主要由社会团体展开。1862 年，瑞典政府对地方政府进行改革，规定地方政府可以以进行教育、济贫为目的征税，并规定地方政府有提供医疗关怀的责任，中央政府有对精神病患者进行关怀的责任。1875 年，瑞典政府颁布了《公共健康法》。[①]

19 世纪末 20 世纪初，瑞典加快社会保障制度建立的速度。在医疗方面，瑞典政府从 1891 年开始向自愿健康保险团体提供国家资助，并于 1910 年通过立法形式扩大对自愿健康保险团体的资助范围。一战之前，瑞典的医疗保障体系初步建立起来。

---

① 李静：《瑞典医疗保障制度研究》，复旦大学硕士学位论文，2010，第 21 页。

二 现代制度形成阶段（20 世纪初至二战前）的收入分配

1. 劳资关系的发展和改革

瑞典劳资关系发展的第二阶段是集体谈判与劳资集体协议制度发展的阶段，时间跨度是 1890～1930 年。

瑞典工业化的第二阶段变革开始于 1890 年。电力技术和内燃机的使用大大改善了交通条件，提高了城市在经济发展中的重要性。工业产品附加值大大增加和与银行密切合作的大工业的出现是这次工业化浪潮的特点。1872～1912 年，瑞典工人数量增加了 7 倍，2/3 以上的工人在职工总数超过100 人的大中企业工作。工业的发展和人口向城市的流动使贫富差距迅速扩大。在马克思主义和社会主义思想影响下，工人开始组织起来并要求改善其经济地位。1850 年，瑞典出现第一个工会。1880 年，斯德哥尔摩木工协会的成立标志着现代工会在瑞典最终建立。1889 年，社会民主主义工人党（社民党）成立，参与发起组织的 2/3 成员来自工会。1898 年，社民党领导下的瑞典总工会成立。瑞典资产阶级较早地组织起来。1873 年，瑞典第一个资方组织——斯德哥尔摩面包坊业主协会成立。1893 年，第一个全国性雇主协会——瑞典印刷业主联合会成立。1902 年，瑞典雇主总会成立。在它们的影响下，公私部门的职员开始组织起来以维护自身利益。① 组织起来的劳资双方展开了激烈的较量。斗争内容不仅涉及工资和其他工作条件，而且更多地涉及成立工会的权利、工会代表工人谈判的权利和工人罢工等一系列劳工权利。一开始，资方以种种借口拒绝与工会谈判。他们宣称由工会代表工人谈判不符合个人契约原则，说工会受外来社会主义分子控制等。他们阻挠工人成立工会，或者派人组织"自己的工会"。他们从外地甚至从国外雇人来破坏罢工，关闭发生罢工的工厂甚至整个行业的工厂，以打垮工会。1905 年，3400 名冶金工人举行罢工，资方下令关闭 101 个工厂，强迫 17500 名工人下岗，以向工会施加压力。对于不服从其命令的工会领导人，资方随意开除并将其列入黑名单，使其很难找到工作。资产阶级政府对劳资冲突表面上持中立的态度，但通过法律禁止工会（在罢工时）劝阻

---

① 高锋：《瑞典处理劳资矛盾和工资问题的启示》，《当代世界与社会主义》2011 年第 1 期，第 75～76 页。

工人上班。1899 年通过的《奥卡尔普法案》甚至宣布仅仅有阻止罢工破坏者上班的企图即为"有罪"。但压迫越大，反抗越大。瑞典劳资冲突到 20 世纪初达到白热化程度。1909 年，30 多万名瑞典工人参加的历时三个多月的大罢工成为当时欧洲最大规模的劳资冲突。

在工人结社权、谈判权和集体协议权方面发生的冲突会对资方造成更大损失的情况下，集体谈判与劳资集体协议制度在瑞典建立起来。1869 年，斯德哥尔摩建筑工人经过罢工后与资方签署了第一份劳资集体协议。经过 30 年的激烈较量，瑞典大型企业开始接受集体劳资协议。1896 年，哥德堡铸工工会与资方签署了劳资集体协议。同年，烟草工业劳资双方就工资问题达成第一份全国行业性劳资集体协议。1905 年，在经过 4 个月罢工后，机械工业劳资双方签署了《关于处理工人与雇主争端的规则》和《关于最低工资、计件工作、正常工作时间和加班等问题的规定》。这些文件不仅涉及工资和劳动条件问题，而且涉及处理劳资关系的一些根本性规则。实际上，瑞典资产阶级接受劳资集体协议后不久就调整策略，主张规范劳资集体协议和提高谈判级别，以使劳资集体协议在不威胁资方权利的条件下，实现劳动市场平稳发展。1906 年 12 月，总工会同意接受雇主总会坚持的"雇主有权自由地录用并解雇工人、领导并分配工作"；资方则明确接受工人结社权、集体协议权和工会会员不受迫害的权利。这个被后人称为"12月妥协"的决定，为劳资集体协议代替个人契约并成为瑞典劳动市场解决劳资矛盾的主导方式扫清了障碍。

如前所述，集体谈判和劳资集体协议在 20 世纪初期成为瑞典解决劳资矛盾和工资问题的主要方式。但这种协议在后来的 20 多年里并没有为瑞典带来真正的劳工市场平稳发展。一战之后的物价飞涨和大规模失业，使许多人处于饥寒交迫之中。工会要求改变或者调整协议的争端层出不穷。为了解决有关争端，1920 年政府修改了 1906 年建立的国家调解员制度并建立了由劳资双方代表共同参加的仲裁委员会。这些对缓解劳资纠纷虽然起到了一定的作用，但是否接受调解和仲裁在当时由劳资双方自行决定，因此，它们对于促进劳动市场平稳发展的作用是有限的。

面对 20 世纪 20 年代连续几次发生的大规模冲突，当时执政的自由党决定通过立法进行干预。1928 年，议会通过了《集体协议与劳动法庭法》并提及下列斗争措施。①在不存在协议或者协议已经过期时因"利益冲突"

而采取的斗争措施（罢工或者闭厂）。②为相关方的合法斗争所采取的同情性斗争措施。对在协议有效期内，因对协议解释不同或者执行协议中出现的"法律争端"所采取的任何斗争措施都是非法的，要对在协议有效期内破坏"和平义务"的工会或者雇主进行法律方面的惩罚。参加非法罢工的工人将被处罚 200 瑞典克朗（约一个月的工资）。国家和劳资双方代表共同组建"劳动法庭"以审理有关"法律争端"。这划清了劳资合法权利（罢工或闭厂）与非法斗争之间的界限，为瑞典劳资关系走向法治化、实现稳定创造了重要条件。

在法律的支持下，劳资集体协议逐渐变成比个人契约更为有效的解决劳资矛盾和工资问题的办法。集体谈判与劳资集体协议使资方收集信息、举行谈判并对达成的协议进行监督等需要的费用大大减少。在资方眼里，工会不再是控制劳工供应以实现工资要求的"垄断性组织"，其可以成为进行降低工资"交易费用"的谈判的对手和加强企业与工人联系的重要渠道。

2. 收入分配制度的发展和改革

1928 年，社民党主席汉森提出，拆除所有把公民分成有特权的和被冷落的、统治者与依赖他人的、富人与穷人的、占有者与被占有者的、掠夺者与被掠夺者的社会与经济壁垒，建设人民之家的设想。2001 年，新党纲也提出，目标是建立一个没有高低贵贱，没有阶级差别、性别歧视和种族差异，没有偏见和歧视，一个人人都需要、人人都有位置的社会。这些揭示了瑞典收入分配的最终目标是消除不平等，实现共同富裕。

瑞典经济学家克拉斯·埃克隆德在《瑞典经济：现代混合经济的理论与实践》一书中，比较了当时世界各种经济体制的基础，并在此基础上重点介绍了现代混合经济的理论与实践，分析了瑞典收入分配的层次，及各层次的作用；在肯定所有制对经济制度的决定性作用的基础上，提出计划经济、市场经济、社会主义、资本主义可以任意组合，在坚持所有制不变的情况下，讨论计划和市场如何混合。

埃克隆德分析了瑞典混合经济的形式，进而揭示了收入分配的两个层次。第一个层次是初次分配中的团结工资。在瑞典，团结工资政策的指导方针是同工、同酬。这在实践上意味着缩小工资差距。原因是一方面可以实现公正，另一方面较小的工资差距能够加速经济部门结构转变。第二个层次是再分配中的税收和福利，他指出，瑞典可支配收入的分配要比生产要素收入的分配更为平衡。这主要依赖公共部门缩小市场中各方的收入差别，这正是进行税收制度转换的目的之一。没有哪个发达的工业国家愿意接受由完全不受调节的市场经济提供的收入分配形式，所有国家都进行了某种形式的转换。在瑞典，这种再分配方式十分普遍。从现有的研究结果看，瑞典对可支配收入的分配比任何一个国家都平均。从国际角度看，瑞典的税收转换具有很强的拉平效果。

社会民主党执政以后，福利型收入分配制度开始快速发展。瑞典社会民主党在成立之初就将民主、自由、平等、公正作为核心目标，主张消除收入方面的不平等现象，增加人民的福利。1932年，社会民主党开始执政，逐步推进以公平分配、社会福利为特征的收入分配制度改革。第二次世界大战后，改革进程明显加快，1944年，《工人运动战后纲领》提出"充分就业、公平分配与提高生活水平、经济更加有效和民主"的战后社会发展目标，强调"通过劳资集体协议制度，进行工资改革，实现同工同酬"。1950年，瑞典提出充分就业、价格稳定和国际收支平衡的三大经济目标。1960~1970年，政府将建立公平的福利国家作为工作重心，依托高税收奠定的财政基础，运用高福利的再分配调节手段，实现国民收入在居民、行业、阶层和地区之间的平均分配。瑞典福利型收入分配制度在这一时期快速发展，并最终确立。[①]

（1）人口结构和就业结构发生新变化

经济社会的发展使人口城镇化进程进一步加快。1910~1940年，瑞典城镇人口比例从24.8%上升到37.4%。从产业结构来看，农业劳动人口占比下降，1910~1940年，瑞典从事农业活动的劳动者的比例显著下降，从48.8%下降到34.1%，下降了14.7个百分点。与此同时，城市人口和工业人口显著增加，据统计，30年间，从事工矿制造业活动的劳动者比例从32%增加到38.2%，上升了6.2个百分点；从事商业服务活动的劳动者比例从19.2%增加到27.7%，上升了8.5个百分点。城镇化的加快、工业人口的增加和产业结构的调整为瑞典工人阶级的发展壮大提供了可能性，为瑞典经济发展提供了条件。

---

① 殷蕾:《瑞典收入分配制度中的利益平衡问题研究》，河北师范大学博士学位论文，2013，第38~39页。

（2）社会民主党的发展壮大

1889 年瑞典社会民主党成立后，根据瑞典不断发展变化的经济社会现实，及时提出许多契合瑞典经济社会发展的思想、纲领和政策主张，使社会民主党的成员数量不断增加，支持率不断上升。1920~1936 年，社会民主党成员从 143090 人增加到 368158 人，获得的选票从 195121 张增加到 1338120 张，得票率由 29.7%上升到 45.9%，在议会中的席位由 82 个增加到 112 个。1932 年，瑞典社会民主党获得选举胜利，开始了长达 44 年的执政周期。社会民主党的发展壮大和长期执政，为瑞典实现收入均等化和推行各种社会保障政策创造了强大的政治前提。

（3）工人组织的发展壮大

瑞典工会联合会于 1897 年成立，在领导工人阶级改善劳动条件和提高收入水平的斗争中发挥重大作用。1920 年，瑞典工会组织从 31 个增加到 45 个，工会会员从 28 万人增至 97 万人，工会在保护工人权益和提升政治参与程度上的作用日益强化。工人组织的发展，为社会民主党推行福利型社会保障奠定了坚实的阶级基础，成为推动瑞典社会保障和收入均等化发展的重要动力。

第一，以劳资集体协议为基础，同工同酬原则取得重大发展。1938 年，瑞典在劳资集体协议方面取得重大进展，工会联合会与雇主联合会签署咸湖巴登协议。在该协议中，双方倡议建立由工会和雇主协会代表共同管理的劳动力市场咨询委员会，就劳资纠纷、临时解雇等问题进行磋商。工会承诺在技术更新、提高生产效率以及避免罢工等方面与雇主进行协商与合作。该协议翻开了瑞典劳资集体协议制度的新篇章，标志着瑞典劳资集体协议制度的最终确立。1944 年，《工人运动战后纲领》提出，以强化劳资集体协议制度为基础，不断推动工资改革，逐步实现同工同酬。20 世纪 50 年代初期，瑞典政府引导劳资集体协议签订方式从自由谈判提升到集中谈判，通过劳资集体协议制定工资标准，缩减收入分配差距。基于此，瑞典在 20 世纪 60 年代末基本实现了行业、地区、阶层间的同工同酬，实现了工资报酬均等化和稳定而持续的经济增长的理性目标。

第二，建立了综合性的社会保险制度。养老金由基本养老金逐渐发展到基本养老金与补充养老金相结合，购买健康保险从自愿发展到强制，失业保险与工伤事故保险也有了一定的发展，这就使瑞典社会保险制度的构成内容大大增加，性质更加错综复杂。为加强对社会保险制度的管理，瑞典于 1962 年颁布《国民保险法》，将健康保险制度与其他各种社会保险制度合并，建立起综合性的、全民性的社会保险制度。

第三，社会救济体系不断完善。为了充分保证全体公民在面对任何困难的情况下都能得到充分的救济，瑞典在《济贫法》的基础上构建社会救济制度，其从名称上就体现出人道主义和公民权利意识。救济方式以提供现金为主，不再提供各种救济实物。地方政府成为救济的主要实施者，成立专门委员会，发放各种儿童救济津贴。社会救济制度与社会保险结合在一起，构成瑞典社会保障制度的基础，为瑞典民众提供了更加充分有效的保障。

从社会民主党上台到 20 世纪 70 年代末，瑞典的福利型社会保障体系基本确立。政府在再分配领域建立了完备的全民性且具有多层次的社会保障体系：从制度项目内容看，包括各种社会保险、社会救济和社会补助，涵盖影响居民生活的各种问题，覆盖从老人到未成年人、从健康者到残疾者的各个群体；从制度类型看，包括缴费的社会保险、免费提供救助的社会救济制度和社会服务、具有统一标准的基本保险（养老金、健康保险）及与收入相联系的补充保险。这种多层次、多形式的社会保障网有利于为不同社会成员提供有效的社会保障。社会保障制度的发展促进瑞典社会公平发展。20 世纪 70 年代末，劳动者的收入水平得到显著提高，社会成员的行业收入差距和性别收入差距都显著缩小。在可支配收入总额中，上等阶层的收入所占的比重有所下降。1964 年，瑞典 50% 的较富裕家庭的收入占可支配收入的 71% 以上，到 1981 年下降到 69%。1920~1979 年，瑞典 10% 的最富裕家庭的财富占税后净财富的比例由 91% 下降到 51%，瑞典 90% 的普通家庭的财富的占比由 9% 增加到 49%。

以社会福利化为特征的分配制度的改革效果显著，1932~1976 年，瑞典收入均等化程度加深，劳资之间的利益矛盾缓和，行业之间、性别之间、地区之间的收入差距缩小，利益关系趋于平衡；经济发展势头良好，社会环境稳定，劳动人口基本实现了充分就业。1950~1970 年，瑞典的国内生产总值年均增长率为 3.7%，人均国内生产总值的年均增长率为 3.3%（增速在这一时期居于世界前列）。在综合国力方面，瑞典进入发达国家行列。

3. 社会保险的发展和改革

在两次世界大战时期，瑞典的养老保险制度并没有出现明显的变化，但也不是丝毫没有进展。[①] 早在 1905 年，瑞典政府就成立了有关养老金问题的专门委员会，该委员会在对瑞典老年人问题进行长达 5 年的调查后提交了一份具有建设性的报告，该报告很快被自由党政府采纳，并依此制定了养老金法案。1913 年，这项养老金法案被议会通过，这是瑞典政府在 20 世纪初通过的最为系统的一个社会保险法案，瑞典也因此建立了养老金制度。该法案规定，瑞典的养老金制度是普遍性缴费养老金制度，所有 18～65 岁瑞典公民都可以参加养老救济，这种免费养老救济的领取者必须接受收入状况的调查。

（1）养老保险

1913 年，基于养老金法案建立的养老金制度是一种混合型养老金制度，既有为保险人提供的缴费养老金，也有针对贫困者以及有需要者提供的附带收入情况调查的补充养老金。在出现以名义账户制为主体的瑞典模型之前，瑞典的养老保险制度经历了一系列的变革。

从养老金法案通过一直到 20 世纪 30 年代，附带收入情况调查的养老金一直是瑞典养老金制度的重要组成部分。瑞典养老金制度改革在两次世界大战之间一直没有迈出具有决定性的步伐，而且它所提供的养老金津贴比较少，难以满足老年人的生活需要。

（2）医疗保险

瑞典医疗保障制度建立伊始，并没有受到政府的高度重视。1910～1945 年，瑞典医疗保障制度发展缓慢，其原因在于 20 世纪初社会矛盾的焦点集中于劳资关系，工伤救助和劳动保护等发展较为迅速；战争期间，失业现象严重，支持就业变成政府的一项紧迫任务；由于人口较年轻，健康与养老等问题并不突出。

该时期，瑞典推广以保险团体为实施主体的保险资助。1931 年，瑞典强制执行之前对自愿健康保险团体的资助，规定保险团体必须接受国家资助，但政府在每个经济部门只资助一个团体，并鼓励这些团体将保险的覆盖范围扩大到全国 15～40 岁人口。保险团体分为中央保险团体和地方保险

---

① 陈静旭：《瑞典公共养老保险制度改革研究》，华中科技大学硕士学位论文，2008，第 8 页。

团体两种，前者提供长期保险及覆盖几个省的医疗保障；后者提供 18 天的短期保险及仅覆盖几个自治市的医疗保障。

瑞典作为西方福利国家的典型，实施的是国家预算型健康保险制度。从 20 世纪 30 年代起，瑞典逐步扩大医疗保障等福利措施的实施范围，并且在卫生保健领域推行"全民健康保险"政策。瑞典从 1947 年开始实行强制性医疗保险制度，这一制度的确立以国会通过规定本国公民必须参加医疗保险的法案为标志。此后，瑞典政府通过进行福利保险及卫生方面立法，最终确定了国家预算型医疗保险制度。[①]

三　发展改革阶段（二战至 20 世纪 80 年代末）的收入分配

1. 劳资关系的发展和改革

1930~1975 年是瑞典模式的光辉时代。

劳动法庭建立不久，20 世纪 30 年代，瑞典就出现了经济大萧条。当时，瑞典围绕汽车、造船等新兴产业刚刚开始第三次工业变革。一系列大型出口企业以福特主义为原则建立起来，并走向国际市场。经济大萧条的冲击使瑞典经济变革困难重重，资产阶级政府推行的降低工资、减少开支的政策，使国内需求持续下降，失业人数猛增。1931 年，军队向游行工人开枪并打死 5 名工人的事件标志着劳资矛盾急剧升级。[②]

（1）劳资总体协议

1938 年的劳资总体协议规定：有关工资和其他劳动条件等方面的劳资矛盾要通过谈判解决；在谈判开始前和谈判期间，任何一方不得采取斗争措施；在地方谈判未果的情况下开始进行联合会谈判。谈判失败并采取斗争手段要事先通报对方及有关单位。违反上述程序的一方将受到制裁。双方决定成立由双方代表组成的劳动市场委员会，由其讨论并处理有关企业民主、辞退原则、劳资冲突不应造成"社会危险"和不应影响"第三方"利益等问题。

这个协议是瑞典现代史上最著名的劳资双边协议。协议本身和协议创

---

① 贺红强：《瑞典医疗保障制度对我国的启示和借鉴》，《中国卫生法制》2013 年第 1 期，第 45 页。

② 高锋：《瑞典处理劳资矛盾和工资问题的启示》，《当代世界与社会主义》2011 年第 1 期，第 76~77 页。

造的劳资"谅解精神"使瑞典劳资谈判和劳资集体协议真正走上了程序化、制度化的道路，为劳工市场的长期和平与稳定创造了条件，为瑞典社民党长达 44 年的连续执政和瑞典福利国家的建设奠定了基础。

（2）瑞典模式

二战结束后，瑞典第三次工业变革继续深入发展，各国重建带来的大批订货使瑞典经济迅速增长并不断实现国际化。为了在经济发展中使劳动人民得到更多实惠的同时不影响企业竞争力，瑞典总工会在 20 世纪 50 年代提出团结工资政策。

瑞典总工会认为，工会与政府的任务不同，工会的责任就是代表工人利益，为提高工人待遇而奋斗。工资增长率虽然不能超过社会生产率，但工资取决于工作的性质和要求，如难度、危险情况、保障情况和工人的受教育程度及技能水平等。"工人不能为亏损企业勒紧腰带"，公平的工资只能来自同工同酬。在不同企业间追求同工同酬目标必将加重设备陈旧、效率低下的企业的负担，使经受不起这种内部压力和国际竞争的企业被淘汰。瑞典总工会专家建议，政府借此机会对失业工人进行培训，帮助其流动，以推动企业更新换代，应该利用财政与税收政策，进而促进经济稳定发展。

瑞典总工会提出的团结工资政策使瑞典出口企业比其竞争对手支付较少的劳动费用。瑞典总工会对技术变革的支持更加受到资方的欢迎。1956～1983 年，瑞典总工会与雇主总会就工资和其他劳动条件进行了多次全国统一谈判。双方为整个劳工市场确定工资增长总幅度后，由各行业联合会和地方分会（在和平条件下）落实到个人，从而使瑞典劳工市场出现了 30 年的和平。其间，社民党政府应工会要求实行积极的劳动市场政策，对失业职工进行免费培训并资助他们向高技术产业流动，从而推动瑞典产业升级和经济结构变革。在工会的支持下，政府通过实施税收制度建立了"从摇篮到坟墓"的一整套社会福利制度，使劳动开支（工资和资方代缴的社会保险费）占国民收入的比例由 1950 年的 57% 上升到 1980 年的 78%。2005 年，随着经济全球化发展，这一占比逐步回落到 69% 的水平。

（3）控制工资增长总量

为了便于进行谈判，劳资双方专家在工资统计方面进行密切合作，努力使工资增长规模保持在社会经济的承受能力以内。20 世纪 60 年代末，瑞典总工会、职员协会中央组织和雇主总会专家经过联合调查后发表报告，指出，瑞典作为一个严重依赖外贸的小国，经济产业分为两大部分，即受到外国竞争威胁的产业（简称 L 产业）和受到国家保护的产业。前者主要包括工业、林业、渔业和部分交通运输业；后者主要包括农业、建筑业和其他服务行业。报告认为，瑞典的社会产值主要取决于 L 产业，因此工资增长总幅度不能超过 L 产业生产率和国际市场价格上涨率的总和。这个理论为瑞典等北欧工业化小国计算国民经济对工资增长的承受能力提供了某种借鉴，被人们称为"EFO 模式"。

随着公共福利与服务部门的发展，瑞典经济产业由两大部分迅速发展为三大部分：L 产业、公共服务部门和受到保护的私人产业。上述组织发表的新调查报告指出，工资和利润的增长不仅取决于 L 产业的生产率增长和国际市场价格的变化，而且受到国际货币市场、国内劳动费用和半成品价格等的影响，强调工资的增长不能影响瑞典商品的国际竞争力和未来经济的发展。

尽管在每次谈判中双方代表都很强硬，有时甚至发生一些较大规模的冲突，但最后总能找到解决的办法并达成新的劳资集体协议。在每次谈判开始之前，人们都发现许多职工的实际工资增长速度大大超过协议规定的速度。这是因为，许多企业往往愿意用比协议规定的更多的钱来刺激职工的积极性或吸引技术水平较高的职工。这种协议外的增长在一些企业中能达到甚至超过协议规定的增长，从而使其他企业的职工，特别是公共部门的职工的工资水平落在后面。为了减少市场机制所带来的这种"苦乐不均"的现象，谈判前，工会（首先是公共服务部门的工会）往往要求从工资增长总额中先留出一部分以用于补偿那些协议外工资增长很少的职工。在这种要求难以实现时，其就要求在新协议中对此做出某些具体规定。

①工资增长补偿条款。这种条款在 20 世纪 70 年代颇为流行。人们往往把工业工人的额外工资增长作为标准，如 1974 年的协议把这一金额估定为每小时 0.55 瑞典克朗，规定其他行业成年工人的协议外工资增长如达不到每小时 0.55 瑞典克朗，则年底应自动上调到此数。同年，在国家雇员的工资协议中把整个劳动市场上的这种增长率规定为 3%，规定其中的 0.6% 自协议生效起实现，剩下的 2.4% 在年底生效时才实现。在另外一些协议中，有时把这种补偿分为两部分，前一部分立即支付，后一部分只有在协议中用来作为对比标准的职工（如产业工人）的增长率超过原来估计的增长率

时才实现。补偿程度有大有小,但大部分不超过 80%。

②物价上涨保证条款。除工资之外,对职工生活影响最大的因素是物价上涨,因此,一些工资协议中写入了"物价上涨保证条款",即规定物价上涨一旦超过某一界限,双方就必须重新进行谈判,或者干脆规定按协议条款使职工自动得到补偿。

劳资双方在政府不干预的情况下通过谈判直接解决工资和其他工作条件问题,从而为经济发展和福利国家建设创造条件的做法被称为瑞典模式。这一谈判制度的实行使瑞典劳资冲突费用在 30 年的时间里基本消失,逐步增加的出口工业工资开支压力转移到竞争对手,为经济的发展创造了有利条件。在国家税收和福利等措施进行平衡后,劳动人民的收入在国民收入分配中的份额逐步提高,社会差距进一步缩小,劳动人民的生活有保障,瑞典社会得以和谐发展。

2. 社会保险的发展和改革

(1) 养老保险

从 1948 年 1 月 1 日起,瑞典开始实施新的养老保险法,建立待遇相同的基本养老金制度,津贴标准与缴费额无关且有较大的提升。1963 年,瑞典实施补充养老金制度。通过一系列调整与改革,到了 20 世纪 70 年代,瑞典逐渐构建了一套多层次、综合性的养老金制度,它有效地保障了老年人晚年的基本生活。无论是绝对数额还是养老金替代率,瑞典养老保险的待遇水平即便在西方发达国家中也是很高的,以 1975 年为例,基本养老金为 8983 瑞典克朗,补充养老金达到 5306 瑞典克朗,两者相加对工资的替代率为 50% 左右。[1] 老年群体的生活水平总体来说是较好的,对促进社会稳定起到积极的作用。瑞典的养老保险制度在建立之初运行顺利,但随着时间的推移,一些问题逐渐显现出来。

①原有制度设计缺陷

20 世纪 70 年代之后,由于经济发展速度减缓和人口老龄化加剧等原因,原有的养老保险制度过高的支付水平和现收现付的基金模式给政府带来了沉重的财政压力。但根本原因还是养老金制度本身的严重缺陷。在现

---

[1] 刘兴菊:《论瑞典养老保险制度改革的原因与过程》,《经营管理者》2012 年第 2 期,第 112 页。

收现付基金模式下，上一代人的养老金实际上来自下一代人缴纳的费用，因此，在制度建立之初，由于老龄人口所占比例较低而运行顺利，但随着人口老龄化的到来，代际转移支付的矛盾日趋明显：由于没有对人口老龄化带来的养老金支付做好储备，瑞典只能通过提升税率和借助政府补贴的方法保障老年人的生活水平。高福利的背后是以高费率为代价的，而过高的费率和财政补贴标准不但使企业和政府背上了沉重的包袱，也不利于个人缴费积极性的提高。

②人口老龄化对养老保险的冲击

早在 1950 年，瑞典 65 岁以上人口所占比例就达到 10.24%，瑞典进入老龄社会，但当时由于人口出生率较高，年轻一代的缴费还足够支撑老年人的保险金。到了 20 世纪 70 年代中后期，瑞典的人口自然增长率仅为 0.04%，相反，65 岁以上人口的比例却在 15% 以上。养老金支出成为瑞典最大的社会福利支出，加上老年人的医疗和保健服务，用于老年群体的社会福利面临巨大的财务压力，在现收现付的基金模式下，这导致代际出现激烈的矛盾。另外，由于缴费同本人将来所能享受到的福利待遇关系甚微，人们缺乏主动缴费的热情，缴费基数下降，而领取养老金的人数不断增加，这加剧了瑞典社会保障制度的困境。"高福利—高缴费"的模式在老龄化加速发展的时期开始变得难以为继。

为了应对社会保障支出所带来的巨大压力，瑞典政府从 20 世纪 80 年代开始对原有的社会保障模式进行调整和改革。前期改革的目的主要是降低过高的养老金给付水平，其根本在于节约开支。

首先，1980 年，瑞典政府通过一个法案，该法案主要对社会保障支出的保值方法进行调整。之前，瑞典社会保障支出水平与物价指数的变化挂钩，以保证实际购买力不会受到物价上涨的影响。改革后的方案虽然同样与物价变化指数相联系，但调整周期由过去的 2 个月一次延长到 1 年一次。瑞典基本养老金和补充养老金标准都根据物价指数进行调整，养老金在社会福利支出中所占比例最大，因此，这项改革的主要目的在于减轻政府对于养老金补贴的负担。以 1980 年为例，瑞典中央政府用于养老金和家庭补贴方面的支出就减少了 4 亿瑞典克朗。

其次，瑞典政府开始加大紧缩社会保障支出的力度。在将部分养老金的替代率从之前相当于工作期间工资的 65% 下调到 50% 的同时，增加了获取部分养老金的条件，使 1981 年养老金的领取人数比上年下降了 7%，1985 年则下降了 10%。

最后，加大了对职业年金的重视和支持力度。20 世纪 80 年代，瑞典职业养老金制度获得了明显的发展，包含四大职业养老金，其涵盖工人、白领、中央政府公务员和地方政府公务员。职业年金的迅速发展不仅减轻了政府财政的压力，也能更好地保障老年人的生活水平，并且，瑞典还加大了对私有老年人护理机构的建设力度，以减轻政府在老年人服务方面的负担。

在现收现付的筹资模式下，资金管理较为简便，保值增值的压力很小。在改革中，瑞典建立了个人账户，对积累资金的管理就显得格外重要。个人账户又称辅助养老金，因此，瑞典新建了辅助养老金局进行管理。根据相关规定，社会保险税由税务机关征收后，转给辅助养老金局，由其负责进行个人账户的管理，并负责记录所有的个人账户情况，包括供款、投资收益、资金划转等。为了降低个人账户投资过程中资金划转的管理成本，辅助养老金局还承担了清算中心的责任，即在管理机构和基金公司之间搭起桥梁，协调保险人和投资机关之间的委托—代理关系：辅助养老金局汇总所有个人账户投向和转出不同基金公司的资金，并根据差额与各个基金公司进行资金的划转。这样，通过利用管理中的规模经济效应降低了辅助养老金局的管理成本。基金公司只知道投资自己持有的基金的资金总额，并不向具体的缴费者负责。因此，辅助养老金局统一向缴费者发布年度末的账户说明书。从管理权限角度来看，辅助养老金局的管理相对宽松，政府在保证进行宏观指导的前提下，将投资运营的自由交予基金公司，以更好地实现基金增值。

（2）医疗保险

自 20 世纪 30 年代以来，瑞典社会民主党开始执政。该党大力推行"全民福利"政策，扩大福利覆盖范围，在全国实施慷慨的全民福利政策，这极大地提高了该国人口的健康状况和生活水平。据统计，瑞典人均期望寿命仅低于日本和冰岛，处于世界上人均期望寿命最高国家之列。因此，该国一直被世人视为福利国家的楷模。

1946～1970 年是瑞典医疗保障制度快速发展时期。这得益于战后经济发展、英国通过《贝弗里奇报告》和瑞典人对健康质量的要求逐渐提高三者共同的作用。

1946 年，瑞典开始筹备建立全国性的医疗健康保险制度。新的《健康保险法》获得通过，标志着瑞典第一次建立了强制性的医疗保险制度。该制度规定 16 岁以上公民必须参加健康保险。新的《健康保险法》规定了疾病患者可获得两个方面的补偿：诊治费用和现金补贴。其中，患者 3/4 的诊治费用得到补偿；现金补贴在患者患病期间按天发放，分为基本补贴和额外补贴两种，基本补贴标准全国统一，额外补贴则按照患者自愿性缴纳的保险费的一定倍数进行支付，并执行各地的具体标准。新的《健康保险法》于 1951 年正式实施。1959 年，瑞典对强制保险制度进行改革，将自愿健康保险团体转变成管理机构，提高现金补贴标准，增加保险补贴的种类。

1962 年，《国民保险法》颁布，这一法律在瑞典社会保障体系发展和福利国家建立的过程中具有里程碑式意义。这一法律综合了社会保障的诸多方面，如养老、失业、医疗等，其特点如下。

①普遍性。所有 16 岁以上瑞典公民以及在瑞典居住一年以上的外国公民均可参加，16 岁以下瑞典儿童随父母参加。

②强制性。基本保险要求强制性缴费，由个人、雇主和国家三方共同承担，全国统一缴费标准，提高保险补贴水平。

③灵活性。补充保险与个人收入相关。自营者可以选择不参加。

④综合性。除诊疗费用之外，保险津贴涵盖现金补贴、医生服务补贴、住院治疗补贴、医药补贴、旅费补贴、牙病治疗补贴和产妇补贴等。法律对各项补贴的实施和领取标准都有相应的规定。

根据该国医疗保险制度，参保者须缴纳近 10% 的收入以用作保险金。每一个雇主都必须为雇员缴纳相当于雇员工资 32.82% 的社会保险费，其中近 1/3 作为支付医疗、病休补贴的费用。对于医疗经费不足的部分由中央政府予以补贴。投保者据此既可享受国家给予的医疗照顾，如诊断、治疗、住院、手术等，也可享受病假津贴、工伤补贴及有关治疗的车旅费津贴等。

20 世纪五六十年代，瑞典医疗保障制度发展迅速，在福利国家指导原则下，瑞典建立起一套相对完整的医疗保障制度体系。这一时期，瑞典享受健康保险的人数大大增加，政府医疗开支增幅明显，稳定的经济形势对医疗保障制度起到了支持作用。

然而，自 20 世纪 60 年代末以来，瑞典经济增速趋缓，市场暗淡，财政赤字逐年增加，失业人口不断增长，出现了低通货膨胀现象。加之该国在医疗卫生事业中实施"全民医疗保险"政策，使该国医疗卫生费用负担日趋加重，医疗保险资金短缺、医疗从业人员超编、社会保险资金匮乏，社会经济危机迹象日趋明显。

随着 20 世纪 70 年代滞胀阶段的出现，瑞典经济开始走下坡路，医疗保障开支巨大的弊病显现，1977 年，瑞典医疗卫生支出占 GDP 比例超过 8%（见图 6-1）。

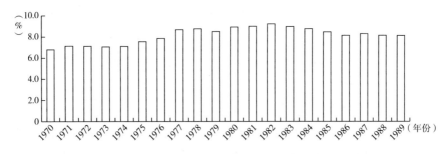

图 6-1 瑞典医疗卫生支出占 GDP 比例（1970~1989 年）

资料来源：OECD Health Data 2009，http：//www.oecd.org/document/16/0，3343，en_2649_34631_2085200_1_1_1_1，00.html。

瑞典医疗卫生费用的快速增长，不仅直接加重了广大人民的负担，而且给该国财政带来沉重的压力。该国每年要拨出相当大的款项进行补贴，经济及社会保障事业的发展受到严重影响，从而引起该国社会各阶层人士的关注。如何进行社会保障体制改革、改革和完善医疗卫生保健制度、合理配置和使用资源、提高医疗服务效率，成为急需解决的社会问题。这种延续多年的指令性计划模式迫切需要进行改革。原因很简单：①无法适应卫生需求的不断增长；②无法应对卫生资金及卫生人力的短缺；③无法适应医疗新技术的发展；④无法适应社会观念和人口结构的变化。随后，瑞典政府进行了地方化和私营化改革，取得了一定成效。

在滞胀期间上台执政的右翼联盟在 1980 年和 1982 年先后两次提出社会保障支出紧缩法案，对医疗保障方面的现金补贴进行缩减，并增加领取补贴的等待期（2 天），这招致民众的广泛不满。1982 年，社民党重新组阁，废除紧缩法案，实行谨慎的保险补贴紧缩政策。①

---

① 李静：《瑞典医疗保障制度研究》，复旦大学硕士学位论文，2010，第 23~24 页。

1982 年,《医疗卫生服务法案》出台,首次明确了瑞典医疗保障制度筹资主要渠道由中央财政向地方财政转移,这也是减少中央政府财政赤字的一项举措。地方政府特别是省议会对本地区医疗供给体制有更多的自主权。1983 年颁布的《保健法》详细规定了各省议会在医疗保健事务中的作用,如管理私人保险市场等。瑞典社民党政府逐渐推进以省级管理为核心的医疗保障制度。1993 年,瑞典右翼联盟政府颁布了新的中央政府财政支持政策,即按照各省人口统一发放资金,各省按照本省情况合理使用这些资金。

在 20 世纪最后 20 年中,瑞典医疗保障制度改革的另一个特点是适当推行私营化、市场化举措。私营医疗中心被允许进行经营活动,其以高效率受到瑞典人的欢迎。

四 成熟创新阶段(20 世纪 90 年代至今)的收入分配

1975~2000 年是瑞典劳资关系出现新的谈判规则的阶段。随着石油危机的爆发,瑞典经济的内外环境发生了重大变化。在工业人口数量减少、越来越多的人转向服务业的同时,工业内部发生了新的结构变革。一些老旧产业在新技术和新组织的帮助下转变为增值较高的产业。信息社会的诞生和瑞典加入欧盟等使瑞典劳工市场受到新的挑战。①

进入 20 世纪 70 年代,由瑞典总工会和雇主总会主持的劳资统一谈判变得日趋复杂,难以适应经济全球化、信息化的发展。1980 年发生的 85 万名工人卷入的劳工冲突使人们开始探寻新的道路。1983 年,瑞典工业界最有影响力的两大行业联合会——冶金工会与雇主总会重开统一谈判,但未能控制劳动费用的恶性膨胀。1990 年,雇主总会决定放弃统一谈判制度。但当时的行业协会谈判不受"和平义务"的约束,加上基于公共部门工会力量增长而出现的行业工会间争夺谈判领导权的斗争,瑞典劳动市场在 20 世纪后期再次出现劳资冲突倍增、劳动费用猛长、企业竞争力下降的局面。社民党政府在瑞典总工会的支持下于 1983 年提出的"职工基金"法案受到资方的强烈反对,劳资"谅解精神"由此遭到很大破坏。

面对这种局面,社民党政府于 1996 年提议与劳资双方进行协商。1997

---

① 高锋:《瑞典处理劳资矛盾和工资问题的启示》,《当代世界与社会主义》2011 年第 1 期,第 78~79 页。

年，这场协商演变成劳资双方八大组织就如何进行工资谈判和维护瑞典企业竞争力问题举行的谈判，并达成了一份新的历史性文件——"工业发展与工资形成协议"（简称工业协议）。

在工业协议中，劳资双方保证"在和平条件下"通过"建设性谈判"解决利益争端，以维持企业竞争力并实现双方利益"相互平衡的结果"。这一旨在就工资和雇佣条件达成全国性协议的谈判主要在行业工会与相应的雇主协会之间进行。双方下属组织同意接受协议的约束并在协议有效期内保持劳动市场和平。

双方达成的新谈判程序规定，在原有劳资协议到期之前三个月，双方即进行新的谈判。如果谈判出现困难，则应双方要求（或者一方），由国家调解协会为其提供一个中立的谈判主持人或者调解人。如果谈判破裂，那么双方可以采取罢工或闭厂等斗争措施。但采取斗争措施或者扩大斗争范围的一方要提前七个工作日向对方提出警告并将警告通报国家调解协会。事前不发出警告而采取斗争措施者须向国家缴纳罚金。地方或基层工会与雇主间的谈判涉及的是在全国性协议中下放到由基层谈判解决的问题。对达成的协议或者有关法律存在不同解释或者在执行中出现争端时，双方要先进行谈判，谈判失败后才能诉至劳动法院。2000 年，政府修改了《国家调解员法》并授权新成立的瑞典调解协会在谈判已经破裂或者斗争措施已经开始采取的情况下自行任命调解人并进行强制性调解，以维护劳动市场和平。

这个以行业联合会谈判为基础、以工业协议和调解协会为支柱的、面向企业、面向职工个人的多样化劳动市场的谈判机制使瑞典工业再次在劳资谈判中成为主导性产业，并在 21 世纪多次劳资谈判中显示出新的活力。瑞典劳动力开支自 2001 年开始降至欧盟平均水平以下，这增强了瑞典企业的国际竞争力，使瑞典在应对经济全球化和国际金融危机过程中处于有利地位。

在各方共同努力下，瑞典通货膨胀率下降，职工实际可支配收入在 1996～2008 年平均增长 49%，出现了多年来少有的连续上升的势头。但由于市场地位的上升和经济全球化的发展，瑞典行业劳资协议不再像过去那样为低收入者专门留出增长额度，而将 40% 左右的工资增长额度交给地方、企业甚至个人经谈判决定，从而使收入差距重新拉大。瑞典可支配收入差距（基尼系数）同期由 0.25 提高到约 0.28。

第二节　瑞典的社会结构

瑞典的国民财富得到了较为平均的分配，破烂不堪的贫民窟和豪华的住宅在城市里很难找到；同样，食不果腹的穷人和一掷千金的富豪也难得一见。瑞典居民之间的收入差距比世界大多数国家要小得多（基尼系数不到 0.3），社会结构已由传统的"金字塔"形演变为"橄榄"形，即中产阶层占据社会的主导地位。本节主要分析瑞典社会中产阶层的发展情况。

近百年来，欧洲经济在快速发展之中孕育了越来越多的中产阶层，他们正成为社会稳定和拉动消费的中坚力量。瑞典在 50 年间由最穷国家之一跃升为最富有国家之一。100 多年前，在 19 世纪 60 年代到 20 世纪初的 50 年里，全国 1/4 的人口，即 100 多万人为贫穷所迫，背井离乡，迁移到美洲大陆定居。20 世纪五六十年代，这个北欧国家已发展成为世界上最发达和最富有的国家之一，无论是人均占有的财富，还是工业化程度；无论是人均小汽车的拥有量和住房面积，还是国民的受教育程度，无疑都名列世界前茅。近 30 年来，瑞典人均财富在世界上的地位有所下降，但其仍跻身世界最富裕的 20 个国家行列。[①]

瑞典能在短短 50 年时间里取得较大成功，其中很重要的一条经验就是，培养了对社会稳定与经济发展起到越来越大推动作用的中产阶层。

瑞典一些政府部门和学术研究机构把中等收入家庭归入中产阶层，而这部分家庭所占比例高达 70%。除了律师、主治医生、教授、企事业单位的中层负责人外，瑞典中产阶层还包括教师、护士、警察和一部分接受过职业教育的蓝领工人。国际上的一些社会学家把瑞典形容为一个完全中产阶级化的社会，大家几乎都有不少的固定收入、轿车、住宅（甚至别墅），都不用为生老病死和天灾人祸而操心，人人安居乐业。

瑞典中产阶层的壮大不是一蹴而就的，也不是靠政府出台专门的政策刻意培育出来的，而是伴随着整个国家的发展进程而逐步完成的。从瑞典的近代发展史来看，中产阶层主要是在社会福利制度的完善进程中壮大起来的。

---

① 《中产阶层：欧洲社会的中坚力量》，《经济参考报》2010 年 5 月 4 日第 1 版。

20 世纪初，随着向工业化国家迅速迈进，瑞典开始变得富裕起来。然而，财富的增加并没有给社会带来更高水平的安定，反而进一步激化了业已存在的各种社会矛盾，引发社会动荡。特别是劳资纠纷此起彼伏，日益尖锐。1931 年，社会矛盾达到顶峰，政府竟然派兵镇压北部奥达伦地区的罢工工人，打死 3 人，酿成瑞典近代史上最著名的惨案。造成这一动荡局面的根本原因就是社会分配不公。当然，由于社会总财富增加，人们的生活水平有了不同程度的提高。与此同时，社会财富越来越集中到一小部分人手里，贫富悬殊日趋严重。

在这样的历史背景下，社会民主党在第二代领导人佩尔·阿尔宾·汉森率领下于 20 世纪 20 年代后期进行了重大的政策调整，瑞典开始走上一条通过逐渐建立广泛的社会福利制度，而不是通过改变生产资料所有制的方式来改良社会的道路，即通过实施社会福利制度，对社会财富进行二次分配，以缩小贫富差距，进而达到消除社会矛盾的目的。

1928 年，汉森提出了著名的建立"人民之家"的理论。他把国家比作一个家庭，认为一个好的国家应该像一个好的家庭一样，没有剥削和特权，只有平等、互助和合作；不论性别、阶级和社会出身，人人享有同样的权利，承担同样的责任，获得必需的各种生活保障。

瑞典历史学家把 1945～1951 年和 20 世纪 60 年代这两个时期形容为瑞典社会福利的两个"丰收季节"。许多建立福利国家的重大改革方案都是在这两个时期里出台并得到实施的，如失业保险、全民养老金、全民疾病保险、儿童补贴、住房补贴、劳动保护、九年义务教育等。20 世纪 60 年代，瑞典出台了儿童福利、老人福利和医疗保险等一系列改革方案，进一步完善了社会福利制度。这两个时期也是瑞典经济发展得较快的阶段，年平均经济增长率分别达到 4.8% 和 5.3%。

随着"从摇篮到坟墓"的社会福利制度的逐步完善，人们无须再为生老病死担忧，无须为上学、看病、养老攒钱，即使是收入水平一般的家庭，也都能买得起轿车和住房，还能经常到国外旅游度假，过上中产阶层的生活。

除了以完善的福利制度改善工人和其他下层群众的生活状况外，瑞典政府还采取其他措施缩小贫富差距，如实行缩小工资差距的"社会连带主义"工资政策。20 世纪 60 年代末，最高工资与最低工资之间的差别为

30%，80 年代初缩小至 15%。另外，瑞典还征收高度累进制所得税，最高税率达到 80%。尽管资产者可以通过其他一些手段，如利用减免制度等尽量少缴税，但不可否认，个人所得税居世界首位的瑞典征收的这种高度累进制所得税在调节贫富差距上具有积极作用。①

　　瑞典长期以来实行的这种福利政策以及为缩小贫富差距所采取的一些措施，使工人和其他劳动者受益匪浅，过上较为优裕的生活。生活状况的大大改善使由社会财富分配上的不公带来的阶级对立和劳动者的不满情绪得到一定的缓和、宣泄，使自英国工业革命以来在工人阶级头脑中形成的受资产阶级剥削压迫和资产阶级势不两立的阶级意识日渐模糊，工人的斗争性大为减弱，从而大大减少了劳资纠纷，缓和了阶级矛盾。

---

① 曹卫平：《瑞典的阶级妥协阶级合作政策》，《衡阳师专学报》（社会科学）1993 年第 1 期，第 39 页。

第七章　中国的收入分配制度

第一节　中国收入分配制度的演变

一　改革开放前中国的收入分配制度

中国收入分配制度和社会阶层结构随着中国由半殖民地半封建的旧社会向社会主义新中国的过渡而演变。半殖民地、半封建社会的收入分配制度是在封建主义和资本主义制度混合而成的基础上形成的，既有封建主义的分配制度，又有资本主义的分配制度。封建主义的分配制度表现为封建地主阶级占有土地，广大劳动农民没有土地，封建地主阶级以地租的形式占有农民创造的财富，农民获得由租用土地生产的一部分劳动产品。官僚资本和民族资本以资本的形式雇用工人获得利润，雇佣工人获得劳动力的价值工资。旧中国的分配制度表现出地主阶级获得地租、资本家获得利润、农业劳动者获得一部分产品和雇佣工人获得工资收入的分配形式。

从新中国成立到党的十一届三中全会召开前的近 30 年的时间里，在分配理论和实践方面，相对于旧中国而言，新中国发生了重大而深刻的变化。从新中国成立到改革开放前，可以分两个时期来看：第一个时期从 1949 年新中国成立到 1956 年三大改造完成；第二个时期从 1956 年三大改造完成到党的十一届三中全会召开。

（一）改革开放前中国收入分配制度的变迁

1. 1949～1956 年：从多种分配方式向"按劳分配"集中阶段

中国共产党领导中国人民推翻三座大山之后，在这样一个经济、文化相当落后的国家里开展收入分配工作，既没有现成的答案可抄，也没有成熟的经验可循，因此，只能在实践中摸索出符合当时中国国情的分配制度。以毛泽东同志为核心的党的第一代中央领导集体依据马克思列宁主义，参照苏联模式，结合本国实际，迅速采取了恢复经济生产的一系列措施，涉及所有制领域和分配领域。在理论上，新中国成立前，毛泽东就已强调，在社会主义时期，物质的分配要按照"各尽所能、按劳取酬"的原则进行。新中国成立初期，毛泽东就提出了公私兼顾、劳资两利的原则，并以其为新民主主义国家进行分配的原则，强调分配服从客观经济发展的需要，不应该拘泥于收入分配上的完全平等。收入差别的存在只要对经济发展有利，就应该作为客观存在被承认。物质分配要按照"各尽所能、按劳取酬"和工作需要的原则，没有所谓的绝对平均。他在《论十大关系》中强调要兼顾国家、集体和个人三方的利益，应该在保证经济增长前提下增加劳动者的收入。毛泽东的这些思想，丰富了马克思主义分配理论，是符合中国实际的。

在实践中，1949～1954年，政府没收官僚资本，建立社会主义全民所有制经济；通过全国性的土地制度改革，消灭了封建地主土地所有制，建立了农民个体土地所有制；通过利用、限制和初步的改组和改造，民族工业得到恢复和发展；通过对个体手工业的指导、扶持和帮助，引导其走合作化道路，建立以手工业为主的集体所有制。这一时期，中国存在多种经济成分，也存在多种分配方式。这一时期的分配结构表现为按劳分配尚未占主体地位的多种分配方式并存。由于尚未形成全国统一的个人收入分配制度，对劳动就业和工资的管理比较灵活。各地和企业可根据实际情况确定分配形式和工资标准。实行计时工资制的，由企业根据上级下达的工资总额自行安排；实行计件工资制的，由企业依据自身生产需要和条件确定。城镇在积极解决职工就业的同时，在工资待遇方面也出台相应政策，1952年，中国进行了第一次工资改革，统一了计算单位，制定了工资等级制度，使工资制度趋向合理、工资水平得到提高。与1949年相比，1952年，全国职工平均工资提高了70%。在农村，土地改革在很大程度上解放了生产力、恢复和发展了国民经济。土地改革彻底改变了农村的分配关系，政府以合理的价格收购农副产品，供应生产和生活所需物资，农民生活得到了改善。据统计，同1949年相比，1952年，各地农民的收入一般增长30%，平均每人的消费水平约提高20%。

1954年后，中国撤销了几个大行政区，加强了对整个国民经济的直接控制，对个人收入的管理权限也逐步集中到中央。总的来说，与新中国成立前相比，这一时期较大幅度地提高了工人的工资水平，适当降低了高收入者的工资水平，缩小了收入差距。实行这一收入分配制度符合中国当时严峻的经济形势，发挥了各个阶层、各种社会团体的积极性和主动性，加快了中国国民经济的恢复和发展。同时，没有造成收入存在过大的差距，人们的工资在合理的范围内变动。资本家的收入也在国家的监督之下。由于工人的社会地位和政治地位空前提高，工人的劳动积极性也有了很大的提高，国民经济迅速恢复并得到一定发展，因此在短时间内实现了国家重建。

在"一五"期间，收入分配政策的实施力度进一步加大。事实上，在这一时期，政府综合运用信贷、税收、价格、工资等多项收入分配政策措施。在信贷政策上，国家发放农业贷款等给予农民巨大援助，促进农业增产。在工资政策上，全国实行了工资制取代供给制的工资改革措施，1957年，全民所有制企业职工平均工资达到637元，比1952年增长42.8%，超过了"一五"计划规定的33%的要求。应该说，"一五"时期的收入分配政策的运用是较为成功的。可见，新中国成立初期的分配制度是符合生产力发展要求的，较好地调动了广大人民群众的劳动积极性和创造性，取得了有目共睹的成就。

2. 1956~1978 年：实行"按劳分配"制度和平均主义阶段

随着三大改造的完成，毛泽东对马克思主义分配理论的认识和理解与原来相比发生了重大的转变。在分配方式上，其倾向于平均主义。全社会形成这样一种思想：除按劳分配方式之外的其他一切分配方式都是资产阶级腐朽的分配方式；除按劳分配以外所获得的其他一切收入都被视为资产阶级生产关系产生的土壤。在具体的收入分配问题上，毛泽东主张实行供给制，在分配上大体平均，反对物质刺激，反对多搞个人消费，主张集体福利。

三大改造完成后直到1978年的20多年间，中国的所有制结构已从过渡时期的多种经济成分并存转变为几乎单一的公有制经济成分，只存在公有程度的差别，即全民所有制和集体所有制的差别。从收入分配制度的演变看，中国的收入分配制度越来越趋向集中、僵化。在这一时期，实行的是高度集中的计划分配体制，"按劳分配"为唯一的分配方式。一切分配都由中央政府决定，由国家财政统一安排，各类劳动者的收入都由国家统一确定。由于当时只存在全民所有制和集体所有制，因此全国只存在两种分配形式：在全民所有制企业、机关和事业单位、城镇集体企业实行工资制；在农村集体经济组织实行工分制。除此之外，中国过渡时期存在过的多种分配方式都被视为非社会主义性质的，因而被限制直至取消。

在城镇实行工资制方面，不论政府机关、事业单位还是企业，都实行全国统一的差别等级的货币工资制，工资是这一时期城镇居民收入的基本形式和主要来源。1956年，全国进行工资改革，直接用货币确定工资标准，取消了以前的工资分配制度和物价津贴制度，实现了多种工资形式向单一工资形式的转变，使全国工作人员的工资形式趋于统一，形成了干部的职务等级制、企业职工的八级工资制，并根据企业特点分别采用计时、计件、奖励和津贴等工资形式。国家统一制定全国职工工资计划、工资标准和津贴标准，统一安排职工提级、上调工资。至此，中国构建了基本上符合计划经济体制的按劳付酬原则的工资制度。工资制主要具有三个特点：一是由国家统一制定工资标准、工资等级、工资收入；二是工资等级和工资标准只在不同部门、不同行业和不同地区之间稍有差别，同一部门、同一行业基本上一样；三是大部分全民所有制企业实行八级工资制，国家有关部门制定的工资表具体规定每个行业、每个级别的工资标准。在这样一种工资制度下，企业职工的工资收入同所在企业的经营状况、经济效益不相联系，只要级别相同，他们都可以获得同样的工资收入，既否定企业之间的劳动效率的差别，也否定职工之间的劳动成果的差别。[1]

在"大跃进"时期，中央将一部分宏观管理权下放到地方，每个省区市可以自行控制工资总额，自行安排职工，但没有形成配套制度，相关管理工作没有及时跟上。在实际工作中，由于受"左"的思想影响，急躁冒进，提出不切合实际的高指标，刮"共产风"，搞供给制，正常的分配制度被打乱，把计件工资和奖励制度说成"钞票挂帅""物质刺激"，迫使许多企业停用。1963~1965年，国民经济经过全面调整得到了较快的恢复和发展，不少企业陆续恢复了计件工资和奖励制度。在"文革"期间，计件工资、奖励制度、定额管理、技术考核和职工升级等体现按劳分配原则的方法都被废弃。企业工资总额与自身盈利无关。总的来看，这一时期，全民所有制企业长期存在严重的平均主义分配倾向，工资标准纷繁复杂，工资

---

[1]　王春正主编《我国居民收入分配问题》，中国计划出版社，1995，第33页。

关系混乱，工资增长缓慢，工资管理体制过于集中。这种工资制度实际上是在整个全民所有制范围内依照行政机关制定的统一标准进行分配，其结果必然是平均主义倾向严重，按劳分配原则不能得到真正贯彻。计划经济体制下的工资制度和僵化的工资管理体制压抑了劳动者的积极性和创造性，制约了企业的生机和活力，也阻碍了经济的发展。

在农村实行工分制方面，农村以生产队为基本分配单位，以工分制为基本的分配形式。在这一时期，农村集体经济组织中的农民按工分取得劳动报酬，工分所含价值取决于生产队或生产大队的纯收入。农村集体经济组织实行的工分制，以大体平均、略有差别为特征，直到 1978 年改革开放前，其始终是中国农村个人收入分配的基本形式。

工分制具有如下特点。一是确定一个标准劳动日的基准工分，通常为 10分。标准劳动日代表一个最强的劳动者从事一天农活可以完成的工作量。二是依据每个劳动力劳动量的大小，每日获得的工分略有差别，但这种差别极小，衡量差别的尺度没有非常科学的标准，仅由人为估量。三是每一个工分值多少钱取决于生产队的最终生产成果，劳动力之间存在收入差距。四是最终生产成果由所生产的农副产品数量和价格决定，而农副产品的价格绝大部分由国家计划调节。因此，农民的收入水平实际上也是受国家计划调节的。这种工分制没有体现出工资制那样在全民所有制的大范围内进行统一分配，只在生产队的范围内进行统一分配，而且不同生产队之间的收入分配差距大大不同于全民所有制企业之间的收入分配差距，但分配中的平均主义倾向的性质同全民所有制企业没有区别。在农村集体经济组织中，平均主义同样十分严重，农村居民的收入分配与城市居民相比甚至更为平均，因为国家对农民提供的生活补贴、社会保障和福利相对更少。由于绝大多数农村的收入水平较低，为了保证人人有饭吃，对主要产品就不得不按人头来定量分配，这使农村居民收入分配呈现平均化的特点。

从全国范围来看，实行以上分配制度给中国的经济发展造成了巨大的损失。1958~1960 年，国民经济陷入严重困难状态。在这三年，所有制关系趋于单一，农村经济体制日趋僵化，整个国民经济出现严重的比例失调状态。在工资政策上，中国从 1958 年起对工资制度进行改革，取消了计件工资，一律实行计时工资，超额奖改为综合奖。职工货币工资大幅减少，加上物价上涨，职工实际工资减少，生活困难的职工占 1/4 以上。1961 年是职工平均工资水平最低的一年，全民所有制单位职工的平均工资只有 537元，扣除物价因素，平均实际工资只有 415 元，比 1952 年的 446 元还低。在这种情况下，中央决定从 1961 年起针对整个国民经济正式采取"调整、巩固、充实、提高"的方针，有关收入分配政策相应得到调整和修订。经过 5 年的调整，国民经济出现了全面好转的局面。遗憾的是，1966 年开始了延续 10 年之久的"文化大革命"，使经过调整刚刚得到恢复和发展的国民经济又一次遭到破坏。"文化大革命"期间，按劳分配原则被诬蔑为"产生资产阶级的经济基础"而遭到全盘否定，收入分配政策基本处于一种僵化的状态，人民生活水平提高的速度非常缓慢。

（二）改革开放前中国收入分配制度的特点

1. 收入分配制度的演变为强制性演变，过渡时间较短

改革开放前，收入分配制度的演变建立在社会主义改造的基础上，这是由政府主导的强制性演变。1953～1956 年，中国在"过渡时期总路线"的指导下，对资本主义工商业、手工业和农业进行了社会主义改造，之后，在整个国民经济中，资本主义经济的占比下降到 0.1%，个体经济的占比则下降到 7.1%，公有制（全民所有制和集体所有制）经济占 92.8%，生产资料所有制形式变为单一的公有制形式。随着生产资料公有制目标的实现，收入分配机制迅速演变为由政府决定的单一的计划机制，城市中绝大多数就业者变成了国有企事业单位职工或集体企业职工，收入完全被纳入国家统一规定的工资体系和级别中；农村中的农民演变为集体经济组织成员，对其实行以按劳分配为主、兼顾平等的分配体制，收入大体平均分配，社会保障有限。

2. 收入分配方式由多元化向单一化、固定化转变

新中国成立初期，中国存在多种经济成分，在城市既有社会主义全民所有制的企业，又有民族资本主义工商企业和个体手工业；在农村则普遍表现为个人所有制。当时，在多种经济成分并存发展的基础上，中国的收入分配政策是"公私兼顾、劳资两利"，"低工资、多就业"和"劳动致富"。由于生产资料所有制形式具有多样性，收入分配制度的构成也比较复杂，分配方式、分配主体、具体的分配形式之间的差距很大，不同企业在工资形式、工资标准、工资水平等方面的表现各种各样，既有资本主义工

商企业保留下来的具有剥削性质的工资制度，也存在全民所有制企业中的非完全的按劳分配制度；既有货币工资，又有供给制。1956 年社会主义改造完成后，中国生产资料所有制结构从过渡时期的多种经济成分并存转变为几乎单一的公有制，多元化的收入分配方式也随之转变为单一化、固定化的按劳分配方式。同年，企事业单位和国家机关的工资制度首次进行了统一的改革，取消了工资分配制度和物价津贴制度，直接以货币形式规定工资标准，城市就业者的工资形式趋向统一，多种工资形式转变为单一工资形式。[①] 1956~1978 年，按劳分配方式成为中国唯一的收入分配方式。

3. 个人收入分配高度集中计划化

1956 年后，城市中同一部门、同一行业就业者的工资等级、工资标准全国基本统一，全民所有制企事业单位、机关和城镇集体所有制企业就业者的工资等级、工资标准、工资调整等均由国家计划、统一制定，工资外的住房、子女教育、医疗、养老等福利分配都进行统一规定。农村中集体经济组织实行"工分制"，农民按"工分"取酬，尽管工分取决于农民所在生产队的收入，但由于农产品价格由国家计划、统一规定，因此农民收入实际上也受国家计划调节。

4. 收入分配制度的运行结果高度平均化

高度集中的单一的政府计划机制在收入分配领域的运行结果体现出严重的平均主义。虽然当时采用按劳分配方式，但是人们的收入水平与其劳动多少、质量好坏并没有关系，按劳分配原则没有得到真正的贯彻和实施，这使人们的劳动积极性受到极大的挫伤，阻碍了社会生产力的发展。

（三）改革开放前中国收入分配制度的弊端

全面探索社会主义建设初期形成的低水平、单一化和平均化的收入分配制度给我们带来了深刻的经验教训。

1. "按劳分配"中的平均主义严重，打击了劳动者的积极性

基尼系数是国际上衡量居民收入水平差距的主要宏观指数。国际上普遍认为，对于基尼系数，0~0.2 为绝对平均，0.2~0.3 为比较平均，0.3~

---

① 武力、温锐：《新中国收入分配制度的演变及绩效分析》，《当代中国史研究》2006 年第 4 期，第 4~12 页。

0.4 为比较合理，0.4~0.5 为差距较大，0.5~0.6 为贫富悬殊，0.6 以上为两极分化，其中 0.4 为贫富差距拉大的国际警戒线。根据王春正主编的《我国居民收入分配问题》中的研究，1978 年，中国城镇居民的基尼系数为 0.16；另外，其他人的研究与这个结论比较接近，基本上在 0.2 以下，农村居民的基尼系数在 0.21 左右，在改革开放前的近 30 年时间里，这种平均主义的分配格局没有发生什么变化，保持着相对稳定的局面。

在收入分配绝对平均的前提要求下，社会发展的动力机制受到极大影响，社会秩序遭到巨大破坏，人们认为在工作中干多干少、干好干坏一个样，广大劳动者的积极性得不到充分体现，导致生产发展缓慢，经济停滞不前。这使人民收入水平很低，又进一步要求进行平均主义分配，从而形成一种恶性循环。

2. 在平均主义分配的背后隐藏着大量的不平等因素，分配领域中的不公平现象大量存在

首先，分配领域的不公平在劳动中体现为干好干坏一个样，干多干少一个样，干与不干相差无几，这种看似公平的分配方式其实是极不公平的，因为每个劳动者投入的劳动数量和劳动质量是不一样的，这种不公平的平均主义的分配方式严重挫伤了劳动者的积极性，客观上起到"奖懒罚勤"的作用。其次，分配领域的不公平还体现在不公平的政府福利补贴方面。这种补贴是为了改善居民生活由国家财政支付的。但是在户籍制度的限制下，只有占全国人口极少数的城镇居民才有资格享受，占全国人口绝大多数的农村居民是享受不到的，这对于更加贫困的广大农村居民来说是极不公平的。另外，这种不公平还体现在干部和职员之间、行业之间、区域之间。

3. 把平均主义看成共产主义因素，歪曲并否定了"按劳分配"制度

新中国是在半殖民地、半封建社会基础之上成立的。新中国成立后，在意识形态领域更多的是反对资本主义倾向，但很多人错误地把平均主义当作共产主义。在这种小生产思想的影响下，"大跃进"和"人民公社化"运动要求各地建立独立的工业体系，建立"大而全""小而全"的工业，把共同富裕理解为拉平，搞"穷过渡""一平二调"，搞供给制，造成一部分人无偿占有他人的劳动成果，把"包产到户"看作"单干风"而加以批判；把经济核算、讲求物质原则当作"利润挂帅""资产阶级经营管理"而进行批评。这就使经济中的平均主义思想长期得不到纠正，长期存在吃"大锅饭"的问题。这种

否定社会主义"按劳分配"原则的观念，造成了社会的普遍贫穷与社会经济生活的停滞，破坏了社会生产。正如邓小平同志所说："过去搞平均主义，吃'大锅饭'，实际上是共同落后，共同贫穷，我们就是吃了这个亏。"①

4. 平均主义的分配制度更容易滋生腐败

无论是国有企业、集体企业还是人民公社的负责人，他们都有权支配资源，且不用对资源的使用效率负责，腐败的滋生就在所难免了。例如，在企业的招工上，任人唯亲；在公共食堂里，多吃多占等，这无不体现平均主义分配所带来的恶果。

带有浓厚平均主义色彩的分配制度，确实对中国社会经济产生了极为不利的影响，但这种分配机制有着高度集中剩余的功能。它"把个人或家庭的可支配收入严格限制在基本生活消费支出的边界之内，使国家及国有经济组织可以直接集中几乎所有的经济剩余，从而按照国家的经济发展战略需要决定增量收入的投向"②。"它大大提高了国民经济的积累率，这对于中国走出因经济落后而形成的所谓'贫困'陷阱，有着重大的意义；对保障中国在短短的 30 年间基本建立起独立的工业体系起了至关重要的作用。另外，这种按照人口定量供给主要生产必需品、普遍地低水平地提供公共物品和社会保障，对于维持高积累条件的社会稳定和促进人力资本积累也起到了重要的作用。"③

二 改革开放以来中国收入分配制度变迁经历的阶段

（一）1978~1992 年收入分配制度的变化

1. 时代背景

1978 年以后，中共中央反思过去十年的情况，把工作重点重新转移到经济建设上来，竭尽全力挽救濒临崩溃的中国经济。从 1979 年起，党对工作中的"左"倾错误进行系统的纠正，重新确定正确的指导思想及正确的经济发展战略，并对当时的经济体制进行改革，实行对外开放政策。从微观经

---

① 《邓小平文选》（第三卷），人民出版社，1993，第 155 页。
② 张道根：《中国收入分配制度变迁》，江苏人民出版社，1999，第 68~69 页。
③ 武力、温锐：《新中国收入分配制度的演变及绩效分析》，《当代中国史研究》2006 年第 4 期，第 6 页。

济领域来看，改革开放政策树立了新的激励机制。这次改革的起点是中国农村，因为农村的社会关系相较于城市更简单，并且农村人口占中国总人口相当大的比重。这场制度的改革拉开了中国经济黄金发展时期的序幕。

2. 其间召开的重大会议

在党的十一届三中全会后，以邓小平同志为核心的党的第二代中央领导集体登上了政治舞台。这一时期形成的重要指导思想就是邓小平理论。1979 年，在邓小平同志经济理论的指导下，中国开始进行改革开放。1981 年 6 月，党的十一届六中全会中通过了《中国共产党中央委员会关于建国以来党的若干历史问题的决议》，决议提到了中国社会主义初级阶段的情况："我们的社会主义制度还是处于初级的阶段"，"我们的社会主义制度由比较不完善到比较完善，必然要经历一个长久的过程"。[1] 1982 年 9 月召开的党的十二大肯定了这一论断，"我国的社会主义社会现在还处在初级发展阶段"。[2] 党中央于 1984 年 10 月召开十二届三中全会，发布了《中共中央关于经济体制改革的决定》，国家机构利用经济、行政以及法律措施，对企业进行监督和管理，使企业的生产经营活动有利于中国国民经济发展；通过税收渠道依法保证国家财政收入，企业的主要领导人由政府进行委任，企业的存在与否也由政府决定。1986 年 9 月召开的党的十二届六中全会再次强调"我国还处在社会主义的初级阶段"，并且详细阐述了社会主义初级阶段的生产关系特征，即我们要发展社会主义市场经济，在坚持以公有制为主体的基础上发展其他所有制形式的经济成分。1987 年 10 月召开的党的十三大对社会主义初级阶段理论进行了全面的阐述。对于收入分配问题，此次会议明确指出，分配方式在社会主义初级阶段不可能是单一的，所以，我们必须坚持"以按劳分配为主体，其他分配形式为补充"的分配政策。

3. 薪酬工资方面的分配改革

收入水平普遍较低是中国传统收入分配制度面临的最大问题，也是最棘手的问题。从分配制度来看，破除平均主义是关键，它导致实际分配中存在不公平，集体劳动中出现了普遍的"搭便车"现象，这不利于生产力

---

[1] 《中国共产党中央委员会关于建国以来党的若干历史问题的决议》，人民出版社，1981，第 53 页。

[2] 《全面开创社会主义现代化建设的新局面》，人民出版社，1982，第 28 页。

的解放和生产率的提高，最终导致中国经济运行和发展效率低下。为解决这一困扰中国经济发展多年的问题，邓小平同志指出，收入分配的改革必须废除"平均主义"，抛弃原有的"大锅饭"形式，"要允许一部分地区、一部分企业、一部分工人农民，由于辛勤努力成绩大而收入先多一些，生活先好起来……影响左邻右舍，带动其他地区、其他单位的人们向他们学习……使整个国民经济不断地波浪式地向前发展，使全国各族人民都能比较快地富裕起来"。①"先富带动后富"思想的提出，为中国的分配制度改革找到了新的突破口。

在传统的社会主义分配制度中，我们都在尽可能缩小各群体之间的收入差距。而这一创新论断，允许收入差别存在，并且从理论上肯定了收入差别的存在是合理的。"先富带动后富"的思想充分体现了激励效用法则，这意味着对传统收入分配制度彻底的变革。先富者将自身的收入投入经济循环中，不仅能够帮助后富者，还能够为自己再次带来利润。个人收入从今往后不仅可以用于个人的生活消费，还可以用于个人投资和自身的财富积累。同时，这种思想也为今后进行"按生产要素分配"奠定了基础。但是，我们要清楚社会主义的最终目标是共同富裕，让一部分人先富起来只是暂时性的目标。为此，邓小平同志重点指出，"我们坚持走社会主义道路，根本目的是实现共同富裕，然而平均发展是不可能的"，"让一部分人、一部分地区先富起来，大原则是共同富裕。一部分地区发展快一点，带动大部分地区，这是加速发展、达到共同富裕的捷径"。② 1979~1990 年城乡居民实际收入、基尼系数和城乡差距见表 7-1。1981~1986 年中国居民收入分配的基尼系数见表 7-2。

表 7-1　1979~1990 年城乡居民实际收入、基尼系数和城乡差距

年份	基尼系数		实际人均收入（元）		城镇/农村人均收入比率	
	农村	城镇	农村	城镇	实际	名义
1979	0.237					
1980		0.160	146	401	2.75	2.3

① 《邓小平文选》（第二卷），人民出版社，1994，第 152 页。
② 《邓小平文选》（第三卷），人民出版社，1993，第 155、166 页。

续表

年份	基尼系数		实际人均收入（元）		城镇/农村人均收入比率	
	农村	城镇	农村	城镇	实际	名义
1981	0.239	0.150	161	408	2.53	2.05
1982	0.232	0.150	191	433	2.27	1.83
1983	0.246	0.150	210	451	2.15	1.70
1984	0.258	0.160	231	507	2.19	1.71
1985	0.264	0.190	238	510	2.14	1.72
1986	0.288	0.190	240	577	2.40	1.95
1987	0.292	0.200	246	586	2.38	1.98
1988	0.301	0.230	247	594	2.41	2.05
1989	0.300	0.230	228	575	2.52	2.10
1990	0.310	0.230	249	625	2.51	2.02

资料来源：李实等《中国居民收入分配实证分析》，社会科学文献出版社，2000，第60页。

表 7-2　1981~1986 年中国居民收入分配的基尼系数

年份	基尼系数	年份	基尼系数
1981	0.278	1986	0.2968
1982	0.2494	1987	0.35
1983	0.2641	1988	0.3133
1984	0.2684	1989	0.3214
1985	0.2656	1990	0.324

资料来源：彭爽、叶晓东《论1978年以来中国国民收入分配格局的演变、现状与调整对策》，《经济评论》2008年第2期，第77页。

（1）农村的分配制度改革

党的十一届三中全会期间通过了《中共中央关于加快农业发展若干问题的决定（草案）》和《农村人民公社工作条例（试行草案）》，颁布了一系列的规定和措施，对计划经济时期农村工作的错误指令进行修正，主要内容有：尊重和保护各级生产组织的所有权和自主权；生产队的劳动力及其他生产资料不允许任何人无偿占用和任意调用；在个人收入分配中要在克服平均主义的同时坚持按劳分配；任何人无权干涉社员的自留地耕种、家庭副业等其他形式的辅助性生产活动。我们可以清晰地看出，这些规定和措施已经开始纠正中国农村存在的"左"倾错误观点。在邓小平同志正确思想的指导下，1979 年 9 月，党的十一届四中全会对《中共中央关于加快农业发展若干问题的决定（草案）》进行了相关修改，这为在农村进行全面改革奠定了政策基础。

对于农村方面的改革，我国将集中生产经营的人民公社制变为家庭联产承包责任制。这场制度改革打破了以往土地集中经营、统分统配的局面，将农民的生产经营活动与最后的劳动成果分配相联系，极大地调动了农民的劳动积极性。农村改革不仅促进全国农业生产发展，也促进农民增收和生活水平提高。

（2）城镇的分配制度改革

党的十一届三中全会后，中国在部分城市进行了试点改革。随着试点改革顺利进行和农村家庭联产承包责任制推行的巨大成功，中国开始将经济体制的改革转移到城市。邓小平同志在 1984 年接见外宾时提到，在农村方面的制度改革起到相应作用后，我们要将"城市改革不仅包括工业、商业，还有科技、教育等，各行各业都在内"①。党的十二届三中全会详细探讨了城市的制度改革如何实施这一问题，发布了《中共中央关于经济体制改革的决定》。这个文件有两个方面的主要内容。第一，提出了中国全面进行经济体制改革的科学理论依据，即社会主义初级阶段需要发展商品经济，这不仅是客观规律的要求，也是中国国情的要求，同时，发展商品经济一定要坚持以社会主义公有制为基础，这是由中国的社会主义性质决定的。第二，提出了城市收入分配问题是这一阶段的改革的重点，也是难点。决定特别指出："平均主义思想是贯彻按劳分配原则的一个严重障碍，平均主义的泛滥必然破坏社会生产力。"②

这个文件为城市收入制度改革打下了理论基础。为了破解计划性商品经济在改革实践上的局限性这一问题，中共中央在 1987 年 10 月召开十三大时提出，我们要沿着有中国特色的社会主义道路前进，"社会主义有计划商品经济

---

① 《邓小平文选》（第三卷），人民出版社，1993，第 65 页。
② 中共中央文献研究室编《十一届三中全会以来党的历次全国代表大会中央全会重要文件选编》（上），中央文献出版社，1997，第 359 页。

的体制，应该是计划与市场内在统一的体制"，同时还提到在社会主义初级阶段不能仅依靠单一的收入分配方式，"我们必须坚持的原则是，以按劳分配为主体，其他分配方式为补充"。这次会议在收入分配制度改革的理论方面实现了重大突破，为以后解决城市收入分配问题打下了坚实的基础。

在城市改革方面，我们根据改革对象的不同，分别对企业和国家机关及事业单位采取不同的改革措施，推行不同的工资制度。在大中型国有企业中，破除过去高度民主集中的管理体制，改变原有的内部激励、奖励分配制度，推行"工效挂钩"制度，即将职工工资数额与企业经济效益挂钩并按比例浮动。中国从 1983 年起在企业推行"以税代利"的改革举措，重新将国家与企业之间的利益进行合理分配，将原来企业需要向国家上缴的利润变更为企业向国家上缴税收。这些制度改革在实践中起到了很好的激励作用和功能。党的十三大提出了以按劳分配为主体、其他分配方式为补充的分配制度，即居民可以通过其他生产要素参与生产经营活动，并且借此获得收入。在企业进行工资改革的同时，中国在国家机关及事业单位中推行以职务工资为主要组成部分的结构工资制度改革。基础工资、职务工资、工龄津贴以及奖励工资四个方面构成了结构工资。结构工资制度不仅反映了劳动差别中的各个要素，还反映出劳动者的贡献，并且具有相对灵活的调节功能。这种制度激发了职工为了增加工资而努力工作的积极性，避免了在增加职工工资时无据可依的窘态，还从侧面体现了按劳分配的原则。

4. 税收制度方面的变化

从 1978 年底开始至 1982 年底，中国推出的各项税收制度改革措施大体上在以往的改革中都实行过，因此，这一时期的税收制度改革带有"恢复"的性质，但这不是简单意义上的恢复，而是向更高层次发展的准备阶段，是从计划经济体制向市场经济体制过渡的不可逾越的最初阶段。从 1978 年开始的经济改革，在农村以家庭联产承包责任制的实施为开端，在城市以国营企业利润分配制度的改革为先导。为配合国家进行经济改革，税收制度也相应进行了改革。早在 1977 年，江苏省就试行了固定比例包干的办法，这是中国税收制度改革具有试探性的但是意义重大的一步。随后，经过酝酿与准备，1980 年，全国绝大多数地区实行了"划分收支，分级包干"的税收制度，即所谓的"分灶吃饭"。收入方面的主要内容是：按隶属关系，以分类分成的方式划分中央与地方财政的收支范围："中央所属企业收入、关税收入和其他收入为中央固定收入；地方所属企业收入、盐税、农牧业税、工商所得税、地方税和其他收入为地方固定收入；各地上划中央直接管理的企业收入为固定比例分成收入。"其中，80%归中央，20%归地方；工商税作为中央和地方的调剂收入。"分灶吃饭"的税收制度重新调整了税收收入在中央与地方之间的划分情况，进而，我国对税收制度进行了一些改革。但这些改革的内容不是党的十一届三中全会以来所特有的，而是在总结和吸收改革分类分成和总额分成的税收制度以及税收收入划分经验的基础上，结合新时期的特点提出来的。

5. 社会保障制度方面的变化

中国的社会保障制度由社会保险、社会救助、社会福利及优抚安置四个方面构成，从 1979 年到 1990 年取得了很大程度的进步和发展。

（1）养老保险

从整个社会保障体系来看，养老保险具有极其重要的地位。从 20 世纪 80 年代开始，中国为保障企业职工的利益，针对养老保险制度采取了一系列改革措施：用社会统筹的方式管理养老保险费用、将个人账户与社会统筹相结合、实现企业职工的基本养老保险制度统一化。

在前一时期，企业全权负责职工的养老问题。但是实行改革开放政策之后，这种养老保险制度不能适应企业和社会新的发展要求。为解决这个问题，中国于 1984 年在国营企业首先进行职工养老保险制度改革。直至 20 世纪 90 年代初期，中国基本完成了对企业职工养老保险费用的社会统筹。这里的社会统筹有两个方面的含义：一方面，筹集资金的方式是从工资总额中按比例提取一部分；另一方面，对于离退休人员的养老金进行统一发放。国有企业率先进行这方面的改革，最后，各类城镇企业采用这种方法，即将企业职工的养老保险由"社会保险"替代为"企业保险"，这是养老保险社会统筹的实质。国务院于 1986 年出台《关于国营企业实行劳动合同制的暂行规定》，其对劳动合同制工人的养老保险社会统筹做出了具体规定，即劳动合同制工人的养老金由企业和劳动者共同负担，其中企业负担的部分占工人工资总额的 15%，劳动者负担的部分占工人工资总额的 30%。国家会在养老保险金额度不够时，进行一些财政方面的帮扶。从此，全国国有企业开始对职工养老保险进行社会统筹。

（2）医疗保险

1979～1990 年，对于基本医疗保险，中国进行了局部范围内的制度改革。中国财政部、卫生部于 1978 年发布了《财政部、卫生部关于整顿和加强公费医疗管理工作的通知》，这主要是为了解决公费医疗中经费超支、浪费的问题，其指出要适当提高公费医疗的预算定额，把公费医疗费用当作专款资金进行特殊管理。国家医疗制度改革研讨小组于 1988 年起草了《职工医疗保险制度改革设想（草案）》。该草案发布后，吉林省四平市、辽宁省丹东市、湖北省黄石市和湖南省株洲市经国务院批准作为试点，首先进行医疗保险制度改革；同时，社会医疗保险制度试点改革在深圳、海南进行。在以前的制度中，国家财政和企业共同负担公费医疗和劳保医疗费用，这次改革的思路是将这些费用分成两部分：一部分进入社会医疗保险统筹基金，只适用于职工大病医疗开支，不能随意调用；另一部分进入个人医疗账户，职工定期把工资中的一部分放入该账户。卫生部、财政部于 1989 年发布了《公费医疗管理办法》，针对公费医疗的待遇范围、经费开支大小、如何进行公费医疗管理等问题提出相应的解决办法。在进行上述医疗保险改革后，中国的社会保险制度成功地将社会统筹医疗基金与个人医疗账户结合在一起。

我们将集体经济作为基础，将农民自愿参加作为原则，创建了农村合作医疗制度。集体出资或投资一部分，农民个人出资一部分，构成了农村合作医疗基金的来源。这项制度根据基金收入情况决定医疗的报销额度。农民看病时，大部分钱由农村合作医疗基金进行报销，自身承担的部分很少。这项制度一出台就被广大农民接纳，同时它是农村集体福利制度的一个重要组成部分。在党的十一届三中全会之后，中国首先在农村推行经济制度改革，集体计划式经济被家庭联产承包责任制所替代，同时没有相关法律强制保证农村合作医疗基金上缴，农村合作医疗制度的经济来源得不到保障，这项改革在全国昙花一现。

6. 土地及房地产制度方面的变化

（1）土地制度

1978 年党的十一届三中全会召开以后，农村成为中国经济体制改革的前沿阵地，改革人民公社下不合理的农村土地产权制度成为农村改革的核心。凤阳县小岗村农村土地"包产到户"的成功案例，为农村土地集体所有制下的农业生产与发展提供了路径。家庭联产承包责任制在不触及集体所有制的情况下，通过采取对农村土地使用权的承包经营模式，较好地实现了土地使用权与所有权的分离，确保了农民劳动收益的"部分私人所有"的合法性，进而重新激发了农民的生产积极性，改变了中国农业生产水平徘徊不前的局面，极大地发展了集体所有制下的农业生产力，促进了中国农业经济的发展和农民生活水平的提高。

（2）房地产制度

1978~1992 年是中国城镇住房私有化、商品化进程的开始和初步发展阶段。其特点在于，一是部分传统的公有住房转化为私有住房；二是福利分房制度依旧延续，即中国住房制度仍以公有化为主体，住宅私有化和福利分房并行发展，即城镇住房具有多种所有产权制度。多种所有产权制度开启了中国住房产权制度变迁的一个新形式，它在一定程度上打破了长期以来福利分房的局限。随着市场经济的初步确立和改革开放的逐步推进，社会和经济发展在客观上要求建立与之相适应的住房产权制度，建立新型住房保障体系成为当时经济和社会环境下中国的理性选择。

7. 户籍制度方面的变化

从整体上看，这一阶段，国家消极限制人口自由迁徙。1978 年党的十一届三中全会后，党和国家的工作重心转移到经济建设上。国家逐步放松了对人口流动的限制。1984 年 10 月，国务院颁布《国务院关于农民进入集镇落户问题的通知》，规定"凡申请到集镇务工、经商、办服务业的农民和家属……或在乡镇企事业单位长期务工的"准予自理口粮落户集镇。这一规定是在封闭了 20 多年的户籍制度上第一次打开了缺口，是中国户籍制度改革的重大突破。1985 年 9 月，全国人大常委会通过《中华人民共和国居民身份证条例》，规定"公民在办理涉及政治、经济、社会生活等权益的事务时，可以出示居民身份证，证明其身份"。身份证制度的实施在某种程度上体现了人人平等的要求，促进了城乡人口流动。由于政策的松动，农村人口大量涌入城市，加之受到国际大环境的影响，数量日益庞大的城镇人口对国家计划供应形成了巨大压力，为此，1989 年 10 月，国务院颁布《国务院关于严格控制"农转非"过快增长的通知》，再度严格控制农村人口迁入城镇。

（二）1990~2000 年：效率优先，兼顾公平

1. 时代背景

在 20 世纪 90 年代初，苏联解体使国际共产主义运动遭受巨大挫折，同时，中国对外开放政策的实施也遇到挫折，这就导致国内一部分人对社会主义的发展前景产生了怀疑。"什么是社会主义，如何建设社会主义的理论与实践？"是中国共产党和中国人民无法回避的问题。自 1992 年以来，中国共产党对原有的社会主义经济体制理论和基本经济制度理论进行了全面创新，这两个理论为经济工作的开展奠定了基础。

2. 其间召开的重大会议

党的十四大于 1992 年召开，这次会议标志着中国的体制改革和经济进入高速发展时期。前期进行的一系列改革开始出现一些弊端，不能很好地适应此时快速发展的经济，各利益主体之间的关系变得更加复杂。收入分配制度需要进行新的变革、完善以适应社会需要。在党的十四大召开之后，中国的公有制主体需要与社会主义市场经济对接融合，同时中国的基尼系数没有超出合理范围，于是在 1993 年召开的党的十四届三中全会上，党中央改变了以往兼顾公平与效率的做法，首次提出"效率优先，兼顾公平"，并将其归为中国收入分配制度的基本原则中。在社会保障方面，效率优先原则同样适用。中国共产党于 1997 年召开第十五次代表大会，会议将效率优先、兼顾公平的收入分配原则进行了详细的解读并将相关内容具体化。这次会议明确了收入分配方面的制度改革要求：把按劳分配和按生产要素分配结合起来，允许和鼓励资本、技术等生产要素参与收益分配。这次要求比前一次"允许属于个人的资本等生产要素参与收益分配"的说法更加明晰，即在收入分配上允许生产要素参与。另外，收入分配差距和国家社会稳定紧密相关，这也是此次会议强调的一个重点问题，这就要求我们要对非法收入进行惩处，对不合理收入进行整顿，还要调节过高收入，防止收入差距过大和社会动荡。同时，国家财政要重点投入财力进行稳固。[1] 1993~2000 年中国农村和城镇及全国基尼系数见表 7-3。

---

① 王军：《效与公——深化我国收入分配制度改革的思考与建议（上）》，《经济研究参考》2008 年第 47 期。

表 7-3　1993~2000 年中国农村和城镇及全国基尼系数

年份	农村基尼系数	城镇基尼系数	全国基尼系数
1993	0.329	0.218	0.407
1994	0.321	0.213	0.399
1995	0.342	0.218	0.397
1996	0.323	0.208	0.308
1997	0.329	0.219	0.369
1998	0.337	0.225	0.376
1999	0.336	0.233	0.389
2000	0.354	0.245	0.402

资料来源：常兴华等《促进形成合理的居民收入分配机制》，《宏观经济研究》2009 年第 5 期；纪宝成《治理收入差距要两个并重》，《北京日报》2011 年 3 月 14 日第 17 版。

3. 薪酬工资方面的分配改革实践与创新

（1）农村分配改革实践与创新

20 世纪 90 年代初，广东省南海市首创农村土地股份合作制模式。具体做法是，在明确土地承包权属于农民所有的前提下，将土地承包经营权量化为股份，通过入股的方法，把承包到各家各户的土地再集中起来，然后由村组按功能统一规划，分为生活区、农业区和工业区，并由组建的村或组一级的股份公司集中统一经营。每个农户拥有一定集体农地的股份，但是这些股份并不与具体的某一地块相对应，农户与地块之间的联系是模糊的。农户通过入股的土地获得来自土地的福利保障，股份公司则通过土地股份化实现了土地集中和规模经营。这一做法取得了较好的效果。该市形成了高效优质的农业结构布局，农业活动以优质蔬菜种植和花木栽培为主体，种养并举，经济效益明显。1999 年，全市社会总产值比 1993 年翻了 2.8 倍，增长率为 40%；农民纯收入为 7453 元，增长率超过 8%。这种土地股份合作制规避了对转用农用地的政府审批和国家对集体土地的统一征收，因此，这种形式产生在 1998 年国家对土地进行严格的用途管制之前的大城市郊区农村，如珠江三角洲和长江三角洲地区。1998 年，国家实行严格的土地管制措施，一些地方开始尝试对有关农用地的土地股份合作制进行创新。例如，成都郊区就试行了土地股份合作社模式的农用地流转。具体做法是，农民以承包地入股，建立独立于村委会和政府的土地股份合作社。合作社把土地集中起来，然后选择有实力的农业种植公司进行统一经营。合作社内部成立股东大会和股东代表大会，接受村民的入股申请，承办土地入股登记、核准、发放、变更以及红利分配等事务，代表农户与承租公司进行谈判，向政府或其他部门反映农民的要求和意见。土地入股后，农民可以获得来自土地的租金收入、在专业种植公司务工的工资收入和土地承包经营权入股后的按股分红等。由于合作社与农业种植公司之间签订的是土地出租合同而不是转让合同，因此农民随时可以退股并收回自己的承包地。也有地方不成立土地股份合作社，而是由农民自己成立专业合作社（不要求农民带土地入社），然后由专业合作社租赁农民的土地并组织开展专业化、规模化生产。这种类型的土地股份合作制或合作社，由于不改变土地的农业用途、不改变土地所有权，并且充分保障农民的自主决策权和土地权益，因而成为土地流转的主要补充方式。

（2）城镇分配改革实践与创新

随着社会主义市场经济体制目标的确立，公司化改制的逐渐展开，国有企业基本建立了与市场经济体制相适应的收入分配制度。这一制度的建立大体经历了以下过程。一是1992~1993年，进行全国工资制度改革，重点是搞好企业内部分配、完善企业工资分配宏观调控体制、调整企业职工收入结构以及改进经营者收入分配办法等。这个阶段的主要措施是实行以岗位技能工资为主要形式的企业内部分配制度，实行"国家宏观调控、分级分类管理、企业自主分配"的企业工资宏观调控体制，将一部分福利计入工资，并与工资制度改革和工资调整相结合；改进企业经营者收入分配方式，明确企业经营者与本企业职工的收入倍数。这一阶段，不少国有企业进行了股份制改革，因此，企业内部职工持股这种生产要素参与分配的形式得到广泛发展。二是1994~1998年，重点是确立企业工资制度改革的目标模式，改进企业经营者收入分配办法。这个阶段的主要措施是按照新的模式深化企业工资改革，即"市场机制决定、企业自主分配、政府监督调控"；建立健全弹性工资计划、工资控制线、工资指导线、最低工资保障以及工资内外收入监督检查制度；进行企业经营者年薪制试点。三是从1999年至今，重点是对生产要素参与分配进行探索，主要措施是采用经营者年薪制、持有股权等分配方式。国有企业内部收入分配主要是对职工和企业经营者收入进行的分配，其中既包括按劳分配（如工资），又包括按要素分配（如经营者年薪制、按股分红等）。

4. 税收制度方面的变化

1994 年，中国成功进行了自新中国成立以来最深刻、最全面的一次税收改革。此次改革有力地促进了中国的改革开放与经济发展。在进行改革开放初期，中国的财税部门就在总结税收制度改革的经验和借鉴外国经验的基础上，提出了实行分税制的初步构想。

1994 年，中国进行了较大的税收制度改革。坚持统一税法，公平税负，简化税制，合理分配权力，理顺分配关系，规范分配的原则，建立"确保财政收入，符合社会主义市场经济要求的税收制度"①。1994 年，我国统一所得税，取消国有企业的调节税和两金税。个人所得税和城乡个体工商户所得税合并，建立统一、规范的个人所得税。基于增值税、营业税与消费税，建立标准化的协调税收制度，设置批发和零售消费税，并与扩大范围的增值税交叉征收，对服务业仍继续征收营业税，同时，其也适用于外资企业和国内企业。另外，开征土地增值税、城市维护建设税和教育费附加等税种。②

1994 年，税收制度变迁采取了一种渐进的、比较温和的方式。中央保留地方既得利益，取之有度，从而避免了大幅调整利益格局造成社会经济震荡。在近年来的运行过程中，此次改革已显示出较为良好的政策效应与经济效应。这主要体现在以下几个方面：第一，与市场经济体制相适应的税收制度总体框架基本确立；第二，税收收入稳定增长机制已逐步建立；第三，中央收入的主导地位基本确立，并且提高了中央政府的宏观调控能力；第四，其促进了资源优化配置和产业结构调整。

从总体上看，1994 年的税收制度改革从形式上实现了体制分权化的历史性跨越，主要表现为税种的划分、机构的分设，使分权化表现得更加鲜明。但实质上，税收管理权限和税收收入部门划分都得到了进一步的集中与统一。

1994 年税收制度改革，统一了流转税制度，增值税、消费税、营业税和关税一起构成新的营业税内容③，所得税得到规范。以前的税收改革只强调税务组织确保财政收入的功能，进行税收制度改革后，税收制度成为社

---

① 刘欣华：《中国个人所得税改革若干问题探讨》，《科技与管理》2003 年第 1 期，第 19~20 页。
② 王玮：《改革城市维护建设税：地方税系建设的突破口》，《四川财政》2003 年第 10 期，第 30~31 页。
③ 增值税、营业税和消费税收入参见中国财政年鉴编辑委员会编《中国财政年鉴（2002 年刊）》，中国财政杂志社，2002，第 20 页。

会主义国家的调节工具，明确了国家的多重身份，发展成为包含多种税、多环节、多次征收的复合税制。税收结构从以流转税为主体过渡到以流转税和所得税为主的双重主体结构，形成税收征管和税收制度相配合、相辅相成的征管模式。

5. 社会保障制度改革

（1）城镇社会保障制度改革

目前，中国养老保险制度的基本框架还是沿用 1995 年 3 月国务院发布的《国务院关于深化企业职工养老保险制度改革的通知》中的规定，后来，通过进行一些具体的修改、补充构成了现在的养老保险制度。目前，统一全国企业职工基本养老保险制度的目标基本完成，在 28 个省区市，统一的社会统筹与个人账户相结合的养老保险制度已运行。11 个行业统筹部门所属的 2000 多个企业的养老保险工作移交各省区市。27 个省区市先后实行养老保险省级统筹制度或建立了省级调剂金制度。城市低保的政策目标是应保尽保，在各城市自发进行低保试点期间，受益人数较少。随着城市低保的发展，低保受益者数量自 1998 年开始大幅增加。

（2）农村社会保障制度改革

由于城乡发展水平不同，现实情况差异较大，中国建立了城乡"二元制"社会保障体系。在这一体系中，占全国总人口近 75% 的农村人口享受的正式的社会保障较少，而城市非农业人口享受得较多。经济体制改革以后，特别是从 20 世纪 90 年代中期开始，中国进一步认识到在农村进行社会保障制度改革的迫切性和重要性。有关部门在农村进行了农村社会养老保险、医疗保险和最低保障等制度的试点工作，并逐步在全国农村推广试行。经过 10 多年的发展，农村社会保障制度改革取得了长足的进步。

6. 教育制度方面的变化

（1）初等教育

在"摸着石头过河"的实践精神下，"县办高中、乡办初中、村办小学"的教育模式逐渐在全国普及，由于当地政府的教育经费缺乏，要实现全面覆盖农村的义务教育的难度很大；同时，农村与城市的义务教育水平的差距较大。不同地区经济发展差距越来越明显，教育投入的区域差异越来越明显，地区教育差距越来越大。1993 年颁布的《中国教育改革和发展纲要》规定："要逐步建立以国家财政拨款为主，辅之以征收用于教育的税费、收取非义务教育阶段学生学杂费、校办产业收入、社会捐资集资和设立教育基金等多种渠道筹措教育经费的体制。"纲要提出了国家财政性教育经费支出占国民生产总值的比例在 20 世纪末达到 4%的目标。

（2）高等教育

以财政投入为主、以社会筹资和自筹为辅的高等教育的财政投入体制逐渐形成。同时，高等教育的学费开始大幅上涨，这使贫困大学生的求学之路变得艰难，高等学校相继建立"奖学金"和"助学金"制度以为其提供帮助。1993 年，《中国教育改革和发展纲要》发布；1995 年，《中华人民共和国教育法》出台，提出了新的高等教育财政体制，即以财政拨款为主，以其他多种渠道筹措教育经费为辅，改变以前由政府包揽办学的局面。自此，高等教育开始了新的发展时期。1997 年，国家开始正式实行高等教育收费制度，本科教育阶段由个人自费，高等教育的学费成为一个人接受高等教育的主要障碍。例如，1999 年的生均学费为 2769 元，2001 年则达到3895 元，而城镇居民人均可支配收入和农村居民人均纯收入在 1999 年分别为 5854 元和 2210 元，到 2001 年也才达到 6859 元和 2366 元。[①] 因此，在一般居民的日常开支中，高等教育所需要支付的学费占较大比重。

7. 土地及房地产制度方面的变化

（1）土地制度方面

为了稳定土地承包关系，鼓励农民增加投入，提高土地生产率，1993 年11 月 5 日，《中共中央、国务院关于当前农业和农村经济发展的若干政策措施》发布，明确提出："在原定的耕地……治沙改土等从事开发性生产的，承包期可以更长。"其还提倡在承包期内采用"增人不增地、减人不减地"的办法，允许土地使用权依法有偿转让。根据中央精神，1993 年，全国各地区先后开始了第二轮土地承包工作。1995 年 3 月 28 日，国务院批转《农业部关于稳定和完善土地承包关系的意见》，就延长土地承包期工作和加强土地承包合同管理提出明确要求，严禁发包方借调整土地之机多留机动地；允许对土地进行依法转包、转让、互换、入股，但严禁擅自将耕地转为非耕地；允许承包期内的土地承包经营权由子女继承。1997 年 8 月 27 日，《中共中央办公厅、国务院办公厅关于进一步稳定和完善农村土地承包关系的通知》发布，再次

---

① 《高校收费：公平与效率的辨析》，《中国教育报》2003 年 1 月 19 日第 4 版。

重申了稳定土地承包关系的政策，强调承包土地"大稳定，小调整"原则的前提是稳定，小调整只限于人地矛盾突出的个别农户。该文件的下发，再加上 1998 年是延长土地承包期 30 年不变政策落实关键的一年，农村第一轮土地承包绝大多数在 1998 年前后陆续到期，需要再次延包。由此，全国开始展开大规模的第二轮土地承包工作。1998 年 8 月 29 日，新《土地管理法》颁布，"土地承包经营期限为三十年"的政策首次以法律条文的形式出现。这意味着农民拥有的土地使用权不仅实现了长期化，而且有了法律保障。1998 年 10 月 14 日，党的十五届三中全会通过《中共中央关于农业和农村工作若干重大问题的决定》，再次强调，"要坚定不移地贯彻土地承包期再延长三十年的政策，同时要抓紧制定确保农村土地承包关系长期稳定的法律法规，赋予农民长期而有保障的土地使用权"，并把以家庭承包经营为基础、统分结合的双层经营体制确定为中国农业和农村跨世纪发展的重要方针之一，同时，其明确指出，这是中国农村的一项基本经营制度，必须长期坚持。

到 1998 年底，全国农村家庭承包经营的土地面积占总耕地面积的比重稳定在 97% 以上，80% 以上的村组开展了土地延包工作，其中承包期为 30 年的面积占延包总面积的 60% 左右。农民对土地承包 30 年不变的政策普遍表示欢迎。据河南省进行的农村土地承包状况调查，86% 的农户对中央土地延包政策持赞成态度，全省 90% 以上的农户签订了延包合同。延长土地承包期 30 年不变是符合中国国情的政策安排，在实践中取得了明显的成效。第一，显著提高了农民的生产积极性，对土地的投入进一步增加，有利于农业生产发展。土地承包期延长 30 年，使农民有了长远稳定的投资回报预期，农民愿意向土地进行更多投入，长期投入的积极性得到进一步激发，有效遏制了土地经营上的短期行为。第二，促进了土地、劳动力、资金等农业生产资源的合理优化配置。土地承包经营权流转的范围不断扩大，流转的方式多种多样，一些地方的土地逐步向种田能手集中，土地适度规模经营得到一定程度的发展，土地等农业生产资源的利用效率和产出效率不断提高。第三，保障了农村社会的稳定。土地不仅是农民的基本生产资料，而且是农民的基本生活保障来源。赋予农民长期而有保障的土地使用权，使农民有了生存和发展的依靠，从而有力地促进了农村社会的稳定。

（2）房地产制度方面

1994 年 7 月，为"深化城镇住房制度改革，促进住房商品化和住房建设的发展"，国务院颁布了《国务院关于深化城镇住房制度改革的决定》（国发〔1994〕43号）。决定要求"把各单位建设、分配、维修、管理住房的体制改变为社会化、专业化运行的体制；把住房实物福利分配的方式改变为以按劳分配为主的货币工资分配方式；建立以中低收入家庭为对象、具有社会保障性质的经济适用住房供应体系和以高收入家庭为对象的商品房供应体系；建立住房公积金制度；发展住房金融和住房保险，建立政策性和商业性并存的住房信贷体系；建立规范化的房地产交易市场和发展社会化的房屋维修、管理市场，逐步实现住房资金投入产出的良性循环，促进房地产业和相关产业的发展"。决定指出："近期的任务是：全面推行住房公积金制度，积极推进租金改革，稳步出售公有住房，大力发展房地产交易市场和社会化的房屋维修、管理市场，加快经济适用住房建设，到本世纪末初步建立起新的城镇住房制度，使城镇居民住房达到小康水平。"

1995年1月1日，《中华人民共和国城市房地产管理法》开始实施。该法对以行政划拨方式取得土地使用权的情形做了规定；对以划拨方式取得土地后转让房地产的情况做了受让方也要"缴纳土地使用权出让金"的规定；对于"以营利为目的，房屋所有权人将以划拨方式取得使用权的国有土地上建成的房屋出租"的情况，规定"租金中所含土地收益上缴国家"。该法发布前，国家所有的土地依照《土地管理法》和《城镇国有土地使用权出让和转让暂行条例》的规定，以划拨和出让两种方式向社会供应。出让方式在沿海城市较多采用，但从全国范围看，以计划体制为背景的划拨方式仍然居多，其与社会发展要求不相适应。该法实施后，城市住房土地供给有了严格的法律约束，以划拨方式取得土地的情况受到严格限制。

8. 户籍制度方面的变化

1992年，公安部发布《关于实行当地有效城镇居民户口制度的通知》，规定小城镇以及国务院或省级政府批准建立的经济特区、经济技术开发区、高新技术产业开发区，重点是县城以下集镇的居民，可办理当地有效城镇居民户口。当地有效城镇居民户口和自理口粮户口类似，是一种介于城市户口与农村户口之间的户口类别。拥有城镇居民户口的居民并不能享受到类似于国家给予非农业户口居民的种种福利和利益。因此，有效城镇居民户口仅仅是一种具有过渡性质的户籍形式。1994年以后，国家取消了以商品粮为标准划分农业户口和非农业户口的二元户籍模式、以居住地和职业作为划分农业和非农业人口的标准，建立了包括常住户口、暂住户口和寄住户口三种管理模式在内的户口登记制度。1996 年 7 月 1 日，新常住人口登记表和居民户口簿正式启用。新的户口簿将"户别"的填写重新规范为"家庭户"和"集体户"，取消了"农业"和"非农业"两个户口类型，使户口登记能够如实地反映公民的居住和身份状况。1997 年以后，以小城镇户籍制度改革为契机，各省区市纷纷取消农业户口、非农业户口性质的划分，按照常住地登记户口的原则，统一将其登记为居民户口。但是，这种登记制度的变化并没有改变城市人口和农村人口在福利待遇上的差别，对于人口流动和迁移的意义并不大。1997 年以来，中国小城镇的户籍制度改革大大放宽了农村居民迁移到小城镇的条件。1997 年 6 月，《国务院批转公安部小城镇户籍管理制度改革试点方案和关于完善农村户籍管理制度意见的通知》发布，全国各地逐步放宽对小城镇的户籍限制，规定允许已经在小城镇就业、居住并符合一定条件的农村人口在小城镇办理城镇常住户口，以促进农村剩余劳动力就近、有序地向小城镇转移。2001 年 3 月，《国务院批转公安部关于推进小城镇户籍管理制度改革意见的通知》明确指出全面推进小城镇户籍制度改革的目标，并决定"对办理小城镇常住户口的人员，不再实行计划指标管理"。值得一提的是，这个改革意见所体现的基本精神表明允许各地按照具体情况推进本地户籍制度改革。1998 年，大中城市的户籍迁移限制出现松动。1998 年 7 月，《国务院批转公安部关于解决当前户口管理工作中几个突出问题意见的通知》规定"实行婴儿落户随父随母自愿的政策"、"放宽解决夫妻分居问题的户口政策"、老人投靠子女政策以及"在城市投资、兴办企业、购买商品房的公民及随其共同居住的直系亲属，凡在城市有合法固定的住所、合法稳定的职业或者生活来源，已居住一定年限并符合当地政府有关规定的，可准予在该城市落户"的政策。

（三）2000~2012 年：更注重社会公平

1. 时代背景

这一阶段改革的突出特点是在致力于提高效率的同时，在收入分配中更加注重社会公平。从现实情况来看，这不仅适应了社会主义市场经济发展的要求，而且有利于增加中国居民的收入来源，使居民收入水平逐年提高，生活得到很大的改善。从理论上来讲，这也标志着中国特色社会主义市场经济条件下的收入分配理论基本形成。

2. 其间召开的重大会议

2002年，党的十六大报告关于收入分配制度的论述，将我国分配制度和分配体制改革推向以效率为主、兼顾公平的新高度，构建了这一阶段收入分配的政策体系。党的十六大针对生产要素如何参与收入分配的问题指出，劳动、资本、技术和管理等生产要素按贡献参与分配；针对公平与效率问题提出了更高和更具体的要求，强调初次分配注重效率、再分配注重公平。2003年2月，党的十六届二中全会召开，胡锦涛做了重要讲话，指出要正确处理改革、发展和稳定的关系，妥善处理各种社会矛盾和利益关系，坚持在社会稳定中推进改革发展，通过改革发展促进社会稳定。2004年9月，党的十六届四中全会正式提出"以人为本、全面协调可持续的科学发展观"，指出贯彻科学发展观，就要切实把维护和实现最广大人民的根本利益体现在党领导发展的大政方针和各项部署中，落实到经济社会发展的各个方面。把推进经济建设同推进政治建设、文化建设统一起来，促进社会全面进步和人的全面发展。在收入分配问题上，贯彻科学发展观，必须解决收入分配差距过大的问题，这包括地区之间、城乡之间、行业之间以及不同社会群体之间等的收入差距过大的问题。2005年10月，党的十六届五中全会针对全面贯彻落实科学发展观问题，明确提出了建设和谐社会的思想，将促进社会和谐视为中国发展的重要目标和必要条件，强调按照以人为本的要求，从解决关系人民群众切身利益的现实问题入手，更加注重促进经济社会协调发展，加快发展社会事业，促进人的全面发展；更加注重社会公平，使全体人民共享改革发展成果；更加注重进行民主法制建设，正确处理改革、发展和稳定的关系，保持社会安定团结。2006年5月，中共中央专门就收入分配制度改革问题召开政治局会议，强调建立公平公正的收入分配制度。2006年10月，党的十六届六中全会对完善收入分配制度和解决社会保障制度问题又提出新的要求。关于完善收入分配制度，规范收入分配秩序问题，基于以往历次会议，其提出，要更加注重社会公平，通过发展经济、扩大就业和提高社保标准等手段增加低收入者的收入，对国有企业管理层、垄断行业职工的工资加强监管，强化税收对收入分配的调节作用等。2007年，党的十七大针对中国收入分配制度改革的问题，提出初次分配和再分配都要处理好效率和公平的关系，再分配要更加注重公平，逐步提高居民收入在国民收入分配中的比重，提高劳动报酬在初次分配中的比重等。

3. 薪酬工资方面的分配改革

企业收入分配制度改革呈现工资制度因企制宜、分配形式灵活多样的特点。企业建立起以岗位工资为主的基本工资制度，并进行了技术入股、员工持股等生产要素参与分配及年薪制试点等。2005 年以来，全国 30 个省区市（除西藏外的所有省区市）全部发布了当地的企业工资指导线。2005 年，国家启动了新一轮公务员工资制度改革。2006 年，中国在事业单位建立符合事业单位特点、体现岗位绩效和分级分类管理要求的收入分配制度。2007 年 10 月召开的党的十七大形成现有的分配原则，即"初次分配和再分配都要处理好效率和公平的关系，再分配更加注重公平"。2009 年，政府相继出台一系列调控收入分配的政策，包括规范国有企业负责人薪酬管理制度、推进机关及事业单位工资制度改革、推行集体协商工资制度、推进税收制度改革等。

为此，中央从初次分配和再分配两个方面提出了未来几年内的改革举措。初次分配方面，要坚持和完善按劳分配为主体、多种分配方式并存的分配制度，稳步提高职工最低工资水平，建立健全职工工资正常增长机制，严格执行最低工资制度。加强对收入过高行业工资总额和工资水平的双重调控，严格规范国有企业、金融机构高管人员薪酬。大力整顿和规范收入分配秩序，加快建立收入分配监测系统。创造条件增加居民的财产性收入，健全扩大就业、增加劳动收入的发展环境和制度条件，促进机会公平等。在农村，要提高农民职业技能和创收能力，多渠道增加农民收入。鼓励农民优化种养结构，提高效益，完善农产品市场体系和价格形成机制，增加农民生产经营收入。发展非农产业，壮大县域经济，促进农民转移就业，增加工资性收入。

4. 税收制度方面的变化

随着经济发展和社会形势变化，国家对个人所得税进行了多次调整，1999 年、2007 年和 2008 年三次对存款利息个人所得税进行调整：税率逐渐下调直至免税。并且，国家多次提高工薪所得项目减除费用标准。2011 年 6 月，第十一届全国人民代表大会常务委员会第二十一次会议通过了《关于修改〈中华人民共和国个人所得税法〉的决定》，将工薪所得项目减除费用标准提高至 3500 元/月，在本次调整后，工薪所得纳税人的税负明显降低，与个体经营所得纳税人以及承包承租经营所得纳税人的税负拉开了较大差距。

农村的税费改革也是这一期间调节农村居民收入的主要手段。农业作为国民经济的基础性产业，承担着为一国人口提供生存必需品的重要责任，从经济角度看，农业为工业提供原材料，是社会生产的起点和基础，同时，农业又为工业产品提供了广阔的市场。从社会角度看，中国自古以来就是一个农业大国，根据第六次全国人口普查公报，中国仍有 50.32% 的农村人口，因此农业安则天下安，农民富则天下足。在"十五"时期之初，为减轻农民的负担，规范城乡经济社会收入分配体系，厘清农业税费乱象，中国政府就采取了以取消农业税为代表的一系列农村税费改革措施，概括起来主要有"三取消、两调整和一改革"。作为试点省，安徽首先在 2000 年开始推行此项改革，相继取消了乡统筹的以广大农民为征收对象的行政事业性收费和政府性基金，以及农村教育集资等针对农民的政府性集资，取消了屠宰税，同时还逐步取消了统一规定的劳动积累工和义务工。

在税制改革中，经过近十年的逐步改善，中国已初步建立适应社会主义市场经济体制的税制框架。[①] 税收制度本身有很多需要进一步改善的地方。随着中国经济改革进一步深化，宏观经济形势已经发生了显著变化。中国加入了 WTO，税收制度与当前的社会经济环境之间日益暴露出许多问题，产生了很多新的摩擦。例如，税收待遇不统一、税收政策缺乏整体方向、税收制度的法律水平过低、地方税制改革滞后、税收管理制度不够完整。近年来，国内需求不足，矛盾日益突出，如社会保障制度滞后，贫富差距继续扩大。与此同时，全球经济一体化的步伐正在加快，在空间上不断扩大，国家加强竞争与合作，国际化税收制度已成为必然的要求。中国新一轮税制改革势在必行，以适应经济增长方式的转变。党的十六大提出建设小康社会，党的十六届三中全会通过了关于完善社会主义市场经济体制的决定[②]，确定了中国经济发展和结构调整的基本任务，深化税制改革、调整税收政策都是其中重要的内容。改革的基本思路是：按照"简化税制、

---

① 刘佐：《社会主义市场经济中的中国税制改革——1992 年以来中国税制改革的回顾与展望》，《经济研究参考》2004 年第 2 期，第 28 页。

② 朱国鑫：《为了共同的目标——全国政协十届常委会第三次会议综述》，《中国政协》2003 年第 10 期，第 29 页。

宽税基、低税率、严征管"的原则，围绕"统一税法、公平税负、规范政府分配、促进税收与经济协调增长、提高税收征管水平"的目标①，保持税收平稳较快增长，以适应经济形势和国家宏观调控的需要，积极稳妥地改善税收制度，达到进行结构性改革的目的。

2011 年是"十二五"开局之年，也是我们应对复杂严峻形势并取得明显成效的一年。"十一五"时期是中国发展进程中极不平凡的五年。面对国内外复杂形势和一系列重大风险挑战，中国共产党团结带领全国各族人民，全面推进改革开放和现代化建设，国家面貌发生了历史性变化。中国社会生产力、综合国力显著提高。"十一五"时期，国内生产总值达到 39.8 万亿元，年均增长 11.2%，财政收入从 3.16 万亿元增加到 8.31 万亿元。城镇新增就业 5771 万人，转移农业劳动力 4500 万人；城镇居民人均可支配收入和农村居民人均纯收入年均分别实际增长 9.7% 和 8.9%；覆盖城乡的社会保障体系逐步健全。2010 年，对外贸易总额达到 2.97 万亿美元，开放型经济水平快速提升。

5. 社会保障制度方面的变化

在再分配方面，党的十六大指出，要坚持社会统筹和个人账户相结合，完善城镇企业职工基本养老保险制度和基本医疗保险制度。健全失业保险制度和城市居民最低生活保障制度。发展城乡社会救济和社会福利事业。鼓励一些有条件的地方建立农村养老、医疗保险和最低生活保障制度。

总体来说，此次改革的目标，就是建立一个独立于企事业单位的，资金来源多元化、保障制度规范化、管理服务社会化的社会保障体系。目前，中国已基本建立起完善的城镇企业职工基本养老保险制度，扩大并形成了多层次的城镇职工医疗保障制度，失业保险等其他社会保险制度也都得到了不同程度的完善。中国多次提高低收入人群的最低生活保障标准，优化了社会救助的基本框架体系。不仅如此，2011 年，中国还出台了城镇居民社会养老保险，将城镇非就业居民也纳入社会化养老的范围之内。在大力推进城镇地区企业和事业单位社会保障制度改革的前提下，中国政府将社会保障工作的重点转移到农村，陆续出台一系列解决农村社会问题的重要政策措施，例如，从 2003 年起，中国在部分地区试点新型农村合作医疗

---

① 邱虹：《论新一轮税制改革的方向选择》，《福建金融》2006 年第 1 期，第 22 页。

制度，仅用7年的时间就基本实现了全国范围农村内的新型农村合作医疗制度全覆盖。2009年，新型农村社会养老保险开展了试点，到2011年3月，全国已有1.77亿名农村人口参保。将社会养老制度和医疗保险制度从城镇拓展到了农村，对维护广大农村居民的社会保障权益起到了十分重要的作用。

关于社会保障制度，党的十七大特别强调要坚持公共医疗卫生的公益性质和确保药品食品安全的问题。这是以人为本、实现经济发展成果全民共享的思想的重要体现，同时也是应对社会医患矛盾突出的措施，甚至在一定程度上是保障社会稳定的重要措施。①

再分配方面，要加快完善社会保障制度，进一步提高保障水平，坚持广覆盖、保基本、多层次、可持续的方针，加快推进覆盖城乡居民的社会保障体系建设。城乡基本养老制度实现全覆盖，包括实现新型农村社会养老保险制度全覆盖，完善城镇职工和居民养老保险制度，实现基础养老金全国统筹，稳步提高企业退休人员基本养老金标准。实现城乡社会救助全覆盖，稳步提高城乡居民最低生活保障标准。基本医疗保障制度实现全覆盖，提高并稳定城乡三项基本医疗保险参保率，政策范围内的医保基金支付水平提高到70%以上。全国城镇保障性住房覆盖面在20%左右。推动机关事业单位养老保险制度改革。

6. 教育制度方面的变化

(1) 义务教育

教育发展对经济增长的效果在短期内不明显，容易被地方政府忽视，比如，乡级政府财政收入很少，而农村义务教育经费主要由乡级政府负担，所以，义务教育投入非常少。随着校办工厂制度的改变，原来校办工厂出资部分没有了，促进教育发展的经费来源越来越少，这又在一定程度上增加了乡级政府财政负担。雪上加霜的是，2000年的农村税费改革制度又取

---

① 时任卫生部部长高强指出，全国医疗资源有80%在城市，农村医疗资源仅占20%，而城市医疗资源的80%又集中在大医院。这种资源分布导致百姓看病难、看病贵。医疗服务、医疗安全等方面存在的问题导致医患纠纷不断增加。如果处理不好这些问题，那么很可能影响社会稳定。参见《医患矛盾突出　高强直指当前医疗服务工作五问题》，中国新闻网，https://www.chinanews.com/news/2005/2005-04-28/26/568512.shtml；《高强：加强医德医风建设　构建和谐的医患关系》，中国新闻网，https://www.chinanews.com.cn/news/2005/2005-03-04/26/546432.shtml。

消了教育费附加的征收，这使乡级政府增加教育投入更加困难，因而教育投入占国民生产总值的比重在 2000 年仅为 2.85%，远低于 4% 的目标。[①] 为了尽快解决农村义务教育发展水平低的问题，从 2001 年起，国务院出台了一系列法律法规。2001 年，《国务院关于基础教育改革和发展的决定》发布，决定对义务教育政策进行调整，农村开始实行新体制，这一体制主要包括以下几点：在国务院的领导下，由地方政府负责，分级管理，以县为主。这一体制在很大程度上促进了农村九年义务教育的普及，提升了教育投入的水平。并且，国家采取"一费制"和"两免一补"的政策措施，很好地治理了教育领域出现的乱收费现象，城市经济困难群众和农民的教育负担得以减轻。2005 年，全国人大审议通过的《义务教育法（修订草案）》提出九年义务教育投入由县、地市、省、中央四级政府共同承担，改变了以前义务教育单一由县来承担的体制，九年义务教育的投入进一步得到保障。为了进一步减轻农村居民的负担，从 2006 年起，对于西部农村地区，国家提出免除义务教育阶段书本费和学费，随后几年，这一政策在全国范围得到推广。原来由农村居民承担的教育支出转变为地方政府支出，这对地方政府来说，压力很大，但是这一制度带来了巨大的成就，中国的九年义务教育普及率在 95% 以上，基本实现了普及义务教育的目标。

（2）高等教育

2002 年，第九届全国人大常委会第三十一次会议通过《民办教育促进法》，这对我国的民办高等教育的发展具有重要的意义，对民办教育的法律地位、产权归属和合理回报方面做出了规定，对以后私立营利性教育的发展起到了促进作用。然而，民办高等教育的高额费用是一般收入水平家庭很难接受的。

中国高等教育从精英化到大众化的转变是随着 1999 年高校扩招政策而出现的，而且新的教育财政投入体制的确立有助于教育大众化，经过多年的扩招，2011 年，全国普通本专科招生人数已经达到 607.2 万人，高校毛入学率已经达到 23%，高等教育大众化阶段已经到来。

总之，高校扩招政策的实施和新的教育财政投入体制的建立，对中国

---

① 乔宝云等：《中国的财政分权与小学义务教育》，《中国社会科学》2005 年第 6 期，第 37~46 页。

高等教育事业的发展起到了巨大的促进作用。政府教育投入方向及各部分比例见表 7-4。

表 7-4　政府教育投入方向及各部分比例

单位：%

	2000 年	2005 年	2007 年	2009 年	2011 年
高等教育	20.30	22.80	25.50	27.80	29.70
中等教育	42.00	41.20	40.00	37.80	36.70
初等教育	32.80	31.30	29.70	29.60	28.70
其他教育	4.90	4.70	4.70	4.90	4.90
乡村	56.80	55.80	54.30	58.80	54.90
城市	43.20	44.30	45.70	41.20	45.10
义务教育	100.00	100.00	100.00	100.00	100.00

7. 土地及房地产制度方面的变化

（1）土地制度方面的变化

2000 年，国土资源部在地方制度创新的基础上，选择在苏州、芜湖、顺德、湖州、安阳、南海等 9 个集体建设用地使用权流转比较活跃的区域进行试点，专门组织人员进行集体建设用地流转的调研，制定规范集体建设用地流转的相关规章法规。各地出台了适合本地社会经济文化发展水平的流转方案和具体实施方法。除了地方土地管理部门出台的行政规章外，以地方人民政府令形式发布的地方性法规和以中共中央和国务院名义下发的文件也表示了对集体建设用地入市流转的肯定，如 2003 年发布的《中共中央国务院关于做好农业和农村工作的意见》指出：各地要制定鼓励乡镇企业向小城镇集中的政策，"通过集体建设用地流转、土地置换、分期缴纳土地出让金等形式，合理解决企业进镇的用地问题，降低企业搬迁的成本"。2004 年，《土地管理法》再次修改，修改的主要内容集中在集体土地流转和征地制度改革两个方面。2004 年 10 月 21 日，国务院下发《国务院关于深化改革严格土地管理的决定》，第十条规定，"加强村镇建设用地的管理。要按照控制总量、合理布局、节约用地、保护耕地的原则，编制乡（镇）土地利用总体规划、村庄和集镇规划，明确小城镇和农村居民点的数量、布局和规模。鼓励农村建设用地整理，城镇建设用地增加要与农村建设用地减少相挂钩。农村集体建设用地，必须符合土地利用总体规划、村庄和集镇规划，并纳入土地利用年度计划，凡占用农用地的必须依法办理审批手续。禁止擅自通过'村改居'等方式将农民集体所有土地转为国有土地。禁止农村集体经济组织非法出让、出租集体土地用于非农业建设。改革和完善宅基地审批制度，加强农村宅基地管理，禁止城镇居民在农村购置宅基地。引导新办乡村工业向建制镇和规划确定的小城镇集中。在符合规划的前提下，村庄、集镇、建制镇中的农民集体所有建设用地使用权可以依法流转。"但是，决定也强调了将耕地转为建设用地的数量受到国家土地供应政策的严格控制。

2005 年 6 月，《广东省集体建设用地使用权流转管理办法》发布，自2005 年 10 月 1 日起施行。该办法将农村集体非农建设用地视同国有土地，允许合法入市流转，按"同地、同价、同权"的原则纳入土地交易市场。这是广东农村集体建设用地管理制度的重大创新突破，同时标志着中国农村土地流转制度的创新突破。该办法允许在土地利用总体规划中确定并经批准使集体建设土地采取出让、出租、转让、转租和抵押等方式进入土地流转市场。集体建设用地流转制度创新正式从存量地开始向增量地扩展。该办法明确规定，"兴办各类工商企业，包括国有、集体、私营企业，个体工商户，外资投资企业（包括中外合资、中外合作、外商独资企业、'三来一补'企业），股份制企业，联营企业等""兴办公共设施和公益事业""兴建农村村民住宅"，可以使用集体建设用地。取得集体建设用地的单位和个人应当按市、县政府集体建设用地批准文件规定的用途使用土地，不得随意改变。通过出让、转让和出租方式取得的集体建设用地，不得用于商品房开发和住宅建设。农村集体土地所有者出让、出租和抵押集体建设用地使用权，必须经过"本集体经济组织的村民会议 2/3 以上成员或 2/3 以上村民代表同意"；所取得的土地收益纳入农村集体财产统一管理，"其中50% 以上应当存入银行（农村信用社）专户，专款用于本集体经济组织成员的社会保障安排"。村民出卖和出租住房后，不得再申请新的宅基地。2005 年 12 月 31 日，《中共中央　国务院关于推进社会主义新农村建设的若干意见》第 17 条提出，"加强村庄规划和人居环境治理。随着生活水平提高和全面建设小康社会的推进，农民迫切要求改善农村生活环境和村容村貌。各级政府要切实加强村庄规划工作，安排资金支持编制村庄规划和开展村庄治理试点"。2006 年，国土资源部指出：可在村民达成集体共识的情况下，允许农村集体建设用地依法合理有序流转。在流转后，按照土地利用总体规划和城镇、村庄规划确定的用途进行利用。这保证了一定建设所需的土地供应，可使经济效益、土地利用效益差的企业通过转让、出租土地和房屋等方式实现收购、联营、兼并、合作，使建设用地得到合理、高效的利用。同时，其也向一部分无建设用地的农民提供一定数量的建设用地，这样保护了耕地，从整体上提高了节约农村集体土地资源的水平。

2006 年 3 月 27 日，《国土资源部关于坚持依法依规管理节约集约用地支持社会主义新农村建设的通知》发布，首次明确提出将推进农村非农建设用地流转的试点工作，提出"加强农村用地规划和管理，大力推进节约集约用地"，利用土地总体规划和年度计划，统筹城乡发展、协调各业用地。"按照新农村建设的战略部署和总体要求，以严格保护耕地为前提、以控制建设用地为重点、以节约集约用地为核心，合理安排城乡各项用地" "土地利用年度计划要合理安排新农村建设用地。在加强建设用地总量控制的基础上，对符合土地利用总体规划和年度计划的新农村建设用地，特别是安排的重点生产、生活公共基础设施等急需的基础工程建设用地，要及时予以保障" "要适应新农村建设的要求，经部批准，稳步推进城镇建设用地增加和农村建设用地减少相挂钩试点、集体非农建设用地使用权流转试点"。

2007 年 6 月，国家发改委批准同意成都、重庆成立"统筹城乡综合配套改革试验区"，期望通过制度创新打破体制机制的束缚，完善统筹城乡相关的法律、法规和政策体系。重庆"国家城乡统筹发展综合改革试验区"的思路是首先做大城市，然后由城市反哺农村，最后消除城乡差距，实现共同富裕。"五个统筹"包括：统筹城乡劳动就业；统筹推进进城务工经商农民向城镇居民转化；统筹城乡基本公共服务；统筹国民收入分配；统筹城乡发展规划。其中，统筹城乡发展规划，就是要深化土地管理和使用制度改革，让农民共享土地出让的增值，促进农村市场体制改革，让农业更好地走向产业化、市场化，统筹城乡协调发展，消除中国社会发展的二元结构，做到城市和乡村、市民和农民的真正平等。集体建设用地流转的改革试验将是统筹城乡综合配套改革试验的重要内容之一。为了盘活存量建设用地，重庆和成都选择将农村建设用地减少与城市建设用地增加挂钩的办法。主要做法是拿出农村宅基地的 20% 左右，集中兴建新型农村社区，农村宅基地的 80% 左右复垦为耕地，其土地指标通过城市的购买被置换为该城市的建设用地。这样既破解了城市发展面临的土地瓶颈，农村也得以实现农业规模化经营。2007 年末，武汉、长沙被批准为"资源节约型和环境友好型社会建设综合配套改革试验区"，在资源节约、环境保护、科技创新、产业结构优化升级、统筹城乡发展、节约集约用地、财税金融、对内对外开放和行政管理等九个方面进行体制和机制创新（金融、财税、土地三个领域仍需按程序报批）。综合改革方案包括尝试探索土地政策的创新，如武汉市编制"1+8"城市圈国土规划，对圈内土地资源进行统筹安排，积极稳妥地开展城镇建设用地规划，增加与农村建设用地建设挂钩试点，建立集约用地激励机制，整合圈内土地有形市场，降低土地流转成本，建立土地储备基金。建立圈内耕地有偿保护和占补平衡机制，突破行政区划界限，在圈内 9 个城市间配置农地和建设用地资源，确保耕地占补数量和质量"双平衡"。这种跨省、跨地级市的"占补平衡"为集体建设用地流转提供了更多的需求。

2008 年 8 月 25 日，《河北省集体建设用地使用权流转管理办法（试行）》颁布，自 2008 年 11 月 1 日起施行。范围是本省行政区域的城市和镇规划区外集体建设用地使用权的流转及相关管理活动。对象是乡镇企业和乡（镇）村公共设施、公益事业建设用地，以及其他经依法批准用于非住宅建设的集体所有土地。和之前广东出台的办法相比，河北的这一办法的突出亮点就在于把出让纳为合法流转形式，这标志着集体建设用地使用权流转合法范围从存量地向增量地扩展。2007 年出台的《物权法》虽然没有对农村集体建设用地流转方面的土地物权做出明确的规定，但是《物权法》第 151 条指出，"集体所有的土地作为建设用地的，应当依照土地管理法等法律规定办理"。尽管集体建设用地流转制度的变迁非常迅速，但国家还是比较担心在集体建设用地流转领域中的各种违法违规行为，如为了遏制在农村地区出现的擅自扩大农民集体所有土地的使用范围、违法提供建设用地的问题，特别是借农村集体所有建设用地使用权流转、土地整理折抵和城乡建设用地增减挂钩等名义，擅自扩大建设用地的规模的行为，2007 年 12 月 30 日，《国务院办公厅关于严格执行有关农村集体建设用地法律和政策的通知》发布，强调严格规范使用农村集体所有土地进行建设，严格禁止和严肃查处"以租代征"转用农用地的违法违规行为。这不是对集体建设用地流转制度变迁的倒退，而是尽可能地减少制度变迁过程中中央政府可能面对和承担的制度变迁成本，为彻底推进集体建设用地流转制度变迁扫清障碍。

（2）房地产制度方面的变化

2003年，国务院发布《国务院关于促进房地产市场持续健康发展的通知》，其中，第一部分"提高认识，明确指导思想"指出："（一）充分认识房地产市场持续健康发展的重要意义。房地产业关联度高，带动力强，已经成为国民经济的支柱产业。促进房地产市场持续健康发展，是提高居民住房水平，改善居住质量，满足人民群众物质文化生活需要的基本要求；是促进消费，扩大内需，拉动投资增长，保持国民经济持续快速健康发展的有力措施；是充分发挥人力资源优势，扩大社会就业的有效途径。"2003年，房地产业成为国民经济的支柱产业，成为扩大内需、拉动投资、发展经济的有力措施，这是扩大就业的有效途径，成为中国经济发展的擎天柱。通知指出，"（二）进一步明确房地产市场发展的指导思想。要坚持住房市场化的基本方向，不断完善房地产市场体系，更大程度地发挥市场在资源配置中的基础性作用；坚持以需求为导向，调整供应结构，满足不同收入家庭的住房需要"。这明确了住房的市场化发展方向，并确定了市场在配置住房中的基础性作用，政府在配置住房中的作用退居其次。通知第二部分"完善供应政策，调整供应结构"指出"（五）增加普通商品住房供应。要根据市场需求，采取有效措施加快普通商品住房发展，提高其在市场供应中的比例"。虽然，这一通知强调经济适用住房和廉租房的重要性，也谈到发展经济适用住房和廉租房的主要措施，但是，在通知中，经济适用住房和廉租房的重要性远远没有普通商品房显得那么重要。原因很简单，普通商品房对内需的拉动、对经济增长的贡献要远远大于经济适用住房和廉租房。2003年，房地产投资对经济增长的贡献率接近15%，拉动整个经济走出"非典"泥潭。

2004年3月31日，《国土资源部、监察部关于继续开展经营性土地使用权招标拍卖挂牌出让情况执法监察工作的通知》规定：所有商住地的出让必须公开交易，公开交易必须做到公平公正公开。当年8月31日，所有历史上的供地协议必须全面清理。此项规定意味着，今后不准再有协议出让土地的情况出现，土地出让全部公开，规范土地出让，防止有人低价获得土地从而抑制房地产投资。2004 年，《国务院办公厅关于深入开展土地市场治理整顿严格土地管理的紧急通知》发布，做出了在深入开展治理整顿期间，全国暂停审批农用地转非农建设用地的决定，重点急需建设项目应报国务院批准。在重点急需项目中不包括住房建设项目。当年 12 月 21 日，国务院出台了《国务院关于深化改革严格土地管理的决定》，再次强调"严格控制建设用地增量，努力盘活土地存量，强化节约利用土地，深化改革，健全法制，统筹兼顾，标本兼治"，并提出"进一步完善符合我国国情的最严格管理制度"①。2004 年 5 月 31 日，建设部、国家发改委、国土资源部、中国人民银行联合发布《经济适用住房管理办法》。经济适用住房属于低价位住房，通过建设更多的经济适用住房参与市场交易可以拉低日益高涨的房价。然而，这个办法似乎是"宣言的味道比较浓"，对经济适用住房的资金、供应套数没有做出规定，只是在第四条做出了"发展经济适用住房应当坚持'在国家宏观政策指导下，各地区因地制宜、分别决策'的原则，由市、县人民政府根据当地经济社会发展水平、居民住房状况和收入水平等因素，合理确定经济适用住房的政策目标、建设标准、供应范围和供应对象等，并负责组织实施"的规定。

2005 年 3 月 26 日，国务院办公厅发布《国务院办公厅关于切实稳定住房价格的通知》（也称"旧国八条"）。通知指出，住房价格一直是社会普遍关注的问题，住房价格上涨过快直接影响城镇居民家庭住房条件的改善，影响金融安全和社会稳定，甚至影响整个国民经济的健康运行；首次明确一些地方住房价格上涨过快虽然是局部性和结构性问题，但是影响了经济和社会的稳定发展，需要抑制住房价格过快上涨。通知再次表明房地产业是中国国民经济的重要支柱产业。

2006 年 5 月，《关于调整住房供应结构稳定住房价格的意见》（也称"国六条"）出台。意见的亮点是首次明确新建住房结构比例：自 2006 年 6 月 1 日起，凡新审批、新开工的商品住房建设，套型建筑面积在 90 平方米以下的住房（含经济适用住房）面积所占比重，必须达到开发建设总面积

---

① 《国务院关于深化改革严格土地管理的决定》，中华人民共和国中央人民政府网站，http://www.gov.cn/gongbao/content/2004/content_63043.htm。

的 70% 以上。意见调整住房转让环节营业税，进一步抑制投机和投资性购房需求：从 2006 年 1 日起，对购买住房不足 5 年转手交易的，销售时按其取得的售房收入全额征收营业税；个人购买普通住房超过 5 年（含 5 年）转手交易的，销售时免征营业税；个人购买非普通住房超过 5 年（含 5 年）转手交易的，销售时按其售房收入减去购买房屋的价款后的差额征收营业税。2006 年 7 月 11 日，建设部等六个部门下发《关于规范房地产市场外资准入和管理的意见》，试图限制外资在国内投资房地产市场及限制外国人购买房产。2006 年 7 月 18 日，《国家税务总局关于个人住房转让所得征收个人所得税有关问题的通知》发布，从 8 月 1 日起，各地税局将在全国范围内统一强制性征收二手房转让 20% 的个人所得税。这个文件的出台说明，中央认为房价上涨的部分原因在于炒房，旨在通过提高炒房成本打击炒房行为。

从 2007 年 2 月 1 日起，中国正式向房地产开发企业征收 30%~60% 不等的土地增值税。其实，土地增值税自 1994 年就开始征收，2007 年之前一直是预征销售收入的 3%。很明显，这个政策针对的是房地产开发企业的投资热情。从过去主要打击投资性住房需求转变为打压房地产开发企业的投资热情。

2008 年，中国共 5 次上调存款准备金率，从年初的 14.5% 上调至 17.5%。1 月 3 日，国务院下发《国务院关于促进节约集约用地的通知》，这份通知延续了自 2004 年以来的土地政策——严格控制土地供应。2008 年 3 月，《政府工作报告》指出，2008 年"抓紧建立住房保障体系……健全廉租住房制度，加快廉租住房建设，增加房源供给，加强经济适用住房的建设和管理，积极解决城市低收入群众住房困难。今年中央用于廉租住房制度建设的资金 68 亿元，比去年增加 17 亿元；地方各级政府都要增加这方面投入。同时，要积极改善农民工居住条件"。3 月，《财政部　国家税务总局关于廉租住房经济适用住房和住房租赁有关税收政策的通知》发布，就廉租住房、经济适用住房和住房租赁提出了一揽子税收优惠政策，免征廉租住房租金收入的营业税、房产税、城镇住房用地使用税和免征廉租住房、经济适用住房的印花税。此举试图通过减税让利政策来调节住房租赁市场的利润水平，希望借此刺激我国住房租赁市场进一步发展，调节住房结构。4 月，《国家税务总局关于房地产开发企业所得税预缴问题的通知》发布，提高了房地产企业预缴的税金，但是总的税率没有改变。

2008 年，国际金融危机给世界经济造成灾难性影响。有鉴于此，2009 年，中国宏观经济调控的方针是"保增长、扩内需、调结构"。2009 年 1 月 9 日，全国住房和城乡建设工作会议要求，全面推进保障性住房建设，促进房地产市场健康稳定发展，进一步鼓励普通商品住房消费。根据这次会议的精神，各地纷纷出台细则促进房地产市场健康发展，尤其在对"第一套住房"进行解释时采用了宽松政策。为改善居住条件再贷款购买的第二套普通住房也享受"第一套住房"政策。

2010 年 1 月，国务院发布《关于促进房地产市场平稳健康发展的通知》（也称"国十一条"），明确二套房贷首付比例不能低于 40%，贷款利率严格按照风险确定，同时要求增加保障性住房和普通商品住房有效供给，合理引导住房消费，抑制投资和投机性购房需求等。通知指出，进一步健全和落实稳定房地产市场、解决低收入家庭住房困难问题由省级人民政府负总责，市、县人民政府抓落实的工作责任制。这首次明确了省级政府的负责制。4 月，国务院召开常务会议，《国务院关于坚决遏制部分城市房价过快上涨的通知》（也称"国十条"）发布，我国实行更为严格的差别化住房信贷政策；对贷款购买首套自住房且套型建筑面积在 90 平方米以上的家庭，首付比例不得低于 30%；对贷款购买第二套住房的家庭，首付比例不得低于 50%，贷款利率不得低于基准利率的 1.1 倍；对贷款购买第三套及以上住房的，大幅提高首付比例和利率水平。地方政府可根据实际情况，在一定时期内采取临时性措施，严格限制各种名目的炒房和投机性购房行为。加快研究制定合理引导个人住房消费、调节个人房产收益的有关税收政策。通知要求"加快保障性安居工程建设"。各级地方政府要切实落实土地供应、资金投入和税费优惠政策，"确保完成 2010 年建设保障性住房 300 万套、各类棚户区改造住房 280 万套的工作任务"。大力发展公共租赁住房。5 月，《国务院批转发展改革委关于 2010 年深化经济体制改革重点工作意见的通知》提出，建立健全保障性住房规划建设管理体制，加快廉租住房、公共租赁住房和经济适用住房建设，推进城市和工矿区棚户区改造，出台关于促进房地产市场长远健康发展的综合性政策。保障性住房的建设成为中国深化经济体制改革的重点工作。9 月 29 日，国家有关部委下发通知，出台信贷、税收、市场监管等方面的五条措施，进一步推进房地产调控。《中国人民银行　中国银行业监督管理委员会关于进一步做好住房金融服务工作的通知》被称为史上最严厉的房地产调控政策。首先，完善差别化的住房信贷政策：暂停发放第三套及以上住房贷款；对非本地居民暂停发放购房贷款；对贷款购买商品住房，首付比例调整到30%及以上；对贷款购买第二套住房的家庭，严格执行首付比例不低于50%、贷款利率不低于基准利率1.1倍的规定。其次，调整住房交易环节的契税和个人所得税优惠政策。加快推进房产税改革试点工作，并逐步扩大到全国。另外，通知专门提出要认真落实支持公共租赁住房建设的税收优惠政策；鼓励金融机构支持保障性安居工程建设，抓紧制定支持公共租赁住房建设的中长期贷款政策，尤其要求"房价过高、上涨过快、供应紧张的城市，在一定时间内限定居民家庭购房套数"。

8. 户籍制度方面的变化

2001年3月，《关于推进小城镇户籍管理制度改革的意见》指出，全国小城镇中有固定住所和合法收入的外来人口均可办理小城镇户籍。2001年6月，安徽出台《关于进一步改进户籍管理推进城镇化进程的意见》，对户籍制度进行大规模改革。2002年8月，河北石家庄出台《关于石家庄市区户籍管理制度改革实施意见》，改革在亲属投靠，外来务工、投资，大中专毕业分配户籍管理上出现重大突破。2002年9月，广东省出台的《关于进一步改革户籍制度的意见》按实际居住地登记户口，实现城乡户口管理一体化。2003年6月，《中华人民共和国居民身份证法》对人口实行户籍管理和身份证管理。2004年，《南京市户籍准入登记暂行办法》规定建立城乡统一的户口登记制度。2005年12月，《济南市深化户籍制度改革暂行办法》取消农业户口和非农业户口之分，实行城乡统一的户口登记制度，准入条件要求有固定的住所、合法的职业和收入。2006年，《北京市生育服务证管理办法》进行修改，规定新生儿可以随父入户（以往随母入户）。2008年10月，《中共中央关于推进农村改革发展若干重大问题的决定》提出，统筹城乡社会管理、推进户籍制度改革，放宽中小城市落户条件。2009年2月，《持有〈上海市居住证〉人员申办本市常住户口试行办法》明确了居住证转户口办法。

2011年2月，国务院办公厅发布的《国务院办公厅关于积极稳妥推进户籍管理制度改革的通知》的核心精神是，各地的户籍制度改革应该以邓小平理论和"三个代表"为重要的指导思想，遵循社会城镇化的发展规律，综合考虑城市的承载能力，统筹工农业和谐发展，大中小城市协调发展，逐步实现城乡基本公共服务均等化，以推动户籍制度循序渐进地进行改革。显然，该通知为户籍制度如何进行改革指明了大的方向。这就要求改革务必实事求是，循序渐进，这是总原则。通知强调"逐步实现城乡基本公共服务均等化"意味着，城乡户籍的差别将逐渐减弱，也意味着剥离依附在户籍之上的福利的速度要与公共服务均等化的速度相一致，以免造成人们心理上的不平衡。例如，有些地方政府借户籍改革之名，片面追求城镇化速度，"剥夺"农民的宅基地使用权和土地承包经营权，而又没能为农民提供相应的社会保障。这是通知要求禁止的行为。所以，本着实事求是的精神和贯彻党的方针政策的态度，笔者认为，城镇化背景下户籍制度改革的总体思路应该是：在逐步实现城乡基本公共服务均等化的过程中，逐渐剥离依附在户籍之上的各种福利，还原户籍原本单纯的人口管理功能，根据社会保障的力度和覆盖面，引导农民有序进城，绝不强迫农民在没有社会保障的情况下"放弃土地"进城，各城市依据承载力循序渐进地推进户籍制度改革，当城乡、大中小城市的公共服务、发展机会相差不大时，人们就可以自由迁徙了。

2004 年，《中华人民共和国身份证法》开始实施，该法规定，每个公民都有一个身份证号，且终身不变，由公安部门按照居民身份证号码国家标准来进行编制，这是一个很大的进步，但是，身份证的信息没有户籍里的详细，所以，应该把身份证作为载体以进一步健全中国人口的电子户籍信息，以便只要一刷身份证，个人的基本户籍信息都一目了然，同时，身份证里的户籍信息应该与个人的工作、生活地的变化同步更新。2012 年，中国的身份证增加了指纹功能，这更确保了公民个人信息的安全性和唯一性。

（四）党的十八大至今：强调市场机制

2010 年，中国经济总量超过日本，一跃成为世界第二大经济体，经济发展取得了举世瞩目的成就。然而，"蛋糕"在不断做大，在"蛋糕"分配过程中出现的矛盾也日益凸显。2012 年，中国的基尼系数为 0.474，虽然自 2008 年起逐年回落，但是这一数据仍然超过国际警戒线（基尼系数为 0.4），反映出收入差距问题仍然比较突出，这说明加快收入分配改革、缩小收入差距具有紧迫性。尤其是中国现在处于经济转型期，社会矛盾日益凸显，分配不公会妨碍社会稳定和国民经济持续发展，因此，对这一问题进行持续的分析和探讨具有重大的意义。

当前中国收入分配存在的主要矛盾是收入差距问题。城乡居民的收入差距有缩小的趋势，但是差距依然较大。究其原因是多方面的，劳动力的自由流动仍然受城乡分割的二元户籍制度的制约，"同工不同酬"的身份歧视使农民工的收入水平偏低，加上医疗、养老、教育、福利、社会保障等非货币性因素的影响，他们不能享受和城市居民一样的公共服务待遇。由城乡收入差距产生的城乡消费差异明显，占人口超过一半的农民对消费的贡献微乎其微，这已然成为制约中国经济均衡发展的瓶颈问题。

财富的聚集效应使贫富差距拉大。其中一个很重要的原因是城市中房地产价格的上升带来了城市中高收入人群财产性收入的快速增加，高收入人群和低收入人群的收入差距进一步拉大。与此同时，低收入人群的收入增长速度缓慢，他们获得财富的渠道和手段很少，有的人的收入仅能维持简单再生产的生存底线。

行业之间、高管与普通职工之间的收入差距较大。党的十八大报告对收入分配制度改革提出了具体的要求。初次分配和再分配都要兼顾效率和公平，再分配更加注重公平。要完善劳动、资本、技术、管理等要素按贡献参与分配的初次分配机制，加快健全以税收、社会保障、转移支付为主要手段的再分配调节机制。深化企业和机关事业单位工资制度改革，推行企业工资集体协商制度，保护劳动所得。只有深化收入分配制度改革，才能实现发展成果由人民共享。

党的十八届三中全会为全面深化改革进行了顶层设计与战略部署。当前，要在准确、科学理解会议精神的基础上，在推进与贯彻落实会议关于全面深化改革的精神中，进一步推动收入分配改革，形成合理有序的收入分配格局。会议发布的《中共中央关于全面深化改革若干重大问题的决定》（以下简称《决定》）提出的有关中国收入分配改革的目标更具有指向性和清晰度，即通过体制机制创新，厘清政府与市场在收入分配领域内的边界，逐步形成合理有序的收入分配格局，让发展成果更多更公平地惠及全体人民。其中，"合理"是指改变目前不合理的分配格局，赋予包括劳动、资本、土地、知识、技术、管理等在内的各类生产要素平等参与分配和等价交换的权利，以实现各种要素的活力竞相迸发；"有序"则更加强调分配过程的规范化和机制化，建立符合社会主义初级阶段和社会主义市场经济条件的公平正义的分配价值体系，让一切创造社会财富的源泉充分涌动。为使收入分配合理有序，要形成如下六个方面的分配格局。

一是，形成市场化机制和效率导向的初次分配格局。初次分配的本质是要求市场在各种生产要素的定价机制中起决定性作用，以充分体现生产要素按"贡献和价值大小"进行分配即进行功能性收入分配的原则。目前，中国初次分配中的市场定价机制发育得尚不健全，主要表现在，要素收益未被合理分享与分配。促进初次分配制度完善，确保初次分配按要素贡献分配的前提是，赋予各类生产要素平等参与分配的权利与机会，健全资本、知识、技术、管理等由要素市场决定的报酬机制。在促进资源优化配置和效率提升的同时，消除过多、过少以及没有分配依据的不合理收入，为各要素合理分配所得提供基本制度保障，使初次分配既体现效率又富有公平。为此，《决定》提出，在保护劳动所得方面，应通过"完善最低工资和工资支付保障制度""企业工资集体协商制度"等措施，充分发挥实际工资指导劳动力配置、劳动力市场工资指导价位和行业人工成本信号的调节机制与作用，以"提高劳动报酬在初次分配中的比重"，实现劳动报酬增长和劳动生产率同步提高；在保护中小投资者的合法权利方面，应"优化上市公司投资者回报机制""多渠道增加居民财产性收入"；在进一步理顺资源类产品价格方面，应完善主要由市场决定价格的机制，"推进水、石油、天然气、电力、交通、电信等领域价格改革""建立公共资源出让收益合理共享机制""实行资源有偿使用制度和生态补偿制度"等。

二是，形成政府调节和公平正义的再分配格局。在市场经济条件下，再分配本质上是对政府职能的体现，是政府对"市场失灵"的有效弥补，重点是运用税收等再分配手段，调节规模性收入，缩小收入差距，实现公平正义的再分配格局目标。一般来说，在正常市场机制下形成的收入差距具有阶段性和可控性，发达国家的经验表明，再分配机制基本上可以改善30%~40%的不平等状况。然而，中国税收和转移支付等再分配政策对收入差距起到微弱的调节作用，调节前后收入的基尼系数相差不大，而且部分地区还存在逆向调节的现象。所以，中国收入差距过大在一定程度上与再分配的差距调节能力弱密切相关。

三是，形成一体化发展的城乡收入分配格局。长期以来，在我国城乡二元结构体制下，居民收入的"规模性"差距主要表现为城乡收入差距。农民收入的有效增加取决于对农业生产要素即对土地的确权，这是城乡要素平等交换的前提条件。《决定》指出要"建立城乡统一的建设用地市场"，这意味着"农村集体经营性建设用地出让、租赁、入股，实行与国有土地同等入市、同权同价"。《决定》围绕土地流转与增值过程中所涉及的征地范围、征地程序、农民公平分享土地增值收益的保障机制、农民工"同工同酬"，以及统筹城乡基础设施建设等方面提出改革思路，抓住了城乡发展失衡的关键问题，体现了城乡一体化的发展思路，为构建一体化发展的城乡收入分配格局指明了方向。

四是，形成规范化透明化导向的分配格局。改革开放以来，在按劳分配与按要素分配相结合的多元化的收入分配体制和制度作用的影响下，人们的收入方式进一步多元化，除了劳动收入、货币收入、财产性收入外，还包括金融资产以及各种其他经营性财产收入、保障性收入、转移性收入。在确保收入来源多元化、激发各类财富创造主体活力的同时，更要确保收入规范化和透明度，消除一切不合理、不规范、不透明的非法收入，以及由行政垄断、权力寻租、腐败滋生等非市场因素产生的隐性收入和灰色收入。有鉴于此，《决定》明确提出，要通过"保护合法收入，调节过高收入，清理规范隐性收入，取缔非法收入"，规范收入分配来源，逐步消除非市场因素导致的不合理收入分配；遏制以权谋私和公权寻租，加大惩治贪污腐败的力度，加强国有资产监管，防止国有资产流失，取缔非法收入以及由此产生的收入分配不公问题。在此基础上，"增加低收入者收入，扩大中等收入者比重"，逐步形成城乡、区域、行业间合理的收入分配差距和"橄榄"形的分配格局。

五是，形成科学高效导向的分配管理格局。完善的个人信用体系是社会征信体系的重要组成部分，也是运用科学方法健全收入分配监控与管理格局的基础。中国现行的收入统计指标体系是在 20 世纪 80 年代制定的，在 90 年代后期进行了一定的调整，但从实际运行情况看，个人信用体系建设严重滞后、个人信息数据采集失真等已经成为完善分配监管体制和健全分配管理格局的制约因素。《决定》指出，"建立个人收入和财产信息系统"是形成科学高效的分配监督与管理格局的关键，现阶段的主要任务有以下两点：第一，要完善收入申报制度和统计指标体系，加快个人诚信体系建设，建立收入分配预警监测机制；第二，要完善法律制度建设，加强收入分配监控。

六是，形成激励化导向的分配制度格局。改革开放以来，收入分配制度改革为中国经济高速增长提供了重要的内部激励机制，即所谓"改革就是把激励机制搞好"，从而为经济增长提供动力。同样，未来，中国经济的发展有赖进一步理顺收入分配中政府与市场的关系，释放更加有效的制度激励。《决定》提出的"改革机关事业单位工资和津贴补贴制度，完善艰苦边远地区津贴增长机制"正是出于加强对公务员队伍的激励，提升行政效能和转变政府职能的考虑。公务员工资改革既要适度拉开不同职务、不同级别公务员之间的工资差距，增强工资的激励作用，又要规范公务员的工资外收入，取消实物分配，发挥工资收入对劳动力资源配置的信号调节作用。

第二节　中国收入分配制度演变的主要规律和特征

一　改革开放前收入分配制度的主要规律和特征

1953～1956 年，为了适应工商业的社会主义改造，中国收入分配机制在短时间内由比较混乱的复杂的复合机制转向高度集中的单一的政府计划分配机制，这是一种强制性的演变。这种高度集中的单一的政府计划分配机制一直持续运行到 1978 年进行改革开放。

（一）收入分配制度的演变为强制性演变，过渡时间较短

中国改革开放前收入分配机制的演变建立在社会主义改造的基础上，这是基于政府命令进行的一种强制性演变。1953～1956 年，中国在"过渡时期总路线"的指导下，对资本主义工商业、手工业和农业进行了社会主义改造。社会主义改造完成后，在整个国民经济中，资本主义经济的占比下降到 0.1%，个体经济的占比下降到 7.1%，公有制（全民所有制和集体所有制）经济占 92.8%，生产资料所有制形式变为单一的公有制形式。随着生产资料公有制目标的实现，收入分配机制迅速演变为由政府决定的单一的计划机制，城市中的绝大多数就业者变成了国有企事业单位职工或集体企业职工，其收入完全被纳入国家统一规定的工资体系和级别中；农村

中的农民演变为集体经济组织成员，对其实行以按劳分配为主、兼顾平等的分配体制，收入大体平均分配，社会保障有限。[①]

（二）收入分配方式由多元化向单一化、固定化转变

新中国成立初期，中国存在多种经济成分，在城市既有社会主义全民所有制的企业，又有民族资本主义工商企业和个体手工业；在农村则普遍表现为个人所有制。当时，在多种经济成分并存发展的基础上，中国的收入分配政策是"公私兼顾、劳资两利"，"低工资、多就业"和"劳动致富"。由于生产资料所有制形式的多样性，收入分配制度的构成也比较复杂，分配方式、分配主体、具体的分配形式之间的差距很大，不同企业在工资形式、工资标准、工资水平等方面的表现各种各样，既有资本主义工商企业保留下来的具有剥削性质的工资制度，也存在全民所有制企业中的非完全的按劳分配制度；既有货币工资，又有供给制。1956年社会主义改造完成后，中国生产资料所有制结构从过渡时期的多种经济成分并存转变为几乎单一的公有制，多元化的收入分配方式也随之转变为单一化、固定化的按劳分配方式。同年，企事业单位和国家机关的工资制度首次进行了统一的改革，取消了工资分配制度和物价津贴制度，直接以货币形式规定工资标准，城市就业者的工资形式趋向统一，多种工资形式转变为单一工资形式。[②] 1956～1978年，按劳分配方式成为中国唯一的收入分配方式。

（三）个人收入实行高度集中的计划化分配

1956年后，城市中同一部门、同一行业就业者的工资等级、工资标准全国基本统一，全民所有制企事业单位、机关和城镇集体所有制企业就业者的工资等级、工资标准、工资调整等均由国家计划、统一制定，工资外的住房、子女教育、医疗、养老等福利分配都进行统一规定。农村中集体经济组织实行"工分制"，农民按"工分"取酬，尽管工分取决于农民所在生产队的收入，由于农产品价格由国家计划、统一规定，因此农民收入实

---

① 武力、温锐：《新中国收入分配制度的演变及绩效分析》，《当代中国史研究》2006年第4期，第4～12页。

② 武力、温锐：《新中国收入分配制度的演变及绩效分析》，《当代中国史研究》2006年第4期，第4～12页。

际上也受国家计划调节。

（四）收入分配制度的运行结果高度平均化

高度集中的单一的政府计划机制在收入分配领域的运行结果体现出严重的平均主义。虽然当时采用按劳分配方式，但是人们的收入水平与其劳动多少、质量好坏并没有关系，按劳分配原则没有得到真正的贯彻和实施，这使人们的劳动积极性受到极大的挫伤，阻碍了社会生产力的发展。

二　改革开放后收入分配制度的主要规律和特征

改革开放40多年来，高速增长的经济给我们带来了巨大的物质财富，人民的生活水平较平均主义分配阶段有了较大的提高，但居民收入的差距呈现逐步扩大的趋势，这意味着在今后的制度完善过程中收入分配问题是我们需要抓好、抓紧的重点。收入分配问题是中国在社会主义初级阶段经济转型时期必须面临和解决的问题。市场各主体之间的目标冲突与博弈是收入分配问题的根源，我们需要厘清各主体间纷繁复杂的经济关系，以协调目标冲突和博弈为着手点，参考国外的一些成功经验，逐步完善中国的收入分配制度。仔细梳理自新中国成立以来的收入分配制度，可以发现如下规律和特征。

（一）分配原则——按劳分配到按劳分配与按生产要素分配相结合

在改革以前和改革之初，按劳分配原则是中国唯一认可的分配原则。在按劳分配原则下，个人只能凭借劳动贡献获取收入，任何人不能凭借资本、土地等非劳动要素获取收入。社会化大生产是按劳分配与按要素分配相结合的现实基础，改革开放以来，随着中国经济的不断发展、生产力水平的不断提高，单一的按劳分配原则已经不能适应中国社会经济发展的要求。改革开放以后，分配原则的转变成为中国政治经济体制转型的重中之重。"我国分配制度演变的一个很清晰的轨迹就是从单纯的按劳分配向按生产要素贡献分配的方向演变，逐渐形成了今天按劳分配和按生产要素分配相结合的混合型的收入分配制度。"[①] 这一混合型的收入分配制度遵循的是"效率优先、兼顾公平"的原则，具有客观必然性。

---

① 李萍、戴歌新等：《转型与分配协调论》，西南财经大学出版社，2006，第33页。

(二) 分配机制——计划化到市场化

个人收入分配制度市场化，就是指个人收入分配实现按劳分配与按生产要素分配相结合，其核心是按劳分配市场化，实行"市场机制决定，企业自主分配，政府监督调控"的新分配机制。在计划经济体制下，中国实行的分配制度是一种与当时计划经济体制相适应的"计划化"的按劳分配制度，分配活动通过计划机制和行政强制来实施。结果造成按劳分配目标未能真正实现，而"平均主义"现象严重。党的十一届三中全会以后，在邓小平理论的指导下，中国对收入分配制度进行了改革。收入分配主体由国家逐步转变为企业，企业自主分配收入。随着中国逐渐从计划经济体制向市场经济体制转轨，计划机制配置资源的比重逐渐下降，市场机制配置资源的比重不断上升。随着各类要素市场不断发育，劳动力、资本、土地、技术、管理等生产要素通过市场机制配置的比重不断提高。相应地，在居民收入初次分配领域，市场机制逐步引入、发育、成长，并开始对社会收入分配发挥越来越大的调节作用。"总体而言，随着体制转轨的深入，在我国收入分配领域中，传统的计划分配机制在逐步淡出，新型的市场化的分配机制逐渐发挥主导作用，按劳分配与按生产要素分配相结合的分配制度，主要通过市场化分配机制来实施。"[1]

(三) 分配决策——集权化到分散化

传统按劳分配制度的核心特征是分配决策权的高度集中，或者说分配决策权的中央集中，分配事项由计划当局或行政当局决定。而市场化分配制度的核心特征则是分配决策权的分散分布，即分配活动的参与者都拥有一定的决策权，分配决策由参与分配的各方共同做出，主要通过市场化的交易来决定分配事项。"从传统按劳分配制度向市场化的按劳分配与按生产要素相结合的分配制度转变，实际上是一个分配决策权从中央计划当局向地方、企业、个人以及其他分配活动当事人转移的过程。"[2] 在中国社会经

---

[1] 李萍、戴歌新等：《转型与分配协调论》，西南财经大学出版社，2006，第34页。

[2] 杜奋根、赵翠萍：《和谐社会"利益共享"分配模式及其制度安排初探》，《求实》2008年第5期。

济制度改革中，分配制度的改革是沿着"放权、让利"的思路展开的，越来越多的分配决策权交给了地方政府和企业内部人员，随着市场机制在中国的发展，居民的收入分配更多取决于市场交易，在市场化分配机制中，分配决策权是分散分布的。

（四）分配形式——简单化到多样化

在中国传统的按劳分配制度中，居民获取收入的形式相对简单，城市居民获取收入主要通过工资形式，农村居民获取收入主要通过出售粮食等实物形式。改革开放以来，中国居民获取收入的形式越来越多样化，所有收入分配主体在利益分配活动中是按照各自独立的经济利益和利益取向，以不同的依据参与利益分配的行为主体。首先，同一经济单位生产要素的来源是多样化的，劳动力的使用方式是多样化的，不同时期的劳动力需求和激励重点、分配主体、国家政策的作用、与外部经济单位的经济联系等都是不同的，因而必然采取多种分配方式。其次，同一分配主体的收入是通过多种分配方式取得的。这一方面体现在劳动者所在单位的个人收入分配方式、分配手段不断朝着多样化方向改革，如工资、奖金、补贴、福利发放、创收分成等。它们所遵循的依据是多样的，既不是单一的按劳分配，也不是单一的平均分配，这必然引起分配方式的多样化。另一方面，劳动者除了拥有所在单位的收入来源外，还通过个人积累，如储蓄、购买债券、股票投资等取得收入，以及获得第二职业收入、个人业余收入等。收入渠道多元化不可能用一种分配方式概括其性质，其必然是多样化的。

（五）未来中国收入分配制度改革发展的总体趋势

改革开放以来，中国经济已从传统的计划体制的"框框"内彻底地解放出来，在中国，"压倒一切"的中心任务是发展生产力，促进经济增长，正如邓小平同志所言，"发展才是硬道理"。但是怎样的一种经济发展模式或者说在这种发展模式下所衍生出来的收入分配制度才能适应中国社会主义初级阶段的基本国情呢？过去，中国实行高度集中的计划经济体制，所有的人员、物资调配都集中在计划的框架之内，处于政府的掌控之下，这样的一种体制必然扼杀个体的劳动积极性，从而导致整个社会的发展进程缓慢甚至停滞。改革开放以后，在邓小平理论的指导下，通过在理论上的不断探讨与在现实中的不断摸索，中国引入商品经济的概念，逐渐建立起社会主义市场经济体制的框架，更重要的是，在改革过程中，分配的激励机制逐渐形成，把社会潜在的活力充分激发出来，有效地调动了各方面的积极性，这已成为中国近几十年来经济持续快速发展的重要原因。

展望未来，中国分配思想的演进应该是顺应整个经济体制改革和社会发展要求的。随着中国社会生产力水平极大提高，在经济转型中，未来，中国分配思想的演进主要有两大趋势。

首先，中国分配思想"是向有利于生产力素质全面提升的各类生产要素充分动员的分配格局转变，注重向科技价值和管理价值的分配倾斜"。[1]近年来，中国的经济增长依然面临高投入、高消耗的问题，产业技术水准低，自主创新严重不足，很多企业的业务以来料加工为主，从这个意义上说，目前，中国还只是一个"世界加工厂"。中国自主创新薄弱的问题已经日益成为社会经济发展的制约瓶颈。中国经济的政府主导性比较强，这导致中国经济成为投资型、出口型经济，造成整个经济重工化和资本密集型产业的特征比较强。究其原因，除了资本积累与扩张的方式比较落后以外，科技价值与管理价值体现得还不够充分也是另一个重要原因。在当今世界知识经济大发展的环境下，以知识为基础的科技要素从各种生产要素中脱颖而出，成为创造社会财富、刺激经济增长的重要动因，成为一个国家或者地区竞争力的核心因素。知识资源的多少及开发和利用程度的高低，直接决定国家和企业未来的竞争优势。实现科学技术发展，关键要在转变发展方式、提高国民经济整体素质和增强国际竞争力方面取得实质性进展。分配格局向科技价值和管理价值倾斜将在很大程度上调动微观个体的自主创新活力，以推动科学发展、产业升级为突破口，是从根本上增强国家科技竞争力、建设经济强国的有效途径。

同时，企业管理也是一个复杂的工程，它是由多个子系统组成的系统工程，只有各个子系统之间协调配合，才能使企业顺利地朝着利益最大化的方向发展。所以，我们不仅要利用资本的价值，还要讲求知识的价值，必须深化科技管理体制改革，充分发挥市场在科技资源配置中的基础性作用，充分发挥管理在企业发展过程中的引领作用，进一步形成科技创新的

---

[1]　江建平：《我国经济转型中的分配思想演进》，中国财政经济出版社，2006，第389页。

整体合力。另外，相比劳动价值与资本价值，知识价值具有报酬递增的效应，这些得天独厚的条件更要求我们在改革与发展的同时注重发挥科技与管理等知识的价值的作用，以更好、更快地促进经济增长与实现社会经济结构转型。

其次，中国分配思想要"向推进民众消费水平普遍提高的分配格局转变，注重建立健全各种共益机制，使广大人民群众更多的共享经济发展成果"①。一个社会是否进步的标准不只看社会财富的多少与经济发展的程度，还要衡量劳动者是否能够从现行的分配体制中分享到更多的经济成果，这也涉及社会共享机制与社会公益机制不断完善的内在要求。全体人民共享改革开放发展果实，是人民群众生活水平不断提高、生活质量不断改善的标志，是全面建设小康社会、推进社会主义现代化建设的标志，是促进社会和谐发展的重要举措。

自改革开放以来逐渐形成的出口导向型经济模式在推动中国经济发展过程中做出了很大的贡献。尽管不能说中国不重视内需经济，但的确过分依赖出口经济。在出口和内需之间，重心在前者。这种以投资为中心、以出口为导向的发展模式，对经济的高速发展的贡献较大，但是创造就业的能力较弱。因此，要通过增长方式的转变，通过就业与收入的增长，确立分享型的经济发展模式，在发展的同时维护社会的稳定。在中国现有收入分配体制中，初次分配更多地偏向于资本，偏向于政府，而非劳动报酬，这直接导致居民储蓄所占份额逐渐萎缩。1997～2007 年，劳动报酬占 GDP 的比重从 53.4% 降至 39.74%；资本收入占 GDP 的比重则持续上升，企业盈余占 GDP 的比重从 21.23% 升至 31.29%；政府预算内财政收入占 GDP 的比重从 10.95% 升至 20.57%，若加上预算外收入、政府土地出让收入以及中央和地方国企每年的未分配利润，政府预算收入几乎占国民收入的 30%。当一个社会的财富集中在少数人手里时，那么它注定是不公平的，这个社会也是不稳定的。

从深层次看，居民储蓄性收入少是中国家庭消费相对疲软的内在根源。为了解决需求疲软问题，中国政府必须刺激居民消费，以抵消经济危机下出口下滑带来的影响。最迅速的解决办法是在加快转变经济增长方式、推

① 江建平：《我国经济转型中的分配思想演进》，中国财政经济出版社，2006，第389页。

动产业结构优化升级的同时对财政税收与社会保障体系进行改革与完善。这对消费而言，必将产生强大的长期效应。经济高速发展推动企业经营利润水平提高、居民收入增加，消费者的有效需求将进一步得到支撑，从而带动经济持续繁荣发展，同时使广大人民群众共享经济发展成果。

第八章　启示与借鉴

第一节　中西方国家收入分配制度变迁的启示

一　提高工资收入在分配中的比例是扩大中等收入群体规模的有效途径

以中等收入群体为主体的社会阶层结构是一个现代化国家社会稳定的基础，也是社会主义和谐社会的基础。随着中国以按劳分配为主体、多种分配方式并存的分配制度的建立，收入分配的渠道增加必然会使人民的收入增加。但是，绝大多数社会成员拥有的能获得收入的要素是单一的（只有劳动或劳务），现有的中产阶层主要包括小资本所有者（小私营企业主）、中高级管理人员、商业服务人员、专业科技人员、一般管理者、技术工人。除小资本所有者外，其他人的收入都采取了工资的形式，提高工资收入在分配中的比例就相当于增加了中产阶级的收入。同时，凡是靠提供劳动或劳务获得工资收入的社会阶层由于收入水平的提高而成为社会的中等收入群体，这也就扩大了中等收入群体的规模。

对西方国家中产阶级的形成和演变进行比较，为我们提高工资收入在分配中的比例、扩大中等收入群体规模提供了佐证；瑞典一些政府部门和学术研究机构把中等收入家庭成员归入中产阶层，这部分家庭成员所占比例高达70%。除了律师、主治医生、教授、企事业单位的中层负责人外，瑞典中产阶层还包括教师、护士、警察和一部分接受过职业教育的蓝领工人。国际上的一些社会学家把瑞典形容为一个完全中产阶级化的社会，占绝大比重的人口有较高水平的固定收入、轿车、房屋（甚至别墅），享受较均等和较好的社会福利。

二 完善社会主义市场经济的收入分配体系，完善社会保障制度

西方主要发达市场经济国家在社会经济发展过程中，随着分配制度和社会阶层结构的演变相继建立社会保障制度。美国在成立后的第一个世纪就开始建立社会保障制度，经过漫长的发展阶段，到 20 世纪中期，其才获得法律保障和组织保障，1935 年，美国国会通过《社会保障法案》，1946 年在政府机构中设立了社会保障署。随后，社会保障的覆盖范围由一般雇员扩大到自雇人员，再扩大到军职人员和其他自谋职业者、政府雇员、非营利组织雇员。英国的社会保障一直走在西方国家的前列，它出现在 17 世纪初，即在为解决圈地运动产生的流民问题的《济贫法》颁布之后便开始发展，1802 年通过的《学徒健康道德立法》和 1911 年通过的《国民保险法》《健康保险法》都推动英国医疗保险发展。20 世纪初，英国建立了免费养老金制度。一战后，社会保障制度发展，英国通过实施《国民保险法》《国民救助法》《国民保健法》建立起了相对完善的社会保障制度。法国、德国、日本、瑞典等都先后建立了覆盖全社会的社会保障制度。

中国建立了社会主义市场经济体制，实行以按劳分配为主体、多种分配方式并存的分配制度，正在构建社会保障制度。这种社会保障制度与西方市场经济国家的社会保障制度在内容和形式上具有共性，故应建立覆盖全社会的全方位的社会保障制度。

三 改革和完善税收制度

税收是调节收入分配的重要手段。西方国家利用超额个人所得税来缩小社会各阶层的收入差距，这种税收制度产生了一定的作用，但是，这并不能从根本上消除收入不平等。在生产要素分配体制下，收入的差距根源于由资本要素获得的利润被少数大资本所有者占有，无论如何，采取个人收入超额累进税率都不能消除资本和劳动收入的差距。现行的对个人所得征税的制度是一种不区分性质的、一视同仁的收入征税制度。个人所得税超额累进税率制度对不同社会阶层的收入按同一标准来征税。消除社会各阶层的收入差距，首先要取消或者废除对劳动或劳务所得征税。取消对劳动或劳务征税增加了劳动者或劳务所有者社会阶层的收入，有利于消除社

会阶层之间的收入差距。

四　建立和完善社会福利制度

社会福利是社会保障制度的最高层次的内容，是国家和社会在居民住宅、公共卫生、环境保护、基层教育领域向全体公民普遍提供的帮助和服务。随着社会经济的发展，西方市场经济发达国家相继建立了社会福利制度。

英国是最早建立社会福利制度的国家，其采取的一系列操作对西方福利国家相关政策的形成产生了重大影响。早在 1572 年，伊丽莎白女王决定在全国征收济贫税，于 1601 年颁布《济贫法》。1765 年，英国议会通过"斯品汉姆莱制度"，对于低于最低工资限度的工人，由各教区给予津贴补助。1905 年，英国政府成立贫困调查委员会，并于 1908 年开始颁布实施《老年赡养法》《职业介绍所法》《国民保险法》等一系列重要的社会福利法案。1924 年，英国政府公布特惠特利住宅计划。1934 年，贝弗里奇出任英国社会保险和联合事业部主席，之后向英国政府提交《社会保险和有关服务》报告（即《贝弗里奇报告》），建议实施社会保险、社会救济和自愿保险制度，主张建设"福利国家"。1943 年，英国议会通过了《贝弗里奇报告》中所提出的绝大部分建议，并在此基础上于 1946 年推出了《国民保险法》和《国民健康服务法案》，建立了福利国家制度。美国在 20 世纪 30 年代，通过制度变迁建立了由社会保险、社会救助、社会福利组成的社会保障体系，向全社会成员提供失业救助、社会福利安全金、退休金、医疗服务、残疾保险、住房补贴、低收入家庭子女津贴和学生营养补助等。瑞典是福利国家的典型，于 1763 年颁布《救济法》，1847 年颁布新《救济法》，1884 年通过社会保险法案，20 世纪初建立起养老金制度，20 世纪 50 年代提出充分就业的宏观经济目标，20 世纪六七十年代宏观经济目标转向建立强大的福利国家，实现了建立社会富裕国家的目的。美国、法国、德国、瑞典等都建立了社会福利制度。社会福利制度是西方国家社会经济发展过程中必然出现的惠及全社会成员的、保障全社会成员物质生活需要的制度。随着社会经济发展，中国应该建立和完善满足全社会成员物质生活需要的有效的社会福利制度。

第二节　实现社会共同富裕的分配制度的探索

一　西方国家按生产要素分配的分配制度不能实现社会共同富裕

西方国家按生产要素分配的分配制度造成社会各阶层收入分配不公，大资本所有者阶层占有大量的社会财富，广大的劳动者或劳务所有者阶层占有相对较少的社会财富，大资本所有者阶层占有的财富越来越多，广大的劳动者或劳务所有者阶层占有的财富相对越来越少。西方国家市场经济的实践证明，按生产要素分配的分配制度是不可能实现全社会共同富裕的。中国在发展过程中形成了以按劳分配为主体、多种分配方式并存的分配制度，按劳分配更有助于在生产力发展的基础上实现社会共同富裕。

二　坚持以公有制经济为主体是实现社会共同富裕的根本保证

西方国家收入分配制度的实践告诉我们，按生产要素分配社会产品或财富，资本的所有者获得的社会产品或财富大大多于劳动所有者获得的社会产品或财富，资本所有者是高收入社会阶层，劳动者是低收入社会阶层，社会收入差距是巨大的。坚持公有制经济的主体地位是实现社会共同富裕的根本保证。坚持公有制经济的主体地位，在政策和策略上就要使公有制经济占绝对优势，增强国有资本的控制力，不断提高国有资本的利用效率。

三　扩大中等收入群体规模是通向社会共同富裕的必由之路

中等收入群体是社会阶层结构中处于中间收入水平的群体，它不是收入水平最高的社会阶层，也不是收入水平最低的社会阶层。在按生产要素分配的制度中，高收入阶层是大资本所有者，低收入阶层是没有任何技术专长的劳动者、失业者、没有劳动能力的人员，中等收入阶层基本上是有一定技术专长的劳动者，他们是小私营企业主、中高级管理人员、商业服务人员、专业科技人员、一般管理者、技术工人，还是教师、律师、医生等。处于社会中层的中等收入阶层是社会的富裕阶层，扩大中等收入群体规模是通向共同富裕的必由之路。

在对中国与西方国家收入分配制度和社会阶层结构变迁的考察中，我们发现，随着收入分配制度的演变，西方国家先后出现不同程度的富裕的中产阶级。美国中产阶级规模占 43%，英国占 65%，法国占 70%，日本占53%，瑞典占 70%。改革开放以来，随着分配制度演变，中国开始出现富裕的中等收入群体。中等收入群体是一个社会富裕的标志。在一个社会的阶层结构中，中等收入群体占比越小，社会就越贫穷；中等收入群体占比越大，社会就越富裕。因此，培育和壮大中等收入群体是社会实现共同富裕的必由之路。

参考文献

一 著作

［1］〔英〕A. C. 庇古：《福利经济学》，朱泱等译，商务印书馆，2006。

［2］〔美〕保罗·A. 萨缪尔森、威廉·D. 诺德豪斯：《经济学》，高鸿业等译，中国发展出版社，1992。

［3］《资本论》，人民出版社，1975。

［4］董全瑞：《收入分配差距国别论》，中国社会科学出版社，2010。

［5］姬虹主编《当代美国社会》，社会科学文献出版社，2012。

［6］〔英〕凯恩斯：《就业利息和货币通论》，徐毓枬译，商务印书馆，1963。

［7］李建平：《中国个人收入的公平分配》，社会科学文献出版社，2007。

［8］〔美〕马丁·布朗芬布伦纳：《收入分配理论》，方敏等译，华夏出版社，2009。

［9］〔英〕马歇尔：《经济学原理》，朱志泰译，商务印书馆，1964。

［10］〔英〕琼·罗宾逊、约翰·伊特韦尔：《现代经济学导论》，陈彪如译，商务印书馆，1982。

［11］王亚南：《中国经济原论》，广东经济出版社，1998。

［12］王元培：《经济学比较》，贵州人民出版社，1999。

［13］〔英〕亚当·斯密：《国民财富的性质和原因的研究》，郭大力、王亚南译，商务印书馆，1972。

［14］杨钟馗编著《中国收入分配变迁解读》，重庆大学出版社，2014。

［15］张友仁、李克纲：《社会主义经济理论发展史》，北京大学出版社，1991。

［16］ Dennis Gilbert, Joseph A. Kahl, *The American Class Structure*: *A New Synthesis* (The Dorsey Press, 1987).

二　文章

［1］ 阿日娜:《瑞典教育概况与分析》,《中国科教创新导刊》2010 年第 20 期。

［2］ 毕妍、齐海涵:《英国教师绩效工资制: 缘起、特点及启示》,《现代教育管理》2012 年第 1 期。

［3］ 曹婉莉:《19 世纪末 20 世纪初英国劳资关系转变与工人阶级福利》,《辽宁医学院学报》(社会科学版) 2011 年第 2 期。

［4］ 曹婉莉:《战后德国劳资合作制度及其社会调控作用》,《绵阳师范学院学报》2005 年第 3 期。

［5］ 曹卫平:《瑞典的阶级妥协阶级合作政策》,《衡阳师范学院学报》1993 年第 1 期。

［6］ 陈静:《德占胶澳时期土地政策述论——以胶州土地法规为例》,青岛大学硕士学位论文,2009。

［7］ 陈静旭:《瑞典公共养老保险制度改革研究》,华中科技大学硕士学位论文,2008。

［8］ 陈乐一、周金城:《美国高校绩效工资制度的发展及对我国的启示》,《外国教育研究》2010 年第 8 期。

［9］ 陈师、刘洁:《要素分配论的历史演进》,《商场现代化》2005 年第 35 期。

［10］ 陈锡镖:《论美国国有土地的开发与影响》,复旦大学博士学位论文,1996。

［11］ 崔成、牛建国:《日本的收入分配与调节的政策及启示》,《中国经贸导刊》2013 年第 12 期。

［12］ 邓远军:《德国税制概况与借鉴》,《扬州大学税务学院学报》2002 年第 4 期。

［13］ 丁建定:《试论近代晚期西欧的社会保障制度》,《史学月刊》1997 年第 4 期。

［14］ 丁森:《法国税收制度的特点和改革的设想》,《西欧研究》1989

年第 6 期。

　　［15］杜新波：《日本两种土地政策的影响分析》，《中国国土资源报》2004 年 11 月 17 日第 T00 版。

　　［16］〔日〕耳塚宽明：《日本教育的发展过程与现代教育改革的任务》，赵哲译，《日本研究》1987 年第 Z1 期。

　　［17］冯頔：《法国养老保险制度改革对中国的启示》，《现代经济信息》2009 年第 17 期。

　　［18］冯莉莉：《我国当前收入差距拉大的成因分析及收入分配制度的深化改革》，济南大学硕士学位论文，2010。

　　［19］〔日〕高坂健次：《从社会阶层看战后日本社会变动——当代社会结构变化分析的一种方法》，李为译，《东南学术》2000 年第 2 期。

　　［20］高锋：《瑞典处理劳资矛盾和工资问题的启示》，《当代世界与社会主义》2011 年第 1 期。

　　［21］高涛：《19 世纪至 20 世纪初英国土地法改革》，天津师范大学硕士学位论文，2013。

　　［22］高志仁：《新中国个人收入分配制度变迁研究》，湖南师范大学博士学位论文，2008。

　　［23］桂欣：《英美医疗保障制度的比较与借鉴》，西南财经大学硕士学位论文，2011。

　　［24］贺红强：《瑞典医疗保障制度对我国的启示和借鉴》，《中国卫生法制》2013 年第 1 期。

　　［25］胡安娜：《美国医疗保险制度概述》，《九江医学》2008 年第 3 期。

　　［26］胡慕陶：《党的十八大后我国收入分配制度改革探析》，《中国外资》2013 年第 9 期。

　　［27］胡爽平：《马克思主义分配理论及其在当代中国的发展》，武汉大学博士学位论文，2010。

　　［28］胡阳：《中美最低工资制度比较研究》，武汉科技大学硕士学位论文，2013。

　　［29］黄晓勇：《浅析日本战后税制的若干问题》，《日本问题》1985 年第 4 期。

［30］黄永辉：《日本养老保险制度改革研究——以日本高龄化为分析背景》，华中师范大学硕士学位论文，2011。

［31］贾冰：《政府稳定偏好下中国收入分配制度变迁研究》，辽宁大学博士学位论文，2011。

［32］蓝瑛波：《法国税收制度改革综述》，《世界经济与政治论坛》1993 年第 7 期。

［33］李爱萍、杨梅：《20 世纪德国基础教育改革政策的演进与启示》，《外国教育研究》2004 年第 11 期。

［34］李刚：《地缘政治视角：美国崛起的原因及对当代中国的启示》，《科技信息》2010 年第 27 期。

［35］李国鸿：《法国医疗保险制度改革评析》，《国外医学》（卫生经济分册）2007 年第 3 期。

［36］李红霞：《1949 年后的中国户籍制度变迁研究》，华南师范大学硕士学位论文，2003。

［37］李静：《瑞典医疗保障制度研究》，复旦大学硕士学位论文，2010。

［38］李静茹：《西方经济学收入分配理论的比较研究》，东北财经大学硕士学位论文，2010。

［39］李久辉、樊民胜：《法国医疗保险制度的改革对我们的启示》，《医学与哲学》2010 年第 15 期。

［40］李楠：《战后法国劳资关系的变化及对我国的启示》，《法国研究》2002 年第 2 期。

［41］李培林：《当今英国社会阶级阶层结构的变化》，《国际经济评论》1998 年第 6 期。

［42］李帅军：《法国教育督导制度的历史、现状与特色》，《河南教育学院学报》（哲学社会科学版）2003 年第 1 期。

［43］李完稷：《试析战后日本社会的阶级结构——兼评社会"中产阶级化"论》，《现代日本经济》1986 年第 6 期。

［44］梁金霞：《法国教育改革与发展趋势探析》，《中小学校长》2009 年第 8 期。

［45］梁雨晴：《日本社会医疗保险制度研究》，吉林大学硕士学位论文，2010。

［46］林霞：《中国特色社会主义个人收入分配制度研究》，南京师范大学博士学位论文，2012。

［47］林永基、何燕：《劳动关系调整典型模式的比较》，《福建商业高等专科学校学报》2005年第1期。

［48］蔺洁：《美国医疗保险制度演变及对我国的启示》，《医院院长论坛》2012年第4期。

［49］刘海燕、黎璧莹：《英国的医疗保险制度》，《中国农村卫生事业管理》1992年第10期。

［50］刘金源：《对抗与合作：近代英国劳资关系的演进》，《光明日报》2013年9月12日第11版。

［51］刘兴菊：《论瑞典养老保险制度改革的原因与过程》，《经营管理者》2012年第2期。

［52］刘秀峰、许志伟、李淑春：《多元化的美国医疗保险制度及其发展趋势（2）》，《国外医学》（医院管理分册）1997年第2期。

［53］刘毅：《美国联邦政府公务员工资制度研究及启示》，《中国人力资源开发》2005年第11期。

［54］刘英：《美国生产工人实际工资变动趋势原因分析——激进经济学派的制度分析》，《教学与研究》2003年第6期。

［55］吕珊珊：《中国居民收入差距的影响及改革对策研究》，东北财经大学博士学位论文，2012。

［56］马婵娟：《当前我国分配制度公正研究》，江西师范大学硕士学位论文，2012。

［57］马福云：《当代中国户籍制度变迁研究》，中国社会科学院博士学位论文，2000。

［58］马文起：《美国基础教育教师绩效工资制度评析》，《教育评论》2009年第5期。

［59］莽景石：《经济增长、制度变迁与收入分配——日本百年工业化过程的经验观察》，《日本学刊》2006年第4期。

［60］孟钟捷：《德国劳资关系演进中的里程碑：1920年〈企业代表会法〉的发生史研究》，华东师范大学博士学位论文，2005。

［61］青草：《简述西欧的社会保障体制及德国工资制度》，《中国工会

财会》2014 年第 1 期。

［62］邱艳娟、李亦珠：《浅析英国养老保险制度发展史》，《劳动保障世界》2013 年第 16 期。

［63］沈国华：《法国的养老保险制度及其改革》，《外国经济与管理》1997 年第 5 期。

［64］沈坚、戴天华：《试论当代法国社会阶级关系变化的若干趋向》，《浙江学刊》2004 年第 3 期。

［65］沈瑞英：《西方中产阶级与社会稳定研究》，上海大学博士学位论文，2007。

［66］宋金文：《日本医疗保险体制的现状与改革》，《日本学刊》2005 年第 3 期。

［67］苏坚、苏志：《美国的最低工资制度及其借鉴》，《云南财贸学院学报》（社会科学版）2005 年第 3 期。

［68］孙浩进：《中国收入分配公平的制度变迁》，吉林大学博士学位论文，2009。

［69］孙祖芳：《西方收入分配理论与实践的发展及其启示》，《同济大学学报》（社会科学版）2002 年第 5 期。

［70］唐伶：《美日企业工资制度变迁的启示》，《企业管理》2010 年第 5 期。

［71］唐庆：《论俾斯麦时代德国社会保险制度的创建》，《江汉大学学报》（社会科学版）2011 年第 5 期。

［72］〔瑞典〕托尔斯顿·胡森：《平等——学校和社会政策的目标》，载张人杰主编《国外教育社会学基本文选》，华东师范大学出版社，1989。

［73］汪海滨：《李嘉图收入分配理论对于我国现阶段收入分配改革的借鉴研究》，福建师范大学硕士学位论文，2013。

［74］汪进：《马克思主义收入分配理论在当代中国的新发展》，扬州大学硕士学位论文，2013。

［75］王川、陈涛：《德国医疗保险制度的改革及启示》，《经济纵横》2009 年第 7 期。

［76］王存福：《论中产阶级与德国社会民主党的转型》，《德国研究》2006 年第 2 期。

［77］王大磊：《美国教师绩效工资制度及其对我国师资队伍建设的启示》，《外国中小学教育》2009 年第 4 期。

［78］王疆婷：《论战后日本劳资关系及对中国的启示》，中共中央党校硕士学位论文，2010。

［79］王静：《美国公立中小学教师工资制度历史发展研究》，福建师范大学硕士学位论文，2008。

［80］王少普：《近期日本社会阶层、社会思潮与政坛变化》，《复旦学报》（社会科学版）2002 年第 4 期。

［81］王纬、梁嘉骅：《美、英医疗保障制度的生态变迁分析》，《中国医院管理》2007 年第 1 期。

［82］王一江：《美国精神与美国崛起》，《经济观察报》2007 年 1 月 8 日第 36 版。

［83］王中文：《劳合·乔治与英国农业工人最低工资制度的确立》，《湖北社会科学》2008 年第 1 期。

［84］魏章进、韩兆洲：《国外最低工资制度理论研究及启示》，《商业时代》2006 年第 14 期。

［85］吴国庆：《法国社会阶级结构的变化》，《欧洲研究》1985 年第 6 期。

［86］吴慧琼：《英国养老保险制度研究》，武汉科技大学硕士学位论文，2009。

［87］武亚兰、王哲：《日本养老金制度改革的分析与借鉴》，《北方经济》2008 年第 4 期。

［88］夏业良：《最低工资制及其政策效应分析》，《新财经》2001 年第 10 期。

［89］谢增毅：《英国的最低工资制度：经验与启示》，《中国社会科学院研究生院学报》2008 年第 6 期。

［90］邢来顺、韦红：《联邦德国阶级结构的变化及其影响》，《浙江学刊》2009 年第 3 期。

［91］熊聪俐：《美国工资集体谈判制度及其立法借鉴》，《襄樊学院学报》2011 年第 7 期。

［92］许庆豫、朱永新：《美国教育法规基本精神评介》，《教育研究》

2006 年第 7 期。

[93] 闫瑾：《德国促进教育公平的方针政策》，《世界教育信息》2006 年第 10 期。

[94] 杨承训、张新宁：《中国特色社会主义分配理论的来龙去脉》，《中共天津市委党校学报》2005 年第 3 期。

[95] 杨林：《20 世纪 90 年代以来瑞典基础教育课程改革的理论与创新》，西南大学硕士学位论文，2011。

[96] 杨一帆：《对德国社会保险制度与政策的回顾和评析》，《保险研究》2010 年第 7 期。

[97] 姚琳：《19 世纪中后期英国女子教育研究》，西南大学博士学位论文，2013。

[98] 殷蕾：《瑞典收入分配制度中的利益平衡问题研究》，河北师范大学博士学位论文，2013。

[99] 殷蕾：《我国分配制度现状、发展趋势及改革研究》，河北大学硕士学位论文，2007。

[100] 尹志远：《法国社会保险制度的特点》，《中国人事》1995 年第 6 期。

[101]《英国公务员工资制度》，《经济研究参考》1992 年第 Z5 期。

[102] 袁华川：《当代中国户籍制度改革问题及对策研究》，西南政法大学硕士学位论文，2012。

[103] 袁竹：《完善中国特色社会主义收入分配机制研究》，东北师范大学博士学位论文，2013。

[104] 张瀚元：《当代美国最低工资制度及对我国启示研究》，武汉科技大学硕士学位论文，2010。

[105] 张慧洁：《从价值取向看美、英、日三国高校教师工资制度改革》，《教师教育研究》2009 年第 4 期。

[106] 张璐璐、蒋阿凤：《德国医疗保险的发展、改革趋势与启示》，《现代医学》2011 年第 6 期。

[107] 张全江：《日本土地泡沫经济析》，《中外房地产导报》1999 年第 12 期。

[108] 张群：《美国的医疗保险制度现状及引发的思考》，《中国卫生经

济》2007 年第 6 期。

[109] 张萱、朱善文：《德国养老保险体制的改革与启示》，《劳动保障世界》2008 年第 7 期。

[110] 张园园：《英国义务教育教师绩效工资制度研究综述》，《湖北成人教育学院学报》2009 年第 6 期。

[111] 赵辉：《按生产要素分配与按劳分配理论比较研究》，《财经理论与实践》1999 年第 6 期。

[112] 郑辉容：《日本近现代教育改革与经济发展》，《高等理科教育》2005 年第 1 期。

[113]《中产阶层：欧洲社会的中坚力量》，《经济参考报》2010 年 5 月 4 日第 B01 版。

[114] 周剑云：《试论美国劳资集体谈判的确立——1935 年〈瓦格纳法〉的缘起》，《世界历史》2009 年第 4 期。

[115] 周永生：《日本土地政策的借鉴与启示》，《人民论坛》2011 年第 19 期。

图书在版编目(CIP)数据

中外收入分配制度研究 / 黄臻著. -- 北京：社会
科学文献出版社，2022.8
ISBN 978-7-5228-0314-2

Ⅰ.①中…　Ⅱ.①黄…　Ⅲ.①收入分配-分配制度-
对比研究-世界　Ⅳ.①F014.4

中国版本图书馆 CIP 数据核字（2022）第 114608 号

中外收入分配制度研究

著　　者 / 黄　臻

出 版 人 / 王利民
组稿编辑 / 田　康
责任编辑 / 孔庆梅
责任印制 / 王京美

出　　版 / 社会科学文献出版社·经济与管理分社（010）59367226
　　　　　地址：北京市北三环中路甲 29 号院华龙大厦　邮编：100029
　　　　　网址：www.ssap.com.cn
发　　行 / 社会科学文献出版社（010）59367028
印　　装 / 三河市尚艺印装有限公司

规　　格 / 开　本：787mm × 1092mm　1/16
　　　　　印　张：17.25　字　数：281 千字
版　　次 / 2022 年 8 月第 1 版　2022 年 8 月第 1 次印刷
书　　号 / ISBN 978-7-5228-0314-2
定　　价 / 98.00 元

读者服务电话：4008918866